중국 시민사회의 형성과 특징

NGO의 발전을 중심으로

아연중국연구총서 04

중국 시민사회의 형성과 특징 NGO의 발전을 중심으로

2007년 7월 20일 제1판 1쇄 발행

지은이 이남주
펴낸이 정민용
펴낸곳 폴리테이아
출판등록 2002년 2월 19일 제 300-2004-63호
주 소 서울시 종로구 홍파동 42-1 신한빌딩 2층
        전화 02-722-9960(영업), 02-739-9929(편집), 팩스 02-733-9910
표지디자인 송재희
표지사진 조창완

ISBN 978-89-92792-01-1 94300
      978-89-955215-7-0 (세트)

▪ 책값은 뒤표지에 표시되어 있습니다.
▪ 잘못된 책은 바꿔드립니다.

이 도서의 국립중앙도서관 출판시도서목록(CIP)은 e-CIP 홈페이지(http://www.nl.go.kr/cip.php)에서
이용하실 수 있습니다(CIP제어번호: CIP2007002128).

중국 시민사회의 형성과 특징

NGO의 발전을 중심으로

이남주 지음

폴리테이아

차 례

제1장

서 론

1. 왜 시민사회, NGO인가?

몇 년 전 중국 베이징에서 만난 한 민권 운동가는 중국의 정치 변화에 대한 토론 뒤에 "중국의 상황이 이대로 지속된다면 현재의 표면적인 안정은 결국 대혼란으로 귀결될 것"이라고 우려했다. 이처럼 중국의 미래에 대한 부정적인 전망이 새삼스러운 것은 아니었다. 중국과 관련한 책을 조사해 보면 중국의 부상을 논하는 책만큼 중국의 붕괴 가능성을 논하는 책 또한 적지 않음을 발견할 수 있다. 실제로 중국의 역사는 안정과 혼란의 변주로 설명할 수 있으며 특히 근현대사에서 이는 절정에 달한다. 연속되는 혁명운동, 태평천국의 난과 같은 아래로부터의 혁명운동은 물론이고 문화대혁명과 같은 위로부터의 혁명운동은 중국의 정치·사회체제에 주기적으로 커다란 충격을 가했다. 심지어 마오쩌둥(毛澤東)은 "문화대혁명이 10년에 한 번은 반복될 필요가 있다."고 주장하며, 안정과 혼란의 변주를 중국이 자신의 문제를 해결해 가는 불가피한 과정으로 보기도 했다.

개혁개방 정책이 시작된 지 20년이 다 되어 가지만 중국은 경제·사회·정치적 문제를 아래로부터의, 사회의 자율적인 토론 혹은 조정을 통해 해결하는 합의된 규칙과 제도를 갖지 못하고 있다. 해결책은 주로 국가의 직접적인 개입이나 정치운동과 같은 방식을 통해 제시, 추진되어 왔다. 그렇기 때문에 중국 사회가 표면적으로 안정되어 보여도, 그 밑에서 꿈틀거리고 있는 어떤 역동적인, 그러나 동시에 파괴적일 수 있는 힘에 대한 불안감을 지울 수 없게 만들고 있다.

그러나 앞에서 인용한 민권 운동가의 말은 단순히 이러한 현실을 지적하는 것만은 아니었다. 사실, 전쟁과 혼란이 평범한 사람들에게 얼마나 큰 고통을 줄 것이며, 지금처럼 세계가 긴밀하게 연결되어 있는 상황에서 중국과 같은 거대한 나라의 혼란이 주변 국가와 국제사회에 어떤 충격을 줄지를 고려하면 중국의 혼란을 단순히 도도한 역사의 흐름이 거쳐 가는 하나의 과정으로만 받아들일 수는 없다. 중국의 많은 사람들이 이러한 혼란을 피하고 안정적인 정치발전과 사회발전을 이루기 위해 노력을 기울이고 있다. 문제는, 그리고 그 민권 운동가가 여전히 고민하고 있는 문제는 1989년 6월 천안문광장의 비극을 통해 정치적 민주화라는 목표가 중국에서 그리 쉽게 실현되지 않을 것이라는 점이 분명해진 상황에서, 중국의 경직된 정치·사회체제가 다시 혼란으로 귀결되는 것을 막을 수 있는 길은 무엇인가라는 것이다.

이 문제는 21세기로 접어든 현재 더욱 중요한 의미를 가지고 있다. 그 이유를 단순화시켜 이야기한다면 중국은 이제 경제의 시대에서 정치의 시대로 이행하고 있는 중이라고 할 수 있기 때문이다. 중국에서 정치의 시대가 다시 도래하고 있는 것은, 그것이 개혁개방 정책이 성공적으로 추진된 결과로서 나타나고 있다는 점에서 다행스럽다. 문화대혁명으로 상징되는 극단적인 정치의 시대는 1959~61년 사이에 진행된 대약진 운동이 처참하게 실패하면서 등장한 것이었다. 경제적 성공과 정치적 발전 사이의 관계가 정비례하는 것만은 아니지만 일정한 경제적 축적이 정치발전에 더욱 유리한 환경을 만들어 주는 것은 사실이기 때문이다.

현재, 중국 경제는 20년이 넘게 비교적 성공적으로 진행된 시장화 개혁과 대외개방으로 안정적인 단계로 접어들었다. 이제 더 이상 개혁개방 정책 자체의 진로에 의문이 제기되거나, 아니면 경제의 갑작스러운 붕괴가 쉽게 언급되는 단계는 아니다. 경체체제라는 측면이나 경제 실적이라는 측면 모두 예측이 가능한 범위 내에서 움직이는, 혹은 다른 시장경제 국가들이 가지고 있는 불확실성을 크게 벗어나지 않는 범위 내에서 움직이는 단계로 진입하고 있다. 이러한 변화로 인해 경제적 변수 자체보다는 경제체제의 변화, 그리고 고도성장이 가져오는 충격이 더욱 중요한 의제로 부상하고 있다. 그중에서도 다음 두 가지가 향후 10~20년 동안 정치에서 가장 중요한 의제로 다루어질 것이다.

첫째, 지속적인 고도성장이 중국인의 생활수준을 향상시켰을 뿐만 아니라 중국 경제가 세계경제에서 차지하는 비중을 빠르게 상승시키고 있는 상황에서 중국의 경제성장은 국제 질서에 어떤 영향을 줄 것인가? 1990년대 후반부터 세계은행 등은 환율 환산이 아니라 구매력을 기준으로 경제 규모를 비교하면 2015~2020년 사이에 중국이 미국을 초월하여 세계 1위가 될 것이라고 전망했다(World Bank 1997; Maddison 1998). 그리고 미국 국가정보자문회의(NIC, National Intelligence Council) 2020년 프로젝트 보고서는 투자회사인 골드만 삭스(Goldman Sachs)의 자료(Global Economy Paper No. 99, October 2003)를 인용하여, 중국의 경제 규모는 2005년에는 영국, 2010년에는 독일, 2015년에는 일본을 각각 추월할 것이고 2040년 전후에는 미국을 초월할 것으로 예상했다(NIC 2004, 36). 그런데 경제성장을 기반으로 진행되고 있는 중국의 부상을 편한 마음으로 보고 있는 나라는 많지 않다. 이는 현실 정치를 지배하는 힘의 논리 때문이다. 대부분의 국가들은 힘의 균형의 변화에 따른 국제 질서의 불확실성에 어떻게 대응할 것인가라는 새로운 문제에 직면할 것이다.

둘째, 개혁개방 정책이 경제와 사회 영역에서 수평적인 네트워크, 유동성, 그리고 계층 간, 지역 간 이익 충돌 등을 빠르게 증가시키고 있는 상황의 변화가 수직적 통치에 의존했던 당국가(party-state) 체제에 어떤 영향을 줄 것인가? 이 새로운 문제는 당국가 체제의 중심에 있는 중국공산당도 명확하게 인식하고 있다. 중국공산당은 1999년 9월 "중공중앙의 사상 정치 공작을 강화하고 개선하는 것에 관한 몇 가지 의견"(中共中央關於加强和改進思想政治工作的若干意見)이라는 문건에서 "우리는 바로 개혁의 본격적인 단계와 관건적 시기에 처해 있으며, 사회 상황은 복잡하고 심각한 변화가 발생했고, 경제 성분과 경제 이익의 다양화, 사회생활 방식의 다양화, 사회조직 형식의 다양화, 직장과 취업 방식의 다양화가 날로 뚜렷해지고 있어 사상 정치 공작에 새로운 상황과 문제를 가져오고 있다."라고 당면한 상황을 진단했다(中共中央文獻硏究室 2000, 1037-1038). 그리고 장쩌민(江澤民)은 2000년 1월 중공중앙기율검사위원회 전체 회의에서 "중국공산당은 매우 귀한 발전의 기회에 직면하고 있을 뿐만 아니라 엄중한 도전에 직면하고 있다."고 강조하면서 서방세계의 정치 관점, 이데올로기, 생활 방식의 영향과 개혁의 심화와 사회주의 시장경제의 발전에 따르는 경제 성분, 이익 주체, 사회조직과 사회생활 방식의 다양화를 새로운 모순, 새로운 문제로 지적했다(中共中央文獻硏究室 2000, 1108). 그동안 중국공산당이 사회주의 사회에서 인민의 이익은 근본적으로 통일되어 있다고 주장하면서, 경제·사회적 이익의 다원성을 인정하지 않았던 것과 비교하면 커다란 변화가 아닐 수 없다. 그러나 이 문제를 어떻게 해결할 것인가에 대한 전략과 전망은 아직 매우 불분명하다. 민주화가 이에 대한 가장 적합한 대안이라는 점에는 의문의 여지가 없기 때문에 규범적인 차원에서 민주화의 중요성을 강조하는 사람들은 많다. 하지만, 그렇다고 해서 민주화가 중국에서 단기간에 성공적으로 추진될 것이라고 전망하는 사람들은 많지 않다.

이 두 가지 중요한 정치적 문제에 대해 현재 어떤 분명한 결론을 내리기는 어렵다. 앞으로 당분간은 이 문제들이 중국의 변화와 관련한 논의의 주요 주제가 될 것이다. 이 논의의 진전과 관련하여 본 연구가 특히 강조하고자 하는 것은 차원을 달리하는 이 문제가 사실은 내적으로 깊게 연관되어 있으며, 이 두 가지 문제가 평화적으로 해결될 수 있는 가능성을 증가시키는 열쇠가 중국 내 시민사회의 성장에 있다는 점이다.

우선, 국제적인 측면에서 불확실성이 증가하고 있는 것은 일차적으로는 힘의 균형의 변화에 따른 결과이다. 그러나 이와 동시에 국제사회에서 중국이 앞으로 어떤 가치를 추구할 것인가라는 의문이 해소되지 않고 있는 점도 국제사회를 불안하게 하는 중요한 요소이다. 중국은 개혁개방을 시작한 이후 대외적으로 계속 "영원히 패권을 추구하지 않을 것"(永遠不稱覇)이라는 점을 강조하고 있지만, 이런 주장이 지도부와 정부의 입장 표명을 통해서만 이루어져서는 국제사회로부터 신뢰를 얻기 어려우며, 아래로부터 자유로운 토론과 합의를 통해 형성된 중국 사회의 가치라는 점이 확인되어야 국제사회의 신뢰를 얻을 수 있으며 국제평화에 기여할 수 있다. 그런데 이는 상당 부분 중국 시민사회가 얼마나 성숙하는가에 따라 좌우될 것이다. 즉, 국가가 아니라 보편적 규범에 대한 존중을 매개로 중국 사회와 국제사회의 접촉이 증가할 때 중국이 주장하는 '평화적 발전'(和平發展)의 길에 더욱 가깝게 갈 수 있을 것이다.

또한 정치적 민주화라는 과제가 단기적으로 마무리될 수 있는 문제가 아니라고 해서, 민주화를 단순히 미래의 과제로 연기하는 것은 국내적 측면에서 증가하고 있는 불확실성을 해결하는 길이 아니다. 이는 단기적으로는 안정적으로 보일지 몰라도 앞에서 인용한 어느 민권 운동가의 우려처럼 장기적으로 대혼란으로 이어지는 길이 될 가능성이 높다. 따라서 중국은 급진적 방식이 아니더라도 점진적으로 민주주의를 성숙시킬 수 있는 기초를 강화하고 공간을 확대하는 것을 중요한 과제로 삼아야 한다. 이러한 과제를 수행하는 데에서도 시민사회의 역할이 매우 중요하다. 중국의 정치발전에서 시민사회의 발전과 정치적 민주화 사이에 어떤 관계가 있는가는 매우 복잡한 문제다. 그러나 사회의 자율적인 토론과 관리 능력의 증가는 민주주의의 중요한 사회적 기초를 제공해 줄 수 있을 것이라는 점에 대해서는 커다란 이견이 존재하지 않는다.

이러한 문제의식에 기초하여 본서는 중국 시민사회의 형성과 특징을 탐색하고자 했다. 중국에서 이러한 새로운 과제를 담당할 수 있는 시민사회는 등장하고 있는가? 이러한 시민사회는 어떤 특징을 가지고 있는가? 그리고 이는 중국 국가-사회관계의 변화에 어떤 영향을 주고 있는가? 등이 본서에서 다루고 자 하는 주요 문제들이다.

물론, 시민사회라는 개념과 같이 실천적으로 커다란 영향력을 가지고 있지만 분명하게 정의하기 어려운 개념을, 이 개념이 발생하고 발전한 서구와는 정치·문화·역사적 맥락이 다른 중국에 적용하는 것이 쉽지는 않다. 무엇보다도 중국이 시민사회 성립을 위해 필요하다고 간주되는 여러 요소를 결여하고 있기 때문에, 중국의 시민사회 연구는 중국에 시민사회가 존재하는가 혹은 존재할 수 있는가라는 매우 근본적 의문에서 여전히 자유롭지 못한 상황이다.

그러나 경제개혁을 통해 국가로부터 상대적으로 자주적인 사회 공간이 확장되었고, 자주적인 행위자를 증가시키고 있는 추세는 중국에 시민사회라는 개념을 적용시킬 수 있는 출발점을 제공해 주고 있다. 특히 민간조직, 그중에서도 NGO(non-governmental organization)의 등장과 증가는 중국의 국가와 사회의 관계를 변화시키고 시민사회를 발전시킬 수 있는 무엇보다 중요한 동력이라고 할 수 있다. '결사 활동'(associational life)을 강조한 토크빌(Alexis de Tocqueville)의 전통을 계승한 자유주의적 전통은 물론이고, 시민사회 개념을 사용하는 다른 지적 전통에서도 자주적 사회조직의 존재와 활동을 시민사회를 구성하는 가장 중요한 요소로 간주한다.[1] 특히, 중국과 같이 권위주의, 혹은 사회에 대한 더욱 직접적이고 체계적인 통제를 추구한 당국가 체제에서 자주적 사회조직의 등장은 시민사회의 발전을 보여 줄 수 있는 가장 중요한 징표라고 할 수 있다. 따라서 본서는 NGO의 조직·행태적 특징을 분석함으로써 위에서 제기한 세 가지 문제에 답을

---

[1] 하버마스(Jürgen Harbermas)는 "시민사회는 사적 영역에서의 사회적 문제들의 반향을 발견하고 대변하고 집중하고 확장하며 이를 정치 영역과 공공영역으로 전달하는, 자발적으로 만들어진 연합, 조직, 운동들로 구성된다."고 정의한 바 있다(Anheier 2004, 20).

찾고자 했다.

기존의 시민사회, 국가-사회 관계에 대한 연구와 비교하면 본서는 다음과 같은 특징을 가지고 있다.

첫째, 중국의 정치 변화, 국가-사회 관계에 대한 기존 연구는 국가 중심적 접근을 강조하는 경향이 많으나 본서는 사회 중심적 접근을 택했다. 중국 정치 체제의 변화를 논의하는 연구들은 당, 정부, 전인대 등의 권력기구에 대한 분석에 초점을 맞춘다. 그러나 중국의 정치 변화가 이런 권력기구의 진화만으로 이루어질 가능성은 매우 낮다는 점에서 한계가 있다. 또한 조합주의적 접근을 택하는 중국의 국가-사회 관계에 대한 연구는 사회에 대한 국가의 통제적 측면을 여전히 강조하고 있다(Unger and Chan 1995; Pearson 1999). 이는 현재 국가-사회 관계의 현실을 반영하는 측면이 있다. 그러나 중국에서도 이미 정치체제, 사회체제, 경제체제 전반을 변화시키는 아래로부터의 동력이 작동하고 있는 상황에서 이러한 접근이 갖는 한계도 명확하다. 따라서 본서는 시민사회, 민간조직을 발전시키는 아래로부터의 사회적 동력을 규명하는 것을 통해 중국의 정치 변화와 국가-사회 관계 변화에 새로운 시사점을 제시하고자 했다.

둘째, 민간조직의 조직적·행태적 특징이 중국 정치 변화에 어떤 규범적 의미를 가지고 있으며 국가-사회 관계에서 어떤 위치를 차지하고 있는가를 보여주고자 노력했다. 중국의 국가-사회 관계 연구에서 사회 중심적 접근을 강조하는 기존 연구들은 적지 않다. 대표적으로 중국 사회에서 증가하고 있는 개인과 집단적 권리를 확보하기 위한 다양한 저항 운동에 대한 연구들이 있다(Perry and Seldon 2003; O'Brien and Li 2006; Gries and Rosen 2004). 이들 연구는 중국 사회에서 진행되고 있는 역동적 변화를 잘 보여 주고 있으나 이러한 사례들이 어떤 규범적인 의미가 있는가, 중국의 국가-사회 관계에서 어떤 위치를 차지하고 있는가를 설명하지 못하고 있다. 이는 기존 시민사회 연구가 실증적 토대가 없는 개념적 논쟁으로 진행되었기 때문에 커다란 성과를 내지 못한 문제점을 피하기 위한 의도의 결과이기도 하다. 그러나 이들 연구가 보여 주고 있는 중국 사회에서 진행되고 있는 광범하고 깊은 변화가 과연 중국의 체제 변화와 어떤 관계를 가지고 있는지도 설명될 필요가 있다. 본서가 이에 대한 모든 답을 주려고 시도하는 것은 아니지만, 최소한 여기에서 다루어지는 사례에 대해서는 그러한 해석을 시도할 것이다.

2. 주요 개념 : 시민사회와 NGO

1) 시민사회

시민사회라는 개념은 서구 근대 정치철학 형성기의 대표적인 학자들로부터 시작하여 최근의 연구자들에 이르기까지 매우 다양한 의미로 사용했기 때문에 개념에 대한 구체적인 정의가 없이는 경험 분석에 적용하는 것이 사실상 불가능하다.[2]

시민사회라는 개념의 기원은 그리스 시대까지 거슬러 올라갈 수 있다. 즉, 당시에는 자연 상태에 대비되는 문명사회라는 의미로 사용되었으며 따라서 시민사회는 정치사회와 구분되지 않는 개념이었다. 이러한 전통은 홉스(Thomas Hobbes)와 로크(John Locke) 등의 계몽주의 시기 철학자들에게도 그대로 계승되었다.

그런데 자본주의의 발전과 함께 시민사회는 정치사회 혹은 국가와 분리된

---

2 시민사회 개념에 대한 논의는 조효제(2003), Alagappa(2004), Cohen and Arato(1992) 등을 주로 참고하였음.

14

의미로 사용되기 시작하는데 이를 최초로 명확하게 한 것은 헤겔(G. W. F. Hegel)이었다. 헤겔은 시민사회를, 국가와 공생하지만 국가로부터 분리된 존재, 순수하게 공적인 활동과 분리되는 사익을 추구하는 개인들의 상호관계로 이루어지는 사회로 정의했으며 시민사회는 국가의 지도를 통해서만 안정성을 획득할 수 있다고 보았다. 마르크스(Karl Marx)도 같은 맥락에서 즉, 경제적 관계를 시민사회의 핵심적 특징으로 보는 맥락에서 시민사회를 부르주아 사회라는 의미로 사용했지만 헤겔과는 달리 극복의 대상이라는 부정적 의미로 사용했다.

이처럼 자본주의 및 근대의 형성과 함께 시민사회는 국가 혹은 정치사회와는 구별되는 의미를 갖게 되었다. 시민사회의 이러한 특징은 20세기 중반 이후 발전한 시민사회론에서도 대체로 받아들여지고 있다. 그러나 경제사회를 시민사회의 핵심적 특징으로 보는 접근은 최근 시민사회와 관련한 논의에서는 수정되어 시민사회는 경제사회와도 분리된 존재로 설정하는 경우가 많다. 즉, 국가(정치사회), 시장(경제사회), 그리고 시민사회라는 삼자모델이 현재 시민사회 논의의 주된 흐름을 형성하고 있다. 시민사회와 관련한 견해의 차이는 이 삼자 사이의 관계가 어떻게 형성되는가를 둘러싸고 발생한다. 아라가파(Muthia Alagappa)는 현대의 시민사회론을 신토크빌주의적(neo-Tocquevillean), 리버럴 민주주의(liberal-democracy)적 시민사회론과 신좌파(New Left)적 시민사회론 등 두 가지 유형으로 구별했는데(Alagappa 2004, 28) 이러한 구별이 위의 삼자관계를 설명하는 데에도 유용하다.

전자의 시민사회 모델은 리버럴 민주주의, 시장경제 그리고 시민사회 사이의 관계를 친화적으로 본다. 여기에서 시민사회, 특히 자유로운 결사 활동을 가장 중요한 특징으로 하는 시민사회는 국가권력의 확대로 개인의 자유가 침해되는 것을 막고, 다수 독재가 출현하는 것을 방지하며 리버럴 민주주의와 시장경제가 효율적으로 운영되는 것을 보장하는 역할을 하는 것으로 간주된다. 이러한 관점에서 보면 시민사회는 리버럴 민주주의와 기본적으로 친화적 관계를 유지하지만, 동시에 국가권력이 개인 권리를 침해할 수 있다는 경계심 때문에 시민사회와 국가 사이의 긴장관계가 완전히 배제되지는 않는다. 반면, 시민사회와 시장경제는 기본적으로 친화적 관계를 맺으며 양자 사이의 긴장관계는 특별히 강조되지 않는다.

후자의 시민사회 모델은 전자보다 복잡하다. 이러한 경향의 시민사회론의 발전은 그람시(Antonio Gramsci)의 시민사회론으로 거슬러 올라간다. 시민사회를 경제사회이자 극복의 대상으로 보았던 마르크스와는 달리, 그람시는 시민사회를 국가와 시장 사이에서 부르주아 계급과 노동 계급이 헤게모니를 획득하기 위해 장기적인 경쟁을 하는 공간이며, 노동자 계급의 입장에서는 자본주의 극복 전략을 실천하는 공간으로 설정했다. 즉, 시민사회는 경제사회로부터 분리될 뿐만 아니라 노동계급의 입장에서 볼 때 긍정적인 의미도 갖게 되었다. 그람시의 시민사회는 국가와 시장에 대해 모두 대립적인 관계에 있게 된다.

그러나 신좌파적 시민사회론은 자본주의에 대한 비판이론의 전통을 유지하는 동시에 시민사회를 경제사회로부터 분리시키고 시민사회에 긍정적 의미를 부여한다는 점에서, 그람시의 시민사회론를 계승하면서도 시민사회와 리버럴 민주주의, 시장경제와의 관계를 새롭게 해석하였다(Cohen and Arato 1992, 36-47). 이들은 근대 이후 발전한 리버럴 민주주의를 근본적으로 부정하지는 않으나 다만 정치사회에서, 특히 절차적 민주주의에 초점을 맞춘 리버럴 민주주의의 한계를 지적하며 시민사회를, 리버럴 민주주의를 더욱 실질적인 민주주의로 만드는 기초이자 공간으로 설정했다. 그리고 경제사회와의 관계에서는 현대 자본주의에 내재한 불평등과 정의, 민주주의 등에 대한 파괴적 영향을 강조하며 시민사회가 이러한 파괴로부터 개인과 사회를 보호하는 역할을 하는 것으로 설정한다. 다만 이들은 중앙집권적인 계획경제는 물론이고 국가 주도의 복지국가에 대해서도 비판적 태도를 취한다는 점에서 기존의 좌파와 차이가 있다. 요약하면 이들은 시민사회와 정치사회, 경제사회의 관계를 마르크스

<그림 1-1> 국가, 시장, 시민사회의 상호관계 (리버럴 민주주의 모델과 신좌파 모델)

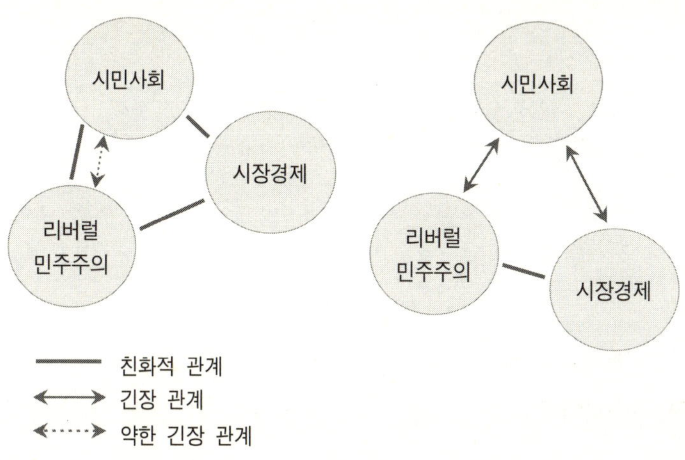

주의적 전통에서 강조하듯이 적대적 관계로만 설정하지는 않으나, 그렇다고 리버럴 민주주의적 접근과 같이 친화적 관계로 보지는 않으며 공존과 긴장관계로 이해하는 경향이 강하다.

이 두 가지 모델은 중국 시민사회의 발전 방향과 관련하여 우리의 이해를 도울 수 있는 기준을 제공해 준다. 그러나 다른 한 편으로, 위 두 모델은 모두 리버럴 민주주의와 현대 자본주의와의 관계를 통해 시민사회를 설명하고 있기 때문에 현재 중국 시민사회에 대한 분석에 그대로 적용하기는 어렵다. 중국의 시민사회, 특히 시민사회가 발육 단계에서 성숙 단계로 나아가는 과정을 분석하기 위해서는 위의 두 가지 모델과는 다른 접근도 필요하다.

이와 관련하여 많은 시사점을 주는 시민사회론은 동유럽의 경험에서 발견할 수 있다. 동유럽의 시민사회는 '자기 조직'(self-organization), '자기관리'(self-management), '자기 절제'(self-limitation) 등을 특징으로 하는 '사회 우선'(society-first) 전략을 채택했다. 이는 정치체제의 변화를 직접적인 목표로 하기보다는 비정치적 영역에서 국가로부터 사회의 자주성을 회복시키는 데 초점을 맞춘 전략이다(Alagappa 2004, 31). 코헨과 아라토는 이러한 전략에서도 국가와 시민사회 사이의 분리적 측면이 강한 경향(폴란드)과 국가와 시민사회가 활발하게 상호 작용하는 경향(헝가리) 사이에 차이가 있다고 지적했다(Cohen and Arato 1992, 58-66).

당국가 체제를 유지하고 있는 중국에서도 국가에 대한 도전이 아니라 '사회 우선' 전략을 통하여 시민사회가 발전될 가능성이 높다. 그러나 위의 두 가지 경로 중 어떤 것이 적합한가는 시민사회 자체의 내재적 성격에 의해서만 결정되는 것이 아니라 정치사회, 경제사회 등의 외부적 조건, 그리고 이 양자 사이의 상호관계에 따라 결정될 것이다. 동유럽의 사회 우선 전략에 대한 관심은 이 전략과 1990년대 초의 동유럽 사회주의 체제의 붕괴 사이의 인과관계에 대한 관심으로 이어진다. 특히, 중국 정부는 동유럽의 선례 때문에 시민사회에 대한 경계심을 늦추지 않고 있다. 그러나 동유럽 사회주의 체제의 붕괴에는 국가의 대응, 국제 정세의 변화, 경제적 상황, 정치적 정통성 등 다양한 요인들이 복합적으로 작용했다. 따라서 시민사회의 사회 우선 전략과 동유럽 사회주의 체제가 단선적인 인과관계에 있다고 할 수는 없다. 즉, 시민사회의 발전은 국가-사회 관계의 변화, 정치체제의 변화에 더욱 다양한 가능성을 여는 것은 사실이나 반드시 급진적 정치 변화로 이어진다고 전제할 수는 없다.

2) 민간조직과 NGO

본서는 자주적 사회조직, 특히 NGO(non-governmental organization)에 대한 분석을 통해 중국의 시민사회의 특징을 이해하고자 한다. 그런데 여기서 문제는 중국에서는 자주적 사회조직의 경계를 명확하게 하기 어렵다는 점이다. 중국에서는 비국가 사회조직을 통칭하는 개념으로 민간조직(民間組織)이라는 개념이 널리 사용되고 있다. 예를 들면, 중국 정부가 발간하는 『민정통계연감』(民政統計年鑑) 등의 자료에서는 중국어로 민간조직이라는 용어를 사용하고 영어로는 'non-governmental organization'으로 번역한다.

그러나 모든 민간조직을 자주적 사회조직으로 간주할 수는 없으며 민간조직의 분석을 통해 시민사회의 특징을 설명하는 것도 가능하지 않다. 민간조직은 조직의 인사, 재정, 운영 등에서 국가의 직접적인 통제를 받으며 사실상 국가기구와 커다란 차이가 없는 조직(관변 조직)에서, 간접적인 통제를 받는 조직(반관반민 조직), 자주적 민간조직을 모두 포함하기 때문이다. 양적으로 보아도 앞의 두 가지 유형이 다수를 차지하고 있다. 그러나 민간조직이라는 범주는 중국에서 사회조직과 관련하여 가장 체계적인 통계가 존재한다는 점에서, 그리고 국가-사회 관계가 변화하는 전반적인 추세를 보여 준다는 점에서 본서의 연구 대상에서 배제하지는 않았다.

민간조직 내에서 자주적 사회조직을 분리하여 분석하는 것은 방법론적으로 가장 어려운 문제 중의 하나였다. 개념적으로 보면 자주적 사회조직도 다음과 같은 세 가지 유형으로 나눌 수 있다.

첫째 유형은 좁은 의미의 민간조직이다. 중국에서 민간조직은 앞에서 설명한 광의의 의미가 아니라 전통사회부터 있었던 비국가 조직을 지칭하는 좁은 의미로도 사용된다. 이러한 유형의 민간조직은 사회주의 체제의 성립 과정에서 사라졌다가 개혁개방 이후 다시 등장하기 시작했으며 동향 조직, 동호인 조직, 지역공동체 조직 등으로 구성된다. 일반적으로 이들은 합법적 형식을 추구하지도 않고, 동시에 국가도 이들을 관리 대상으로 포함하려는 의지와 능력이 없기 때문에 그 구체적인 활동 규모와 범위를 파악하는 것은 어렵지만 가장 수가 많은 민간조직 유형이라고 할 수 있다. 본고에서는 이러한 민간조직을 지칭할 경우 풀뿌리 민간조직이라는 표현을 사용했다.[3]

둘째 유형은 불법 민간조직이다. 최근의 파룬궁(法輪功), 반체제 정치조직,

지하 종교 조직 등 국가권력이 법적으로 금지하고 활동을 억압하는 민간조직이다. 이들 조직은 합법성을 결여하고 있기는 하지만 경우에 따라서는 체계적인 조직 체계를 갖추고 있기도 한다. 따라서 이들의 활동 공간은 매우 제한되어 있으나 상황에 따라서는 시민사회의 발전에 일정한 역할을 할 가능성을 무시할 수 없다.

셋째 유형은 본서의 주요 분석 대상인 NGO이다. 중국에서는 '비정부 조직'으로 번역되기도 하는 NGO는 국제적으로 조직성(formal organization), 비정부성(non-governmental), 비영리성(non-profit-distributing), 자치성(self-governing), 자발성(voluntary) 등의 특징을 갖는 조직을 의미한다.[4] 이러한 정의에 따르면 정부 조직은 물론이고 사적 영역에서 기업, 가족과 같은 조직도 배제된다.

그런데 이 정의만으로는 위의 다른 두 가지 유형과 구분하기 어렵다. 본서에는 풀뿌리 민간조직과 NGO는 회원들의 이익 증진을 목표로 하는가 아니면 공공이익의 실현을 목표로 하는가에 따라 구분하여 사용했다. 물론 일반적으로 공공이익의 실현만을 목표로 하는 조직을 NGO로 포함시키는 것에 문제를 제기할 수 있지만, 현재 중국의 국가–사회 관계 속에서 시민사회의 형성과 직접적으로 관련된 민간조직의 발전에 초점을 맞추기 위해서 이러한 구분을 강조했다. 불법 민간조직와 NGO는 합법성을 기준으로 구분했다. 불법 민간조직은 현재 중국 법체계 내에서는 합법성을 갖거나 제도화되기 어려운 조직들인 반면, NGO는 법적인 합법성을 획득했는가와 관계없이 제도 내에서 활동을 전개할 수 있는 권리를 가지고 있는 조직들이다.

---

3 이러한 풀뿌리 민간조직은 중국에서 일반적으로 사용되는 grass-root NGO와는 다르다. grass-root NGO는 아래에서 설명하는 NGO의 한 유형이며 엘리트형 NGO와 구분을 위해 사용되는 개념이다.
4 이 정의는 여러 국가의 비영리 부문(nonprofit sector)을 비교 연구하기 위해 만든 것이다. 이는 일반적으로는 NGO보다 더욱 넓은 의미를 가지고 있지만, 정의를 만든 연구자들은 비영리 부문이 개발도상국의 경우는 NGO와 거의 동일한 의미로 사용될 수 있다고 설명하였다(Salamon and Anheier 1997, 33-39).

　　이 세 가지 유형의 민간조직은 고정 불변하는 것이 아니며 상호 전환하기도 하면서 모두 시민사회의 발전에 일정한 영향을 미친다. 하지만 본서에서는 시민사회의 발전과 가장 직접적인 연관성을 가지고 있는 셋째 유형인 NGO의 발전이 현재 중국 시민사회의 발전에서 나타나는 특징과 현실을 더욱 잘 보여줄 수 있다고 판단하여, 민간조직의 유형을 위의 세 가지로 구분하고 그중 NGO에 분석의 초점을 맞추었다.[5]

3. 조사 방법과 자료

　　본서는 2002년부터 2006년 사이에 진행된 현지조사에 토대를 두고 있다. 이 과정에서 본고의 핵심적 내용인 민간조직의 현황, 시민사회 발전에 대한 NGO 활동가들의 인식, 그리고 본고에서 다룰 환경운동의 사례와 관련한 자료를 수집하고 인터뷰를 진행했다.

　　그 연구 성과는 부분적으로 개별적인 논문으로 출판이 된 바 있으나(이남주 2003; 2004; 2007) 본서는 6장을 제외하고는 모두 새로 썼으며 6장도 최근 자료로 보완했다. 그 이유는 중국에서 민간조직, 특히, NGO의 발전이 비교적 새로운 현상으로 몇 년 안 되는 시기에 큰 발전을 보였기 때문이다. 특히, 2003년 여름 이후 환경 영역에서 중국 NGO의 영향력이 빠르게 성장했다. 이는 2002년부터 2004년 사이에 진행된 연구의 초보적 결론의 타당성을 확인해 주면서,

---

5 그러나 이것이 다른 민간조직, 즉 풀뿌리 민간조직이나 불법 민간조직이 중국 국가-사회 관계 변화에 영향을 미치지 못한다는 것을 의미하지는 않는다. 이 문제는 또 다른 중요한 연구 주제가 될 수 있다. 다만 국가-사회 관계의 변화가 어떻게 제도화되고 있는가를 분석하는 데에는 NGO가 가장 중요한 연구 대상이라고 판단했다.

구체적인 내용은 더욱 풍부하게 보완할 수 있는 자료를 제공해 주었다.

본서는 현지조사와 인터뷰 이외에도 많은 문헌을 참고했는데 그중에서 민간조직과 NGO 연구에 크게 도움이 된 자료는 다음 몇 가지다. 첫째, 2000년 이후 중국에서 발간된 NGO에 대한 각종 사례연구로, 이는 중국 NGO는 물론이고 시민사회의 연구와 관련하여 풍부한 기초 자료를 제공해 주었다. 王名(2000; 2001; 2003), 丁元竹(2005), 中國(海南)改革發展硏究院(2005), 朱健剛(2006b) 등이 있다. 둘째, 차이나 디벨로프먼트 브리프(China Development Brief)에서 발표한 여러 기초자료와 정보도 본서의 연구에 많은 도움을 주었다. 매달 발간하는 *China Development Brief*(『中國發展簡報』, 이하 *CDB*)와 중국 NGO에 대한 기초 조사 자료 China Development Brief(2001), Wexler, Xu and Young(2006), *Online Directory of Chinese Environmental NGOs* (www.greengo.cn) 등이 있다. 셋째, 인터뷰 자료와 함께 현지 조사 과정에서 수집한 강연문, 성명서, 토론회 등의 자료는 공식 출판물을 통해서는 접하기 힘든 NGO 활동가들의 인식과 행태적 특징을 이해하는 데 많은 도움을 주었다.

4. 본서의 구성

2장은 개혁개방 이후 중국의 국가-사회에 대한 분석이 어떻게 진행되었으며, 이 과정에서 도입된 시민사회론은 어떤 특징과 한계를 가지고 있는가를 살펴볼 것이다. 그 과정에서 본서의 연구 초점과 문제의식을 더욱 분명하게 부각시킬 수 있을 것이다.

3장에서는 민간조직과 NGO의 발전 추세를 양적으로 분석할 것이다. 이 장은 중국에서 민간조직, NGO는 존재하는가라는 근본적인 질문에 대한 답을 찾는 것을 목표로 한다.

4장에서는 민간조직, NGO의 발전을 촉진한 요인들을 분석할 것이다. 특히, 이러한 조직의 발전은 단순히 국가의 필요에 의한 것만이 아니라 다양한 사회적 필요에 의해 촉진된 것이라는 점을 이해하는 것이 현재 중국 NGO의 발전 추세와 특징을 이해하는 데 매우 중요한 단서가 된다는 점을 강조할 것이다. 이를 통해 중국 민간조직에 대한 기존의 연구가 사회의 능동적 측면과 전략을 소홀히 한 문제점을 극복하려고 했다.

3장과 4장에서는 광의의 민간조직과 NGO를 모두 분석 대상으로 삼았다. 이는 중국의 국가-사회 관계 변화의 전반적인 추세를 이해해야만 NGO의 역할을 구체적으로 이해할 수 있기 때문이다. 이러한 내용이 3, 4장에서 다루어진 이후에는 분석의 초점을 더욱 분명하게 NGO로 이동했다.

5장에서는 국가와의 상호 작용을 중심으로 NGO가 발전하는 과정을 살펴볼 것이다. 특히, 현재 법적·제도적 제약 속에서 이들이 어떻게 자신의 생존 공간과 활동 공간을 만들어 나가는가를 분석할 것이다. 이를 통해 중국에서 NGO의 발전은 단순히 객관적 변화라는 요인으로는 설명될 수 없으며 시민사회의 자주적이고 의식적인 노력의 결과라는 점을 강조할 것이다.

6장에서는 중국의 NGO 활동가들의 인지적 측면을 검토할 것이다. 이들이 중국 시민사회의 발전을 어떻게 이해하고 있는가를 살펴볼 것이며 이는 현재 중국 시민사회의 발전 단계와 특징을 이해하는 또 다른 중요한 시사점을 제공해 줄 것이다.

7장에서는 '누강댐 반대 운동'을 사례로 NGO의 활동을 살펴볼 것이다. 여기서는 5, 6장에서 설명된 중국 NGO와 시민사회의 특징이 구체적인 사회운동 과정에서 어떻게 드러나는가를 보여 줄 것이다.

8장에서는 앞에서 진행된 분석을 기초로 중국 시민사회의 현 단계 특징을 짚어 보고, 향후 어떤 가능성과 한계를 가지고 있는가를 정리할 것이다.

제2장

중국에서 시민사회론의 도입과 변화 :

최소주의 시민사회론

1. 시민사회론의 도입

중국의 시민사회에 대한 논의가 본격적으로 시작된 것은 1989년 6월 천안문 사건을 전후로 하는 시기이다. 시민사회라는 개념을 직접 사용하지는 않았지만 1978년 개혁개방 정책이 시작된 이후 중국의 국가-사회 관계 변화에 대한 논의는 이미 활발하게 전개되기 시작했다. 중국에서는 1950년대 사회주의로의 이행이 진행되면서, 구체적으로는 공동소유제와 계획경제로의 전환을 통해 사회에 대한 국가권력의 직접적이고 전면적인 관리체제가 구축되었다. 전통적 사회주의 체제에서 중국 사회는 당을 중심으로 하는 당국가 체제에 종적으로 편입되어 있었고, 사회조직 간의 횡적인 관계가 발전할 수 있는 공간은 거의 존재하지 않았다.

이러한 사회체제는 도시의 단위(單位) 체제, 농촌의 인민공사(人民公社) 체제를 기초로 형성되었다. 도시의 단위는 기관단위(당과 정부 조직), 기업단위(국유기업), 그리고 사업단위(교육, 문화, 의료 서비스를 제공하는 조직)로 나뉘는데, 국가는 이들에 대한 자원 분배권과 인사권을 주요 수단으로 하여 개별 단위를 통제하는 체계를 구축했다(周翼虎·楊曉民 1999). 인민공사의 경우는 국가가 토지 집단화를 기초로 하여 농민들에 대한 경제적·행정적 통제를, 전통적으로 자치적 성격이 강했던 개별 마을 단위까지 확장시켰다. 즉, 개인은 단위나 인민공사에 종속되고, 단위와 인민공사는 각각 당과 정부의 계통을 통해 권력의 중심으로 통합되는 체제이다.

물론, 전통적 사회주의 체제라고 하더라도 중국 사회가 이러한 공식적인 수직적 관리체제로만 운영된 것은 아니었다. 비공식적으로는 사회체계를 횡적으로 연결하는 사회적 망이 존재했으며 중국에서는 이러한 관계를 '꽌시'(關係, connection)라고 부른다. 연구자에 따라서는 이러한 관계가 정치적·사회적으로 매우 중요한 작용을 하는 것으로 파악하기도 한다(Pye 1981). 뿐만 아니라 공식적인 사회 관리체제도 안정적이고 통일적인 것만은 아니었다. 소위 '티아오콰이(條塊) 관계'[1]라는, 중앙에서 지방까지 관련 영역의 기구들 사이에 형성되는 관리체제와 지방단위에서 작동하는 관리체제 사이의 마찰은 중국의 정책 결정 과정과 사회 관리를 혼란스럽게 만드는 중요 요인으로 작용해 왔다. 그리고 대약진운동과 문화대혁명 같은 시기에는 이러한 관리체제가 마비 상태에 빠지는 경우가 발생하기도 했다. 그러나 중국은 개혁개방이 시작되기 이전까지 제도로서는 중국공산당을 정점으로 도시와 농촌의 기층 단위까지 수직적인 사회 관리 체제만이 존재했고 자율적인 수평적 관계는 존재하지 않았다고 볼 수 있다.

이러한 체제에 근본적인 변화가 시작된 것은 1978년 중국이 개혁개방 정책을 시작한 이후이다. 개혁개방 정책을 추진하는 과정에서 국가는 경제적 효율을 증가시키기 위해 경제와 사회에 대한 직접적인 관리 범위를 축소했고, 자원의 횡적인 이동을 허용하는 시장의 형성을 용인하였다. 이와 함께 국가-사회 관계도 변하기 시작했다. 그리고 1980년대부터 이러한 변화의 성격과 의미

---

1 교육 계통을 예로 들면 티아오(條)는 중앙정부–교육부–각급 교육 관련 기구–대학 등 교육기관 사이의 행정 명령 관계를, 콰이(塊)는 지방정부와 지방정부 내 교육 관련 부처 사이의 행정명령 관계를 말한다.

에 대한 논쟁이 활발하게 진행되었다. 그 과정에서 국가의 직접적인 통제로부터 벗어나며 형성되는 사회의 자주성이 갖는 의미가 가장 중요한 쟁점으로 부각되었다. 이 논의는 이후에 등장한 시민사회론과 매우 밀접한 논리적 연관성을 가지고 있다.

일부 중국공산당 관료와 지식인들은 경제적인 개혁개방 정책의 추진과 함께 정치개혁을 주된 과제로 제기했다. 이들은 특히 국가에 대해 자주적인 개인과 사회가 가지는 권리의 정당성을 강조했다. 이러한 주장의 기원은 1979년 1월부터 4월까지 중국공산당 제11차 3중전회에서 해결되지 못한 이론적·사상적 문제를 해결하기 위해 베이징에서 개최된 '이론학습회'(理論務虛會)에서, 영도자와 인민의 관계에서 인민의 권리를 더욱 강조하고 민주와 법제를 요구했던 것으로까지 거슬러 올라갈 수 있다(李洪林 1997, 248-254). 당시 이들의 주장은 인도주의 논쟁과 같은 철학적이고 추상적인 논의를 통해 제시되었으며 사회의 자주성이 어떻게 강화될 수 있을 것인가 등과 관련한 구체적인 논의로 진전되지는 못하고 좌절되었다.

'사회의 자주성'이라는 시민사회와 직접적인 연관을 가진 개념이 다시 본격적으로 논의의 대상이 된 것은 1980년대 중반이다. 개혁개방 정책의 성과가 구체화되고 시장 영역이 확장되면서 국가와 시장, 그리고 국가와 사회 사이의 관계를 어떻게 조정할 것인가가 현실적인 문제로 제기되었기 때문이다. 물론 이러한 논의는 시장경제를 효율적으로 운영하기 위한 분권화 논의로부터 시작했지만 일부 지식인들이 이 논의를 '사회의 자주성' 논의로 진전시켰다. 이와 관련한 매우 흥미있는 논의가 소위 '신권위주의' 논쟁이다.

1986년 4월 베이징대 박사과정 학생이었던 장빙지우(張炳九)는 정치체제를 집권모델, 반(半)집권모델, 분권모델의 세 가지로 나누고, 집권모델은 전통경제와 전통경제의 현대적 변종인 계획경제에, 반집권모델은 초보적인 상품경제에서 성숙한 상품경제로 발전하는 과도기적 상황에, 분권모델은 성숙한 상품경제에 조응하는 정치체제라고 주장했으며, 중국의 정치개혁은 경제체제의 발전 단계에 맞추어 반집권체제의 건설을 목표로 해야 한다고 주장했다(張炳九 1989, 17). 그리고 이 시기 중국의 주요 개혁 목표는 경제 영역에서는 소유권의 명확한 확정과 생산요소 시장의 형성, 정치 영역에서는 '정부와 기업의 분리'(政企分離)와 정부 행정의 효율 제고라고 제시했다(張炳九 1989, 19). 즉 장빙지우의 신권위주의 모델은 사실상 경제개혁 우선론이라고 할 수 있으며, 정치적으로는 민주화보다 정치 안정과 효율 제고에 초점을 맞춘 것이다. 다만, 정치적으로 최종 목적은 분권화, 민주화라는 점에서 정치개혁을 근본적으로 부정하지는 않았다. 그의 주장은 이후 중국공산당 총서기였던 자오즈양(趙紫陽)의 핵심 참모들에게 위로부터의 개혁전략으로 적극 수용되었다.

롱 지엔(Rong Jian)은 신권위주의 모델을 국가-사회 관계에 적용시켜 사회의 자주성 강화를 당면 정치개혁과 경제개혁의 주요 과제로 제시했다. 롱 지엔은 국가-사회관계의 변화는 정치개혁을 사회가 경제적 자기결정권을 획득하는 단계와, 민주화를 통해 정치권력을 획득하고 국가를 통제하는 단계로 나누었으며, 첫째 단계를 소위 '국가-사회 이원화'로 정의했다(Ding 2001, 19). 이러한 설계는 1970년대와 1980년대 폴란드와 헝가리 등에서 정치권력에 대한 직접적인 도전보다는 사회의 자주성 강화를 우선 과제로 삼는 '사회 우선'(society-first) 전략을 통해 시민사회 형성을 촉진했던 것과 유사한 발상으로 볼 수 있다.

그런데 신권위주의적 발상은 당내 보수 세력만이 아니라 당시 자유주의적 경향이 강했던 지식인들로부터도 강력한 비판을 받았다. 즉, 과도기적인 중앙집권체제의 필요성에 대한 신권위주의 주창자들의 주장에 대해 이러한 주장은 근대화 시기 중국의 전제주의자들이 동원했던 논리의 반복에 불과하다며 민주주의가 경제개혁과 함께 발전할 때만 진정한 안정과 경제적 민주도 가능하다는 것이다(于浩成 1989).[2] 일부에서는 신권위주의의 정치적 의도를 문제 삼기도 했다. 즉, 신권위주의는 자오즈양의 정치적 권위를 높이기 위한 목적으로 이용되었으며, 이것이 당내 원로 및 보수파와는 물론이고 덩샤오핑(鄧小平)과의 마찰을 심화시킨 원인이 되었다는 것이다(Ruan 1994). 그러나 이러한 권력 투쟁적 요소를 배제하고 논리 자체로만 보면, 신권위주의와 자유주의 사이의 논쟁은 중국에서 사회의 자주성, 그리고 민주화에 대한 함의 등과 관련하여 여전히 많은 시사점을 던져주고 있다.

그러나 1989년 천안문 사태 등을 맞으면서 급박하게 전개되는 정치적 사건의 소용돌이 속에서 이러한 요소들이 성숙한 이론으로 발전될 기회를 갖지 못했다. 그러나 천안문사태는 중국 시민사회론과 관련한 논의를 활발하게 만든 계기가 되었다. 천안문사태를 전후로 시민사회론이 중국에 적용된 데에는 다음 두 가지 문제의식이 중요하게 작용했다.

하나는 민주화를 요구하는 비판적 지식인과 학생들의 대규모 시위, 대중(특히 도시민)의 시위 참여와 학생 활동에 대한 지지, 이러한 민주화운동을 뒷받침한 다양한 조직적 활동 등을 설명하기 위해 시민사회론을 도입한 경우로 이러한 연구는 주로 서구학자들에 의해 진행되었다. 다른 하나는 실패한 민주화운동의 원인을 규명하고 이후 민주화를 추진하기 위한 현실적인 전략을 모색하는 과정에서 시민사회론에 관심을 두는 것으로 이러한 접근은 주로 중국 내 지식인들에 의해 이루어졌다.

챔벌레인(Heath B. Chamberlain)이 분류한 1990년대 초반 중국 시민사회에 대한 연구의 세 가지 경향은 모두 첫 번째 문제의식과 관계가 있다. 첫째, 시민사회를 혁명적 동력의 산물로 이해하고 1989년 6월 천안문사태에서 나타났던 대중적 시위에서 노동자, 도시민, 학생 등의 다양한 계층이 하나의 정치적 목표를 위해 공동의 행동을 취했던 것을 시민사회의 출현으로 보는 견해이다

----

2 자유주의 혹은 민주화론자들은 당시 '전제와 자유의 밀월기'라는 신권위주의자들의 주장을 특히 강력하게 비판했다.

(Sulliban 1990). 그러나 불복종, 반체제적 행위를 시민사회 출현의 근거로 삼으려는 시도는 1989년의 저항이 실패한 원인 중 하나가 이들과 결합될 수 있는 시민사회적 기초가 결여되었기 때문이라는 점을 감안하면 지나치게 단순한 접근이라는 비판을 피하기 어렵다(Saich 2004, 227).

둘째, 1980년대 도시를 중심으로 형성되었던 국가로부터 자유로운 지식인, 학생 커뮤니티의 형성을 시민사회의 맹아적 형태로 보는 견해이다. 이는 앞의 견해가 행위적 특성을 강조한 것에 비해 1989년의 저항을 가능하게 한 제도적이고 조직적인 요인을 설명하려는 시도이다. 그러나 이러한 시도도 1989년 전후의 뚜렷한 단절, 즉 왜 갑자기 1989년까지 출현했던 대중적 저항이 사라졌는가를 설명하기 어렵다는 한계를 보였다.

셋째, 역사적인 접근으로 근대사회부터 중국 시민사회의 전통을 찾으려는 시도이다. 역사적인 접근법은 중국의 근대사회에서 '공공영역'(public sphere)의 형성을 시민사회 발전의 단초로 간주했다(Chamberlain 1993). 이러한 역사적 접근은 현대 중국 시민사회와의 직접적인 연결고리를 찾기 어렵다는 점에서 시민사회론 발전에서 중심적인 역할을 하기는 어려웠다.

그러나 역사적 접근의 경우에는 이후 중국 시민사회론의 발전에 적지 않은 시사점을 던져 주었다는 점에서 그 내용을 간단하게 검토할 필요가 있다.[3] 역사학에서 시민사회론은 1980년대 사회사적 접근을 취했던 학자들에 의해, 중국의 전통사회와 민국(民國) 시기의 중국에서 국가로부터 자주성을 갖는 사회 공간이 존재했다는 점에 토대를 두고 제기되었다. 랜킨(Mary B. Rankin)은 청나라 말기 중국 사회에서 관(官) 혹은 사(私)와 구분되고 지방 엘리트들이 주도하는 공적(public) 활동이 확대되고 있음을 강조했다(Rankin 1986). 그리고

---

3 청말, 민국 시기 중국 시민사회의 존재 여부와 관련한 역사학자들의 논쟁은 『모던차이나』(*Modern China*), 1993년(1월)에 실린 특집 논문들을 참고.

1989년 이후에는 중국 시민사회론에 대한 관심이 높아지면서 일부 역사학자들이 이러한 민간에 의해 주도되는 공적 활동의 발전을 하버마스의 공공영역 개념과 연결시키면서 시민사회 논의에 개입했다. 즉, 이들은 청말, 민국 시기 중국 사회에서도 서구의 공공영역 혹은 시민사회와 관련된 현상이 존재했다는 점을 강조했다(Strand 1990; Rowe 1990). 물론 이들의 견해가 모두 같은 것은 아니었다. 로우(William T. Rowe)는 청말 중국에서는 서구에서 논의되고 발전된 시민사회라는 개념에 부합할 수 있는 현상을 발견하기 힘들다고 결론을 내렸다(Rowe 1993, 153-154). 그러나 랜킨은, 명나라 말기부터 지속적이고 느리게 발전하는 공적 영역은 서구 시민사회의 출발과 다르지만, 청말과 민국 시기에는 시민사회의 일부 제도적·실천적 특징이 출현하기 시작했다고 주장한다(Rankin 1993, 158). 따라서 시민사회는 민국 시기 정치적 사건의 전체상을 보는 데에는 불완전한 렌즈이지만 서구에서 시민사회라고 불리는 것에 포함되어 있는 여러 현상이 출현하여 시민사회에 대한 논의가 의미를 가질 수 있게 만들었다는 것이다(Rankin 1993, 170).

중국 시민사회론에 대한 이들의 설명에서 나타나는 가장 중요한 특징은 공공영역이라는 개념을 사용하여 자선 및 재난 구제 등의 공적 활동에서 민간 부분과 국가 사이에 나타나는 힘의 균형의 변화를 설명하려고 적극적으로 시도했지만, 민간과 국가 사이의 관계를 대립적으로 설명하지는 않았다는 점이다. 이들이 공공영역이라는 개념으로 중국의 시민사회를 설명하려는 이유도 시민사회의 개념은 서구 민주주의의 제도와 실천과 밀접한 관련이 있으며, 중국을 포함한 비서구 지역에는 국가와 사적 이익의 충돌을 전제로 하는 시민사회 개념보다는 공(public)에 초점을 맞추는 공공영역 개념이 더욱 잘 적용될 수 있다고 생각하기 때문이다(Rankin 1993, 169-160). 즉 역사학자들의 시민사회나 공공영역 개념은 리버럴 민주주의나 리버럴 민주주의를 지향하는 가치관을 전제로 하지 않았다는 점에 다른 서구학자들, 특히 정치학적 접근에 기초한 시민사회론과 차이를 가지고 있었다.[4] 브룩(Timothy Brook)과 프롤릭(Michael B. Frolic)은 한 걸음 더 나아가 서구에서도 시민사회와 국가가 분리되고 적대적 관계에서만 발전한 것은 아니며, 오히려 국가의 지원 속에서 시민사회가 발전했다는 점을 강조하며 시민사회를 국가와 대립하는 것으로 이해하는 경향을 비판했다. 따라서 국가와 적대적이지만은 않은 시민사회 개념은 중국에도 적용할 수 있다고 주장했다(Brook and Forlic 1997, 12). 전반적으로 역사학자들은 중국에서 시민사회 개념은 국가에 대립하는 사회 공간의 존재보다 국가에 대해 자주성을 갖는 사회 공간을 설명하는 데 더 적합하다는 점을 강조했다. 이처럼 국가와 대립하거나 국가에 도전하는 시민사회 개념과 거리를 두는 태도는 이론적으로나 실천적으로나 중국 시민사회론의 중요한 특징의 하나로 발전한다.

역사학자들의 연구에서 나타나는 또 하나의 특징은 자주적 사회조직의 발전을 자신들의 논리를 뒷받침하는 실증적 근거로 삼은 점이다. 이는 법과 제도 등에서 시민사회와 유사성을 갖는 현상을 발견하기 어려운 상황에서, 시민사회나 공공영역이 성립하기 위한 최소 조건인 자주적 사회조직에 분석의 초점을 맞출 수밖에 없는 객관적 현실을 반영한다. 랜킨은 민국 시기 시민사회의 약점에 대해서는 많은 지적이 있었지만 강점에 대해서는 충분한 주의가 기울여지지 않았다는 문제를 지적하며, '확산되는 결사체들'을 시민사회의 발전 가능성을 보여 주었던 가장 중요한 현상으로 지적했다(Rankin 1993, 170-171). 브룩스도 자주적 조직을 시민사회 개념의 가장 중요한 특징의 하나로 지적하고 이러한 특징이 중국 역사에서 발견될 수 있다는 점과 반세기가 넘는 국가의 억압과 금지에도 불구하고 자주적 사회조직이 다시 출현할 수 있는 역사적 기초가

---

4 하버마스의 공공영역 개념도 구조적인 측면에서 보면 리버럴 민주주의와 현재 자본주의 체제와의 연관 속에서 발전된 개념이기 때문에 비서구 사회에 무비판적으로 적용될 수 있는 것은 아니다. 다만 공공영역에서 나타나는 행태적인 측면에서 볼 때, 국가에 대립하는 사적 영역을 전제로 하지 않는다는 점에서 다른 개념보다 더욱 다양한 정치체제와 정치문화에 적용될 가능성은 있다.

현재 중국에도 존재하고 있다는 점을 강조했다(Brook 1996, 26).

중국 시민사회론에 대한 역사학자들의 공헌은 시민사회에 대한 일종의 최소주의적인 접근의 가능성을 제시한 것이다. 이는 국가에 대립하지는 않지만 자주성을 갖는 사회영역의 발전, 그리고 시민사회를 구성하는 여러 특징에 대한 설명보다는 법적·제도적 제약 속에서 발전하는 자주적 사회조직에 초점을 맞추어 시민사회를 연구하는 것이다. 이는 전통적 시민사회론의 입장에서 보면 시민사회를 지나치게 협소한 것으로 이해하는 것으로 보일 수 있으나, 리버럴 민주주의가 제대로 실현되지 않고 있는 사회에서의 시민사회 발전 과정을 설명하기 위해서는 불가피한 접근방법이라고 볼 수 있다. 시민사회론에 대한 최소주의적 접근이라고 할 수 있는 이러한 접근은 중국 내 지식인의 시민사회론에서도 발견할 수 있다.[5]

서구 학자들이 중국 시민사회에 대한 논의를 활발하게 진행하면서 중국 지식인도 점차 시민사회론에 많은 관심을 보이기 시작했다. 시민사회에 대한 중국 학자의 논의는 주로 홍콩에서 발간되는 잡지 등을 무대로 활발하게 전개되었다.[6] 시민사회에 대한 이들의 논의는 중국에서 시민사회가 존재하는가의 여부에 대해서는 이견이 적지 않았지만, 중국에서 민주화 운동의 실패 원인을 시민사회의 결여에서 찾고, 시민사회를 전체주의에 대항하여 민주화를 추진하는 수단으로 보는 점에 있어서는 일정한 합의가 형성되었다(He 1997, 50). 그러나 이들의 시민사회론은 중국 내의 논의에는 거의 영향을 주지 못했다. 이는

---

5 스몰라(Aleksander Smolar)는 동유럽 시민사회의 '사회 우선 전략'을 설명하면서, 동유럽에서 발전된 시민사회가 민주주의가 정착된 사회의 시민사회와는 차이가 있다는 점을 강조하며 '최소적 시민사회'(minimal civil society)라는 개념을 사용한 바 있다(Smolar 2002, 52). 그러나 그의 설명에 따르면 당시 사회 우선 전략은 기존 체제에 대한 강한 저항감을 전제로 했는데, 중국의 시민사회론은 이러한 전제도 없다는 점에서 스몰라보다도 더욱 최소주의적이라고 할 수 있다.
6 허바오강은 1990년대 초반 『지식분자』(知識份子)와 『21세기』(21世紀) 등 홍콩에서 발간되는 잡지에 실린 시민사회 관련 논문들의 목록과 요지를 정리했다(He 1997, 47-48).

논의에 참여한 학자 대부분이 해외에서 활동하고 중국 정부가 반체제 인사로 지목한 인물들이기 때문에 중국 내에서 이들의 논의를 적극적으로 수용하기 어려웠을 뿐만 아니라, 논의 자체가 실증적이거나 경험적 근거가 부족한 상태에서 지나치게 정치 중심적이고 규범적인 주장을 앞세웠기 때문이다. 따라서 천안문사태의 직접적인 충격이 약화되는 정치적 환경 속에서 이들의 주장은 지속적인 생명력을 갖지 못했다.

중국 내 시민사회론을 활성화시킨 것은 해외에 있는 중국 지식인이라기보다는 국내의 지식인이었다. 특히, 1992년부터 홍콩에서 발간되기는 했지만 중국 내 학자들이 주도하고 중국 내에서 광범하게 배포된 『중국사회과학계간』(中國社會科學季刊)을 매개로 시민사회와 관련한 논의가 활발하게 진행되었다. 이들의 시민사회론은 국가와의 관계를 적대적으로 전제하거나 정치 중심적 접근을 택하지 않는다는 점에서 앞의 경향과 분명한 차이가 있다.[7]

이 경향을 가장 분명하게 보여 주는 것이 이 잡지의 창간호에 실린 덩정라이(鄧正來)와 징위에진(景躍進)의 논문이다(鄧正來·景躍進 1992).[8] 이들은 시민사회의 자주성을 강조했지만 시민사회의 자주성과 독립성이 반드시 국가의 역할을 부정하는 것이 아니라는 점과, 장기적으로 시민사회와 국가 사이에 '긍정적 상호 작용'(良性互動) 관계를 형성해야 한다는 점을 강조했다. 그리고 시민사회의 발전전략과 관련해서는 정치권력과의 정면충돌을 피하면서 장기적으로 시민사회의 성장을 추구하는 2단계 발전 전략을 제시했다. 첫째 단계는 형

---

7 이러한 차이가 이론적 신념의 차이에서 비롯되는 것인지, 아니면 이론적 신념에는 커다란 차이가 없지만 중국 외와 중국 내라는 정치적 환경의 차이에서 비롯된 것인지를 분명하게 규명하기는 쉽지 않다. 그러나 필자의 인터뷰 등의 경험에 따르면 얼마나 솔직하게 말할 수 있는가를 반영하는 것이라기보다는, 정치적 제약 요인을 얼마나 예민하게 느끼며 대안을 모색하는가의 차이를 반영하는 것으로 보였다.
8 He(1997, 50-54)와 Ding(2001, 36-38) 모두 이 논문을 중국 내에서 제기된 가장 대표적인 시민사회론으로 들어 그 내용을 자세하게 설명했다.

성 단계로 국가는 사회와 경제적 영역에서의 불필요한 간섭을 줄이고 사회는 이러한 기회를 활용하여 아래로부터 시민사회의 발전을 촉진하는 과정이며, 둘째 단계에서는 성숙 단계로 시민사회가 공공영역으로 진입하고, 국가 정책에 참여하거나 영향을 미치며, 국가와 긍정적 상호 작용 관계를 형성하는 것이다. 허바오강은 이를 동구의 시민사회 전략과의 유사성에 착안하여 '자기절제'(self-limitation) 전략으로 정의했다(He 1997, 51). 덩정라이와 징위에진의 시민사회론도 위에서 설명한 역사학자들의 시민사회론에 대한 최소주의적 접근과 맥락을 같이 한다고 볼 수 있다.

덩정라이는 이러한 시민사회론을 제기한 것은 1980년대의 신권위주의와 민주화 선도론 사이의 논쟁이 가졌던 한계를 극복하기 위한 것이라 했다. 그에 따르면 신권위주의와 민주화 선도론은 중국의 현대화 노선에 있어서는 큰 차이가 있지만, 둘 다 정치와 경제 사이의 관계에만 초점을 맞추고 현대화의 주요 동력을 정치적 측면에서 찾았으며, 위로부터의 개혁론의 범주에서 벗어나지 못하는(민주화 선도론도 헌법 개정, 의회정치, 다당제 등과 관련한 위로부터의 개혁에 초점을 맞추었음) 공통점을 가지고 있다. 따라서 이런 논의는 중국 근현대 역사에서 더욱 근본적으로 제기된 문제인 권력 집중과 혼란 사이의 악순환의 반복에서 벗어날 수 있는 국가-사회 관계를 어떻게 발전시킬 것인가라는 문제를 풀기 어렵다는 것이다(鄧正來 1996). 덩정라이에게는 이러한 악순환에서 벗어날 수 있는 국가-사회 관계를 구축하는 것이 시민사회론의 가장 중요한 목표이다.[9]

덩정라이의 시민사회론은 중국 시민사회론의 발전을 위한 이론적 기초를

---

9 덩정라이의 시민사회론은 사회의 자주성에 초점을 맞춘다는 점에서 Ding(2001)이 인용한 롱젠의 '국가-사회 이원론'과 상당한 유사성을 가지고 있으나, 이 양자 사이에 직접적인 관계가 있는 것으로 보이지는 않는다.

형성하는 데 커다란 기여를 했다. 그러나 이들의 연구는 무엇이 바람직한 국가
-사회 관계 모델인가라는 문제에 초점을 맞춘 규범적 연구에서 벗어나지 못했
으며, 중국에서 실제로 진행되고 있는 국가-사회 관계의 변화를 설명하는 데에
는 한계를 보였다. 따라서 이들의 문제제기를 계기로 1992~94년 사이에 다양
한 시민사회론이 제기되었지만 경험적인 연구 성과가 부족함에 따라 논쟁의
동력도 약화되었다.

1990년대 초반의 해외는 물론이고 중국 내에서 중국 시민사회론에 대한
탐색은 동구 사회주의 체제 붕괴와 천안문사태라는 외적인 정치적 충격에 의
해 촉발된 측면이 강하다. 이 논의는 이후 시민사회론의 발전에 중요한 계기를
제공해 주기는 했지만 사회로부터의 동력을 결여하고 있었기 때문에 규범적
담론 이상으로 발전하지 못했다. 그리고 1990년대 중반 시민사회론과 같은 사
회중심적 접근법은 점차 국가의 역할을 강조하는 조합주의적 접근으로 대체되
었다.

2. 조합주의적 접근법 : 국가-사회 관계에 대한 국가 중심적 설명

1980년대에도 국가-사회 관계의 변화에서 국가의 역할에 초점을 맞춘 연구
가 없었던 것은 아니다. 시장화를 중심 내용으로 하는 경제개혁이 사회의 자주
성을 강화할 것이라거나, 강화해야 한다는 당위론적인 설명의 영향력이 커지는
과정에서도 왈더(Andrew Walder)와 오이(Jean C. Oi)는 사회에 대한 국가의 통제
에 계속 관심을 기울였다. 이들은 각각 국영기업과 농촌의 생산대(生産隊) 사회
구조에 대한 분석을 통하여 중국 사회가 국가의 직접적인 지배에서 점차 벗어나
고 국가와 사회 관계가 커다란 변화를 겪고 있다는 현실을 인정했다. 하지만

이와 동시에 국가가 후견주의(clientalism)를 매개로 사회에 대한 통제력을 계속 유지하고 있다는 점을 강조했다(Walder 1986; Oi 1989). 특히, 왈더의 신전통주의(Neo-traditionalism)는 개혁개방 초기 국가와 사회 관계의 복잡한 상호 작용을 매우 효과적으로 보여 주는 개념으로 이후 중국 사회 연구의 중요한 분석 도구가 되었다. 왈더의 신전통주의는 과거 중국 사회에서 비공식적 인간관계의 중요성을 설명하기 위해 사용된 '꽌시'(關係)를 통한 후견주의가 단순히 비제도적인 영역에서만 작동하는 것이 아니라 공식적인 제도(왈더의 경우는 도시의 단위 체제) 내에서 국가가 사회와 개인에 대한 통제를 강화하는 데 활용되고 있다는 점을 보여 준다.

이처럼 국가의 통제 메커니즘에 초점을 맞춘 연구의 전통은 1990년대 중반 조합주의적 접근이 계승했다. 브룩스와 프롤릭은 1990년대 중반 국가-사회의 관계를 다룬 연구에서 볼 수 있는 가장 흥미로운 특징을, 국가를 복귀시키려는 의지를 연구자들이 공통으로 보여 주고 있다는 점이라고 지적했다(Brook and Frolic 1997, 11). 1990년대 중반부터 중국의 국가-사회 관계에 대한 연구에서 조합주의적 접근이 활발하게 이루어진 것은 다음 두 가지 요인이 중요하게 작용했다. 첫째는 중국에서 정치개혁이 없는 경제개혁이 성공적으로 진행된 결과이다. 즉, 정치체제의 다원화와 시장경제로의 전환이 동시에 급속도로 진행된 소련이나 동구와는 달리, 중국은 권위주의적 정치체제를 계속 유지하는 가운데 경제성장과 시장화, 대외 개방이라는 경제체제 개혁을 성공적으로 추진했다. 따라서 이를 주도한 국가의 역할에 대해 다시 관심이 모아진 것이다. 둘째는 1990년대 초반 활발하게 진행된 중국의 국가-사회 관계에 대한 경험적 연구들은 개혁개방이 진행되면서 사회에 대한 국가의 직접적인 통제는 약화되고 있지만, 국가가 협력(collaboration) 및 포섭(co-optation)을 통하여 사회에 대한 통제를 계속 유지하고 있다는 점을 확인했다.

이러한 상황을 배경으로 국가와 사회의 상호 침투를 설명하기 위해 조합주의적 접근법이 중국 국가-사회관계 분석에 적극적으로 도입되기 시작했다. 이러한 접근법은 협력과 포섭 같은 간접적인 장치를 통해 계속 유지되는, 사회에 대한 국가의 통제를 설명함과 동시에, 새롭게 열리는 사회 공간을 탐구할 수 있는 수단을 제공했다(Saich 2004, 228). 조합주의적 개념을 중국에 가장 적극적으로 적용한 연구자는 피어슨(Magaret M. Pearson)이다. 피어슨은 경제 시장화의 직접적인 결과로 시민사회를 설명하는 모델(White 1993a)들이 지나치게 모호하고 일반적이고, 시민사회라는 개념의 핵심적 특징(제도, 수평적 구조, 이념, 행위) 등이 실제로 출현하고 있는가에 대한 세밀한 검토가 뒷받침되지 않았으며, 나아가 경제개혁(시장화)과 민주화의 관계를 지나치게 단선적으로 이해하고 있다고 비판했다. 따라서 사회주의적 조합주의(socialist corporatism) 모델이 중국의 국가-사회 관계 변화를 더욱 잘 설명할 수 있다고 주장했다(Pearson 1997, 26-28).

피어슨은 슈미트(Phillipe C. Schmitter)가 조합주의를 정의하며 국가조합주의와 사회조합주의를 구별한 것 중 국가조합주의가 중국에 적용될 수 있다고 보았다. 국가조합주의는 사회조합주의와 같이 "구성단위들이 ① 단일하고, 강제적이며, 비경쟁적이고, 위계적으로 배치되고 기능적으로 차별화된 영역별로 조직되고, ② 지도자의 선출, 이익 표출 등과 관련한 일정한 통제를 받아들이면서 국가에 의해 인정받거나 인가되며, 그 대신 자신의 영역 내에서 독점적 대표권을 부여받는 이익대표체제"라는 특징을 공유한다. 그러나 국가조합주의는, 다원주의에 기초하고 아래로부터 시작된 협상을 통해 발전한 사회조합주의와는 달리 국가에 의해 위로부터 강제된 것이다. 따라서 국가에 의해 만들어진 조직은 기능적으로 인정된 범위 내에서는 일정한 자주성을 가질 수 있지만, 더 중요한 점은 국가이익에 복무하며 국가의 권위에 도전하지 않는다는 점이다(Schumitter 1974).

피어슨은 이러한 국가조합주의적 특징을 중국의 국가와 사영기업가 조직들의 관계에서 찾았다. 다만 피어슨은 국가조합주의와는 다른 사회주의적 조합주의(socialist corporatism)라는 개념을 사용하며 양자의 차이를 다음과 같이 두 가지로 설명했다. 첫째, 국가조합주의가 기존의 자주적 사회집단을 포섭하려고 하는 반면, 사회주의적 조합주의는 자주적 사회집단의 출현을 막으려고 시도한다. 둘째, 국가조합주의는 세계 경제에서 국가의 힘을 증가시키기 위해 사회적 힘을 모으려고 하나, 사회주의적 조합주의는 자신이 만들어 내기는 했지만 비관료적인 형식을 취하는 기구로의 분권을 추구한다(Pearson 1997, 39).

웅거(Jonathan Unger)와 챈(Anita Chan) 역시 대중 조직의 포섭을 설명하는 데 국가조합주의를 적용했고, 동시에 이것이 동아시아의 국가 중심주의와 유사성을 공유한다고 보았다(Unger and Chan 1995). 그러나 이들에 따르면, 슈미트의 국가 사회주의는 남미와 동아시아에서 약한 자본가 계급을 대신하여 국가가 경제 발전을 추진하기 위해 사회적 힘을 결집시키려고 한 사례에 적용되었으나, 중국에서 국가조합주의는 레닌주의적 국가체제가 시장경제로 전환하는 과정에서 과도한 사회통제에 따른 정치·경제적 부담을 축소시키려고 시도하는 중국에 적용된 것이다(Unger and Chan 1995, 38). 하지만 구체적인 작동방식에서는 차이가 크지 않다. 실제로 국가조합주의에서 볼 수 있는, 의제를 선점하고 (사회의) 지도자를 포섭하며, 경제 영역에서 국가의 계획과 자원 분배가 이루어지고, 유사 국가 조직이 발전하며, (국가로의) 접근 통로가 제도화되고, 물리적 통제 수단이 주기적이고 체계적으로 사용되는 현상들이 모두 정도의 차이는 있지만 현재 중국의 국가와 사회조직 사이의 관계에서도 발견할 수 있다(Gallagher 2004, 421). 그리고 오이는 피어슨 등과는 달리, 국가조합주의를 국가 수준이 아니라 지방정부 수준에 적용시켜 '지방국가조합주의'라는 개념을 사용했으며, 이를 통해 집체소유기업이 다수를 차지하고 있는 향진기업 중심의 농촌경제 발전을 설명했다(Oi 1992).

국가 중심적 접근의 강화와 관련하여 주목할 필요가 있는 또 다른 특징은 이 시기 시민사회 개념을 사용한 많은 연구들도 실제로는 중국 국가-사회 관계의 조합주의적 성격을 반영하기 위해 변형된 시민사회 개념을 사용했다는 점이다. 프롤릭은 시민사회라는 개념을 중국에 적용하면서 서구에서 사용되는 의미와 다르다는 점을 강조하기 위해 '국가 주도의 시민사회'(state-led civil society)라는 개념을 사용했다. 그는 국가 주도의 시민사회가 국가권력의 부속물로 위로부터 만들어지고, 기본적으로 국가의 통치를 도울 뿐만 아니라 사회에서 정치적으로 활성화될 잠재적 요소를 포섭하거나 사회화시키는 것을 돕는다고 보았다. 국가 주도의 시민사회에서도 사회조직이 증가하지만 이들은 국가에 대항하는 것이 아니라 국가의 한 부분이며, 시민적 의식을 발전시키는 교육 공간이자 국가와 사회 사이의 매개자로 기능하는 특징을 가지고 있다. 따라서 국가 주도의 시민사회는 시민사회 모델이라기보다는 조합주의 모델에 가까우며, 실제로 프롤릭도 국가 주도 시민사회가 조합주의의 한 형태임을 인정했다(Frolic 1996, 10).

허바오강의 '반(半)시민사회'(semi-civil society) 개념도 유사한 의미를 가지고 있다. 허바오강은 중국의 사회조직들이 완전히 국가에 대해 자주적이지도 않고 그렇다고 완전히 의존적이지도 않다고 보았으며, 시민사회 출현 사이의 중간에 위치하고 있다는 의미에서 반시민사회라는 개념을 사용했다(He 1997, 8). 그는 사례 분석에서 시민사회의 특징으로 자주성, 집단행동 이외에 비권력 지향성과 문명성을 들고, 중국 사회조직들이 시민사회적 성격을 갖고 있는가의 여부를 판단하는 기준으로 삼았으며(He 1997, 5), 이러한 사회조직들의 출현이 시민사회로의 발전을 촉진할 것이라고 주장했다(He 1997, 5와 13). 그러나 그는 시민사회의 특징을 지나치게 자의적이고 모호하게 정의했으며 그리고 사실상 1989년 천안문사태 전후에 일시적으로 출현했던 사회조직에 대한 분석을 기초로 했다는 문제점을 가지고 있다.

3. 새로운 유형의 자주적 사회조직의 발전과
최소주의적 시민사회론

1990년대 중반 중국의 국가-사회 관계에 대한 조합주의적 접근은 규범적 접근에 의존한 기존 시민사회론에 비해 중국의 현실을 더욱 설득력 있게 설명했다. 대부분의 연구자들은 중국에서 국가와 사회의 관계가 개혁개방 이전처럼 국가가 사회를 일방적으로 통제하고 사회가 국가에 전면적으로 의존하는 관계는 아니지만, 그렇다고 사회가 국가에 대해 완전한 자주성을 획득하지도 못한 상태이며, 국가와 사회 사이에는 복잡한 상호 침투와 상호 의존이 이루어지는 관계라는 점에 동의했다. 이러한 점을 밝힌 것은 조합주의적 접근의 커다란 공헌이다.

시민사회론으로 중국의 국가-사회관계를 분석하고자 했던 많은 시도들도 중국에서 국가가 주도적 역할을 한다는 점을 인정하지 않을 수 없었다. 예를 들면, 저장성(浙江省) 샤오산시(蕭山市)에 대한 연구를 통해 이 지역의 사영기업가 조직이 반관반민(反官半民)적 성격을 가지고 있지만 민간화의 경향이 뚜렷하며 유아적 시민사회의 형성을 보여 준다는 주장(White 1993b)을 제시했던 화이트(Gordon White)도 1997년에는 "시민사회에 초점을 맞춘 것은 국가의 구조와 행위에서 진행된 변화에 주의를 기울이지 않았다는 점에서 편향된 것"이라고 인정했다(White, Howell and Shang 1996, 211).

즉, 1990년대 중반까지 활발하게 진행된 국가-사회 관계에 대한 실증적 연구들은 경제의 시장화가 필연적으로 민주화의 발전을 촉진할 것이라는 선험적 전제나, 시민사회가 국가보다 우위에 있다는 규범적 전제에 기초한 시민사회론이 중국에 적용되기 어렵다는 점을 보여 주었다. 그럼에도 불구하고 조합주의가 중국의 국가-사회 분석에 적합한 접근이라는 결론에 만족하지 못하는 연구자들도 여전히 적지 않다. 갤러거(Mary E. Gallagher)는 이러한 딜레마를 "시민사회론이 지나치게 목적론적 경향이 강하다면 조합주의는 목적론적 경향이 지나치게 부족하다."고 표현했다. 시민사회론이 민주화, 시민사회의 우위와 같은 규범적인 결론으로 나아가려는 의도 때문에 현실을 제대로 설명하지 못하는 경우가 있는 반면, 조합주의는 현실을 설명하는 데 있어서는 시민사회적 접근보다 성공적이나 중국 사회가 앞으로 어떤 방향으로 나아갈 것인지, 또는 이러한 방향으로 나아가는 주된 동력이 무엇인지라는 문제에 대해서는 답을 주기 어렵다. 예를 들어, 조합주의적 접근은 타이완(臺灣)이나 한국과 같이 사회를 통제하고 포섭하기 위해 조합주의적 사회조직들을 배치했던 권위주의 정부가 어떻게 갑작스럽게 민주화 과정으로 진입하고, 또한 다원화되고 공개적이며 경쟁적인 정치체제로 전환하는가를 설명하기 어렵다는 문제점이 있다 (Gallagher 2004, 421-422). 사이치(Tony Saich)는 개혁개방 시기 중국 국가-사회 관계에 대한 연구를 검토하면서 조합주의는 통제의 하향식 성격과 시민이 어떻게 수직적 구조로 통합되는가를 효과적으로 포착하지만, 변화의 중요 요인들을 모호하게 만들거나 상호 작용의 역학이 가지고 있는 복잡성을 단순화하는 문제점을 가지고 있다고 지적했다(Saich 2004, 231).

그리고 이미 1990년대 후반부터는 중국에서 조합주의적 접근만으로 포착하기 힘든 현상들이 증가하고 있다. 1999년의 파룬궁과 같이 돌발적인 사건은 논외로 하더라도 최근 중국 내에서 집단행동의 발생 건수가 지속적으로 증가하고 있다는 사실은 국가의 사회통제 능력에도 한계가 있음을 여실히 보여 주고 있다. 2005년 2월 중국 공안부 부장 저우용캉(周永康)은 2004년 항의, 소요, 집단적 청원을 포함하는 집단행동이 전년도에 비해 28%가 증가하여 74,000건에 이르렀다고 밝혔다. 10년 전 10,000건에 불과했던 것에 비하면 커다란 변화가 아닐 수 없다(*South China Morning Post*, 05/02/08).

실제로 국가와 사회 사이의 기능적 분화가 점차 뚜렷해지고 있으며 국가의 사회 포섭이라는 측면에서도 한계가 나타나고 있는 변화를 제대로 설명하기 어렵다. 즉, 국가와 사회의 이분법을 비판한다고 하더라도 그것이 사회가 국가의 종속변수일 수밖에 없다는 것을 의미하는 것은 아니다. 현재로서는 국가와 사회의 관계에서 국가의 주도적 역할이 여전히 유지되고 있으나, 민간조직의 양적인 팽창과 객관적 환경의 변화를 고려하면 이러한 조직들도 점차 국가의 기능을 보완하는 역할에만 머무르지 않을 가능성을 배제할 수 없다.

사실, 국가도 이러한 문제점을 이미 인식하기 시작했으며 시민사회에 대해서 과거와 다른 태도를 취하기 시작했음을 확인할 수 있다. 흥미로운 것은 연구자들이 중국의 시민사회에 대해 조심스러운 태도를 취하던 시점에서, 중국공산당 중앙의 직속 연구기관에서 시민사회 연구를 적극적으로 진행한 것이다. 과거 마르크스, 레닌의 원전 등 사회주의 관련 주요 문헌을 번역하고 사회주의 이념을 연구하던 중앙편역국의 한 연구팀은 2002년『중국 공민사회의 부상과 공치(governance)의 변천』(中國公民社會的興起與治理的變遷)이라는 책을 출판했다(俞可平 2002). 물론 책의 제목이 보여 주는 것처럼 이 연구는 사회로부터의 접근법보다는 공치라는 국가의 필요를 전제로 하지만, 이는 당기구에서 최초로 시민사회의 역할을 긍정적으로 평가했다는 점에서 중요한 의미를 갖는다.

또한 조합주의적 접근이 갖는 방법론적 문제점에 대한 비판도 적지 않다. 화이트 등은 과거 자신들의 시민사회적 접근이 갖는 문제점을 인정했지만, "중국의 조합주의"라는 개념을 상용하는 것에는 여전히 불편함을 느낀다고 말했다. 이유는 다음 두 가지이다(White, Howell and Shang 1996, 213-215). 첫째, 중국에서 조합주의 현상은 우연적이며 국가의 의도와 체계적인 계획에 따라 구축된 것이 아니다. 즉, 중국에서 국가가 사회조직을 포섭하는 과정은 점진적·파편적·우연적이었으며, 이 과정에 다양한 차원의 정부들이 가지고 있는 서로 다른 요구들이 조정되지 않고 분산적으로 개입되고 있어, 조합주의적 설명이 강조하는 것처럼 사회에 대한 정부의 통합 능력이 강화되기보다는 정부의 내적 통일성을 해치는 결과도 나타나고 있다. 따라서 중국에 조합주의가 존재한다면 이는 파편화되었거나 파편화되는 과정에 있는 조합주의에 불과하다. 둘째, 중국의 조합주의를 안정적이고 기정사실화된 제도로 간주할 수 없다. 국가와 사회 모두 유동적이며 이들의 관계 역시 계속 변하고 있다. 특히, 사회경제 체제에서 경쟁과 유동성이 증가하면서 독점적 통제를 유지하는 것이 어려워지는 조건에서, 조합주의의 가장 중요한 특징이라고 할 수 있는 국가에 포섭된 사회조직들에 주어진 독점적 지위가 계속 도전받고 있다. 하웰(Jude Howell)은 이런 이유 때문에 중국의 조합주의적 통제는 실패하고 있다고 더욱 분명하게 단언했다(Howell 2004, 163).

이러한 이론적 관심은 국가-사회 관계 연구에서 조합주의의 한계를 뛰어넘어 새로운 시도를 가능하게 하는 주요 동력으로 작용했다. 1990년대 후반 이후 중국 시민사회에 대한 연구는 1990년대 초반처럼 시민사회의 도래를 선언하고자 하는 조급성과 민주화에 대한 시민사회의 영향 등의 규범적 요구에서 벗어나 더욱 유연한 방식으로 접근했다. 다시 말하면 리버럴 민주주의와의 연관 속에서 시민사회를 설명하고자 했던 1990년대 초반의 시민사회론적 경향은 약화되고, 역사학자들과 덩정라이 등의 중국 학자들이 강조했던, 시민사회에 대한 최소주의적 접근에 기초한 실증적 연구가 적극적으로 진행되기 시작했다.

화이트 등은 이미 1996년 시민사회 개념에 대한 사회학적(sociological) 접근과 정치학적(political) 접근을 구분하여 중국 시민사회에 대한 연구는 전자의 접근법을 취할 필요가 있다고 주장했다. 사실상 리버럴 민주주의와 구별되지 않는 의미를 갖는 정치학적 접근법과는 달리, 사회학적 접근법은 국가와 사회를 구성하는 기본 요소(개인, 가족, 회사 등) 사이에 위치하며 국가로부터 분리되고 일정한 자주성을 누리며, 자신들의 이익과 가치를 보호하고 증진시키기 위해 자발적으로 조직된 매개적 조직 공간으로 시민사회를 정의한다고 주장했다(White, Howell and Shang 1996, 3). 그럼에도 불구하고 국가에 대해 일정한 자주성을 가지며, 국가의 조합주의적 통제에서 벗어나는 사회적 움직임을 포착하고자 하는 의도는 명확하다. 이들의 연구는 1990년대부터 출현하기 시작한 새로운 유형의 민간조직에 주목한다. 그러나 결과가 그리 성공적이었다고 보기는 어렵다. 그 이유는 이들이 분석 대상으로 삼은 민간조직들이 공회, 전국부녀연합, 그리고 각종 직종 조직 등 대부분 국가의 직간접적인 통제에서 벗어나지 못한 반관반민적 민간조직에 속하는 것이고, 이들에 대한 연구를 통해 시민사회의 맹아를 발견하는 것은 최소주의적 접근을 택한다고 하더라도 사실상 불가능하기 때문이다.

그리고 21세기 들어 시민사회론은 반관반민 조직 이외에 자주적 사회조직인 NGO를 주요 분석 대상으로 삼기 시작했다. 하웰은 주변 계층의 이익을 대변하는 조직에 주목했다. 이들 조직의 발전은 조합주의적 전략에 의해 포섭된 조직과는 달리 시민사회가 나아가고자 하는 방향을 보여 준다는 것이다 (Howell 2004, 163). 하웰의 연구에서 언급된 AIDS 퇴치, 환경보호, 여성 등의 민간조직은 본서에서도 NGO의 주요 사례로 다루었다. 갤러거는 국가조합주의적 통제에 포섭된 공식적 시민사회(official civil society)와 국가조합주의적 통제에서 벗어나 있는 비공식적 시민사회(unofficial civil society)를 구분하여 중국 시민사회가 가지고 있는 역동성을 설명하고자 했다. 비공식적 시민사회의 주요 구성 요소는 유동 인구, 민간 종교 조직, 그리고 지식인을 들었다(Gallagher 2004). 사이치는 이러한 새로운 유형의 사회조직이 종속적(subordinate) 위치에 있으면서도 국가와의 관계에서 자신의 이익을 획득하는 과정을 분석함으로써 조합주의적 접근이 포착하지 못하는 국가와 사회 관계의 역동성을 보여 주었다(Saich 2000).

민간조직에 대한 연구에서 더욱 주목할 필요가 있는 것은 중국 내의 연구 성과들이다. 이와 관련하여 가장 많은 연구 성과를 발표한 곳은 '칭화(清華)대학 NGO연구센터'이다. 1998년에 세워진 이 연구중심은 2000년과 2001년 "중

국 NGO연구 : 사례를 중심으로"(中國NGO研究 : 以個案爲中心)라는 연구 보고
서를 발간했다. 여기에는 1990년대 중반 이후 새롭게 발전하고, 특히 비정부성
과 자주성을 갖추어 NGO로 분류될 수 있는 민간조직에 대한 사례연구가 포함
되어 있다는 점에서 주목할 필요가 있다. 이 연구는 직접적으로 시민사회와의
연관성을 제시하고 있지는 않으나 NGO가 시민사회의 발전에 갖는 함의는 매
우 명확하다는 점에서 시민사회 연구의 새로운 경향을 보여 준다고 할 수 있
다. 다양한 사례연구 이외에도 UNDP와 중국 상무부가 지원하고 중국공산당
중앙편역국과 민정부(民政部)의 연구팀이 수행한 "중국공민사회제도환경"(中國
公民社會制度環境)이라는 연구도 민간조직의 발전 문제를 중심으로 중국 시민
사회의 현상과 발전 방향에 대한 논의를 진행했다(兪可平 等 2005).

이처럼 우리는 21세기에 들어서면서 중국의 국가-사회 관계에 대한 연구
에서 사회중심적 접근, 시민사회적 접근이 다시 등장하고 있음을 확인할 수
있다. 그리고 이들은 모두 시민사회에 대한 최소주의적 접근이라는 공통점을
공유하고 있다. 이 최소주의적 접근은 본서에서도 중국 시민사회 연구의 출발
점으로 삼고 있으며, 그 특징과 의미를 다시 정리하면 아래와 같다.

첫째, 서구의 시민사회 모델이 가지고 있는 모든 특징을 발견하고 설명하
려고 시도하기보다는 시민사회 형성에 중요한 함의를 가지는 기본적 특징, 국
가로부터 자주적인 사회 공간으로서 시민사회의 존재 여부를 설명하는 데 초
점을 맞춘다. 특히, 리버럴 민주주의 모델에서 시민사회의 주요 구성 요소로
간주하는 법치, 집회 결사의 자유 등의 특징들 모두를 초기 시민사회에서 발견
하리라 기대하기는 힘들다. 따라서 최소주의적 접근은 자주적인 사회 공간을
구성하는 가장 중요한 요소라고 할 수 있는 자주적 사회조직, NGO의 발전에
초점을 맞추어 중국 시민사회의 존재 여부와 특징을 설명하고자 했다.

둘째, 시민사회와 국가를 대립시키는 이분법적 접근을 택하지 않으며 1990
년대 초반의 경우처럼 시민사회론과 민주화론과의 관계를 강하게 연결시키지

않는다. 즉, 현재의 국가-사회 관계는 물론이고 앞으로의 정치체제 변화와 관련하여 국가와 시민사회 사이에 갈등적 측면만이 아니라 협력적 측면이 존재할 가능성을 부정하지 않는다. 그리고 장기적으로 보면 시민사회와 민주화가 친화적 관계에 있는 것은 사실이지만, 시민사회가 정치적 민주화를 당면 목표로 삼는 것이라고도 전제하지 않았다. 시민사회의 발전과 정치적 민주화가 어떻게 관계를 맺을 것인가는 시민사회만이 아니라 다른 여러 요인과의 상호 작용을 통해서 설명될 수 있으나, 이를 주요 과제로 삼지는 않았다. 중국 시민사회의 발전이 정치발전에 미치는 영향 역시 선험적인 전제보다는 앞으로 실증적 연구에 기초하여 탐구되어야 할 문제이다.

마지막으로, 시민사회에 대한 이러한 최소주의적 접근은 중국의 사례에만 적용되는 것이 아니라 다른 비서구의 정치문화와 비민주적 정치체제를 가진 국가들에게도 적용될 수 있는 가능성을 가지고 있다. 역사학자들은 과거 시민사회론이 가지고 있었던 서구 중심적 특성을 고려하여 공공영역이라는 개념을 중국 시민사회 연구에서 더욱 선호하는 경향을 보였다. 하지만 이는 자주적 사회 공간의 형성으로 뒷받침되지 않을 경우 국가 주도의 공적 활동이나 논의 공간과 구별되기 어렵다는 점에서, 그리고 규범적 측면에서 보면 공공영역이 시민사회보다 리버럴 민주주의적 전제를 더 필요로 하는 측면도 있기 때문에 행위적 측면에서의 표면적 유사성에도 불구하고 이를 중국에 적용시키기 위해서는 많은 주의가 필요하다. 따라서 중국의 시민사회나 초기 시민사회의 발전을 설명하는 데에는 공공영역이라는 개념보다는 시민사회에 대한 최소주의적 접근이 더욱 적합할 것이다.

제3장

민간조직의 발전 추세와 요인 :

양적 분석

서론에서 설명한 것처럼 중국에서 민간조직이라는 개념이 널리 사용되고 있지만 그 의미는 매우 다양하다. 현재 중국에서 민간조직이라는 용어는 세 가지 의미를 갖고 있다. 먼저 중국 사회에서 전통적으로 존재해 온 방(幫)과 같은 동향 조직, 가로회(哥老會)와 같은 비밀결사 조직, 종교 조직 등을 지칭하는 경우이다. 이 경우에는 비국가적 성격과 함께 비공식적이라는 부정적 의미를 내포하고 있다. 다음으로는 타이완에서 민주화운동이 진행되는 과정에서 비정부 조직과 유사한 의미로 민간조직이라는 표현을 사용했고 이 용어가 대륙으로 전파된 경우이다. 이 경우 민간조직은 국가와 비교적 명확하게 구분되며, 경우에 따라서는 국가에 도전하는(특히, 타이완의 경우) 사회조직이라는 의미를 갖는다. 세 번째는 중국 정부가 공식적으로 사용하는 것이다. 이 경우에도 영어로는 non-governmental organizations(비정부 조직)으로 번역하고 있으나 여기에는 순수 민간조직인 NGO 이외에도 많은 관변, 반관변 조직이 포함되어 있다. 본서에서는 민간조직이라는 용어를 중국 정부에서 사용하는 의미로 사용한다.

본장의 목적은 중국 NGO의 발전 추세를 양적으로 분석하는 것이다. 그러나 NGO만을 분석 대상으로 하지는 않으며 민간조직까지 분석 대상을 확대시켰다. 그 이유는 두 가지다. 첫째, 관변, 혹은 반관반민 민간조직도 다음 장에서 설명하고 있는 것처럼 중국에서 국가-사회 관계의 변화를 반영하고 있으며, 시민사회가 자주성을 발휘할 수 있는 공간을 확대하는 데 일정한 역할을 하고 있다. 둘째, 전체 민간조직 중 NGO의 비중이 매우 낮은 현실을 고려할 때 NGO에만 초점을 맞출 경우 국가-사회 관계 변화의 전반적인 추세와 그 속에서 NGO가 차지하는 위치를 정확하게 이해하기 힘들기 때문이다. 아래에서는 우선 전체 민간조직의 양적 발전 추세를 설명하고, 다음으로 NGO만을 대상으로 분석할 것이다. 그리고 양적인 분석을 진행하기 이전에 민간조직에 대한 다양한 분류 방식을 먼저 간단히 살펴볼 것이다.

1. 중국의 민간조직 : 개념과 분류

먼저 중국 정부는 공식적으로 민간조직을 사회단체(社會團體), 민간 운영의 비기업단위(民辦非企業單位), 기금회(基金會) 등의 세 가지 유형으로 분류한다. 중국에서 사회단체의 법적인 근거는 1950년 당시 내각의 기능을 했던 정부원이 사회단체의 등기를 위해 제정한 "사회단체등기임시방법"(社會團體登記暫行辦法)으로 거슬러 올라간다. 이 규정은 모든 사회단체에 대해, 전국 사회단체는 내무부에, 지방 사회단체는 지방 각급 인민정부의 관련 부문에 등기할 것을 요구했다. 이는 중국공산당이 권력을 장악하기 이전에 있었던 다양한 민간조직을 정리하기 위해 제정된 것이다. 그 목적이 달성된 이후에는 통일적 등기제도는 사실상 사문화되었고, 각 정부 부문이 자신의 업무와 유관한 사회단체의 심사와 관리를 주관하는 관행이 계속 유지되었다. 그리고 문화대혁명 때에는 홍위병과 같은 기존 법규에는 부합하지 않는 새로운 유형의 민간조직이 출현하는 경우도 있었다.

개혁개방 이후 민간조직은 다시 빠르게 증가하기 시작했다. 이에 따라 중국 정부는 1989년 10월 국무원이 "사회단체등기조례"(社會團體登記條例)를 제정하면서 민간조직의 법적인 권한과 의무를 분명하게 정하기 위한 노력을 본격적으로 시작했다. 그러나 천안문사태 직후에 이 조례를 제정한 데에서도 알 수 있듯이, 이는 중국 사회단체의 발전을 촉진하기보다는 사회단체에 대한 통제를 강화하기 위한 것이었다. 이 조례에 따르면 사회단체는 "중국 공민이 자발적으로 조직하고 회원의 공동 목표를 실현하기 위해 그 회칙에 따라 활동하는 비영리성 사회조직"으로 정의되었다. 그리고 활동의 성격에 따라 학술(學術性) 단체, 업종(行業性) 단체, 직종(專業性) 단체, 연합(聯合性) 단체, 기금회(2004년까지만 사회단체의 한 유형으로 분류하고 2004년부터는 사회단체로부터 독립된 민간조직 유형으로 분류되기 시작했음)로 나누어진다. 민간 운영 비기업단위는 1999년 "민간운영비기업단위등기임시방법"(民辦非企業單位登記暫行辦法)이 만들어진 이후 민간조직의 한 유형으로 인정되었다. 위 규정에 따르면 민간 운영 비기업단위는 "기업 사업단위, 사회단체와 기타 사회 역량 및 공민이 비국유 자산을 이용하여 건립하고, 비영리성 사회 서비스 활동에 종사하는 사회조직"이라고 정의되었다. 민간 운영 비기업단위는 교육, 위생, 문화, 과학기술, 체육, 노동, 민정, 사회 중개 서비스, 법률 서비스, 기타 등 산업별로 분류된다. 기금회의 경우는 사회단체의 한 유형으로 분류되어 왔으나 2004년 "기금회관리조례"(基金會管理條例)가 제정된 이후 민간조직의 세 가지 기본 유형의 하나로 분류하기 시작했다. 이 조례에 따르면 기금회는 "자연인, 법인 혹은 기타 조직이 기부한 재산을 이용하여 공익 사업에 종사하는 것을 목적으로 본 조례의 규정에 따라 설립한 비영리성 법인"으로 정의된다.

이러한 분류는 민간조직에 대한 중국 정부의 공식 통계의 기초가 되기 때문에 민간조직의 양적인 변화의 전체적인 윤곽을 그리는 데 도움을 주고 있다. 그러나 이러한 분류가 민간조직의 특성과 시민사회의 발전에 미치는 영향을 이해하는 데에는 커다란 도움을 주기 어렵다. 우선, 위 분류의 경계가 명확하지 않아 이 규정을 기초로 특정 민간조직이 사회단체나 민간 운영 비기업단위 중 어느 것에 해당되는지, 혹은 민간 운영 비기업단위나 기금회 중 어느 것에 해당되는지를 결정하기는 어렵다. 즉, 위 분류만으로는 단체의 성격을 분명하게 이해하기 어렵다. 또한, 현재 사회단체로 분류되는 일부 조직은 "공무원법"의 규정에 따라 공무원 관리 체제에 포함되기 때문에 민간조직으로 보기 어려운 경우가 있는 등 국가와 민간조직의 경계도 불분명하다. 마지막으로, 실제로는 민정 부문이 아닌 공상 부문에 영리단체로 등록한 민간조직이나 미등록 민간조직 등 위 분류에 포함되지 않는 민간조직이 다수 존재하기 때문에 민간 부분에서 진행되는 변화를 모두 반영하고 있다고 보기도 어렵다(俞可平 2005, 32).

따라서 대부분의 연구자들은 민간조직과 국가의 상호 작용과 이들의 발전 추세를 더욱 분명하게 파악하기 위해 나름의 분류 방식을 활용하여 민간조직을 분석했다. 브룩은 청말과 민국 시기 상하이(上海)의 자주적 사회조직을 지역성 조직(방, 회관, 공소와 같은 동향 조직), 직종 조직(행, 회), 동인 모임(종교, 자선, 독서회, 서원과 같은 학술 조직), 공통의 목적을 지향하는 조직(정치적 주창형 조직) 등 네 가지 유형으로 나누었다(Brook 1996, 9). 이와 같은 분류는 위의 공식적 분류와 상당히 유사하지만, 그의 주된 관심은 관변 조직을 배제한 순수 민간단체의 등장과, 이들이 시민사회의 기초가 되는 시민의식과 자주적 사회 공간의 형성에서 어떤 역할을 하는지 밝히는 데 있다. 그는 이들 민간조직의 활동을 분석하여 정치적 위기의 시기에는 지역 조직, 직종 조직, 친목 모임이 모두 정치적 동원의 주요 통로가 된다는 점을 밝혔고, 특히 민국 시기에 세 번째 유형의 사회조직이 시민적 책임성과 사회 협력의 구조를 형성하는 데 중요한 역할을 했다는 점을 강조했다(Brook 1996, 17).

최근 민간조직의 연구에서는 활동 영역별 분류보다는 국가와의 관계에 초점을 맞추어 민간조직을 분류하는 경향이 강하다. 이는 1949년 중화인민공화

국이 성립된 이후 국가가 사회를 전면적으로 통제하고 사실상 자주적 사회 공
간을 소멸시켰기 때문에 민간조직의 발전을 이해하는 데에는 이러한 자주적
사회 공간의 형성 여부가 일차적 관심이 될 수밖에 없기 때문이다. 고든 화이
트와 왕잉(王穎) 등은 1993년 샤오산 지역의 민간조직 연구에서 운영 주체의
성격을 기준으로 사회조직을 관변(official, 官辦), 반관변(semi official, 半官辦),
민간(popular, 民間型) 등 세 가지 유형으로 나누었으며(White 1993b), 왕잉 등도
같은 분류법을 사용했다(王穎·折曉葉·孫炳耀 1993).

화이트 등은 1996년 위의 분류를 더욱 세분화하여 중국의 민간조직을 국
가와의 관계를 중심으로 다음과 같은 네 가지 영역으로 나누었다(White, Howell
and Shang 1996, 30-37).

① 개혁개방 이전부터 존재했던 군중 조직으로 구성되는 갇힌 영역(caged sector)
② 개혁개방 이후 새롭게 출현한 산업 단체, 전문가 단체, 학술 단체, 친목 모임
　등의 사회조직으로 관변 조직에서 반관변 조직까지 걸쳐 있는 포섭된 영역
　(incorporated sector)
③ 비공식적인 네트워크, 전통 조직, 그리고 일부 공식 조직들로 구성되는 틈새
　혹은 주변 공간에서의 시민사회(interstitial, limbo world of civil society)
④ 종교 조직 등 불법 조직으로 규정된 조직들로 구성된 억압받는 지하 시민사회
　(suppressed under civil society)

이러한 구분은 국가와 사회 사이의 복잡한 상호 작용을 분석하는 데 있어
서 조합주의적 접근과 시민사회적 접근이 갖는 편향성을 극복하기 위해 시도
된 것이다. 즉, 앞의 두 가지 유형은 각각 서론에서 정리한 중국 민간조직의
유형 중 관변 조직과 반관반민 조직에 해당되며 국가의 조합주의적 사회통제
전략과 관계가 있는 유형이다. 반면, 뒤의 두 가지 유형은 사회에 대한 국가의
통제적 측면만이 아니라 국가의 통제로부터 벗어나 사회의 자주성을 강화하는
동력의 형성 가능성을 보여 주기 위한 것이다. 다만 여기서는 서론에서 독자적

유형으로 설명한 풀뿌리 민간조직과 NGO를 틈새 혹은 주변 공간에서의 시민사회라는 한 유형에 통합시켰다. 그런데 풀뿌리 민간조직과 NGO는 발전의 동력, 운영 방식, 국가와의 관계 등에서 많은 차이점을 가지고 있기 때문에 구별하는 것이 타당하다.

국가로부터의 필요만이 아니라 사회로부터의 동력에 의한 사회 공간의 형성과 민간조직의 발전을 포착하려는 노력은 다음 두 연구에서도 발견할 수 있다. 갤러거는 중국의 시민사회를 공식적 시민사회(official civil society)와 비공식적 시민사회(non-official civil society)로 나누고 각 영역의 대표적인 사회조직 유형을 제시했다. 전자는 주로 공식적 사회조직으로 구성되며, 이는 처음부터 국가에 의해 만들어진 사회조직들(기업가 그룹, 산업 조직, 직종 대표), 기구 및 감축을 위한 행정 개혁의 결과 정부로부터 분리된 사회조직, 사회로부터 독립적으로 만들어진 조직으로 나누었다. 그리고 공식적 사회조직은 아니지만 종교, 유동인구, 지식인 사이의 각종 네트워크를 후자의 영역에 속하는 사회조직으로 분류했다(Gallagher 2004, 424, 436-442). 하웰은 민간조직을 경제개혁의 논리에 따라 정부의 필요로 만들어진 지식인, 전문가, 기업가 등의 사회조직들과 주변화된(marginalized) 계층의 이익을 대변하는 조직으로 나누고 후자의 경우가 중국의 국가-사회 관계에 새로운 역동성을 불어넣고 있다는 점을 강조했다(Howell 2004, 143). 이들의 이분법적 민간조직 분류는 중국에서 자주적 사회공간의 존재와 시민사회의 발전 가능성을 보여 주고 국가와 민간조직 사이의 복잡한 상호 작용을 강조한 것인데, 앞의 화이트 등의 분류에 비하면 민간조직에 대한 분류를 지나치게 단순화했다는 문제가 있다.

그러나 민간조직에 대한 위 연구들은 사회로부터의 새로운 동력 형성에 주목하고 있다는 점에서 모두 시민사회 연구의 발전에 중요한 공헌을 하고 있다. 다만 이들의 연구를 뒷받침할 수 있는 실증적, 특히 양적인 자료가 부족하다는 문제점을 공통적으로 가지고 있다. 따라서 이들의 설명은 대부분 제한된 사례연구에 기초한 질적 분석에 의존할 수밖에 없기 때문에 새로운 사회조직의 전체적인 발전 추세를 보여 주지는 못하고 있다.

그런데 최근에는 중국 정부의 통계에 기초한 민간조직의 발전 추세만이 아니라 NGO의 발전 추세를 보여 줄 수 있는 기초 자료가 증가하고 있으며 이를 기초로 한 연구도 나오고 있다.[1] 2절에서는 중국 정부의 통계 자료에 기초하여 전체 민간조직의 일반적인 발전 추세를, 3절에서는 다른 연구자와 본인이 수행한 조사를 통해 수집된 NGO 관련 기본 자료를 활용하여 NGO의 발전 추세를 각각 양적으로 검토할 것이다.

2. 민간조직의 발전 추세

〈표 3-1〉은 전체적으로 민간조직의 수가 크게 증가하고 있음을 잘 보여 주고 있다. 1992년에는 약 15만 개였던 민간조직의 수는 2005년 30만 개를 넘어서는 수준으로 증가했다. 주목할 특징은 1996년부터 2001년까지 사회단체의 수가 크게 줄어든 것인데 이는 1996년부터 중국 정부가 민간단체에 대해 통제를 강화하는 정책을 실시한 것과 관련이 있다. 1980년대 이후 중국 정부는 민간단체가 국가의 통제에서 벗어날 만큼 증가하는 것을 우려하여 민간조직의 발전 추세를 통제하기 위해 다양한 정책을 실시했다.

----

1 여기서는 중국 민정부가 매년 발행하는 『중국민정통계연감』(中國民政統計年鑑)이 중국 민간조직의 발전 추세를 분석하는 기본 자료로 사용되었고, NGO의 발전 추세와 관련해서는 *China Development Brief*가 2001년 발간한 "250 Chinese NGOs : A Special Report from China Development Brief," 그리고 이들이 관리하는 웹사이트 Online Directory of Chinese Environmental NGOs(www.greengo.cn), 중화환경보호연합회(中華環保聯合會)가 2006년 발간한 "中國環保民間組織發展狀況報告"(2006년 4월 22일) 등이 주요하게 사용되었다.

1985년 전국적으로 사회단체의 인가와 관리를 엄격하게 하기 위해 중국공산당 중앙과 국무원이 "전국적인 조직의 창립을 엄격하게 통제할 것에 대한 통지"(關於嚴格控制成立全國性組織的通知)를 하달했다. 그리고 "사회단체등기관리조례"(社會團體登記管理條例)가 1987년 민정부가 책임을 맡아 초안을 작성한 이후 1989년 10월 국무원에 의해 반포되어 개혁개방 이후 처음으로 사회단체를 관리하기 위한 법적 근거를 만들었다.

이 조례에서 다음 두 가지 점이 민간조직의 발전을 막는 독소 조항으로 지적되고 있다. 첫째, 모든 사회단체는 자신들의 활동과 관련이 있는 정부 부처, 업무 주관 단위의 승인을 받은 후 민정부에 등록을 신청하여 심사를 받도록 한 이중등록제이다. 또한 동일 지역 내에서는 각 분야에서 하나의 사회단체만이 등록할 수 있도록 규정한 '비경쟁성 원칙'이다(Saich 2000, 290-291; Otsuka 2002; 何增科 2005). 이 규정은 형식적인 측면에서는 조합주의적 사회조직 관리 전략으로 해석할 수 있다.

그리고 1996년 7월 중국공산당 중앙과 국무원은 "사회단체와 민간 운영 비기업단위 관리 사업을 강화할 것에 대한 통지"(關於加强社會團體和民辦非企業單位管理工作的通知)를 하달하여 민간조직의 관리를 더욱 엄격하게 하기 위해 민간조직의 등록 규정과 정부 부문 사이의 임무와 책임을 명확하게 규정하고자 했으며, 그 결과 1998년 10월 수정된 "사회단체등기관리조례"(社會團體登記管理條例)와 "민간 운영 비기업단위등기임시방법"(民辦非企業單位登記暫行辦法)을 반포했다.[2] 이들 법규는 기본적으로 1989년 "조례"의 관리 방식을 그대

---

2 사회단체에 대한 중국 정부의 관리 강화와 관련하여 마(Ma)는 인터뷰에 근거하여, 1996년 사회단체를 포함한 민간단체의 빠른 발전과 이들의 정치적 영향을 우려하여, 당시 중국공산당 총서기인 장쩌민이 정치국 상무위원회의 특별 회의를 소집하여 민간조직의 관리를 강화하기로 결정했다고 주장했다(Ma 2006, 63). 이 회의의 소집과 결정 사항에 대한 구체적인 내용은 확인할 수 없지만 위의 중국공산당 중앙과 국무원의 통지가 이 회의의 결과로 만들어졌을 가능성이 높다. 그리고 1997년부터는 이미 이와 관련한 구체적인 정책이 실시되었다. 민정부의 1997년 "불법사회단체를 조사, 처리할

로 계승하고 있으나 신청 자격과 정부의 감독 관리와 관련한 규정을 더욱 구체적이고 엄격하게 했다.[3] 사회단체등기조례의 경우를 보면 다음 두 가지가 크게 변했다.

첫째, 등기 신청이 가능한 사회단체의 조건과 관련한 조항(10조)에서 고정적 주소, 정식 명칭 및 조직기구, 상근 직원 등의 조건 이외에 ① 50인 이상의 개인 회원이나 30개 이상의 단체 회원, ② 전국적 사회단체의 경우는 10만 위안 이상의 활동자금, 기타 단체의 경우는 3만 위안 이상의 활동 자금, ③ 독립적으로 민사 책임을 질 수 있는 능력(법인) 등의 조건이 명시되어 사회단체로 등록하는 것을 더욱 어렵게 만들었다. 1989년 조례에서는 전자의 두 가지 조건은 없었으며 법인 자격은 전국적 사회단체에 대해서만 요구되었다.

둘째, 사회단체에 대한 처벌과 관련하여 규정이 더욱 세분화되었다. 사회단체에 대한 처벌의 이유로 1989년에는 "회칙에 규정된 취지를 위반하는 활동을 한 경우"라는 구절이 새로운 규정에서는 "회칙에 규정된 취지와 업무 활동 범위를 넘어서 활동을 한 경우"로 바뀌었으며, "지부, 대표부를 임의로 설립하거나 지부, 대표기구에 대한 관리를 소홀히 하여 엄중한 후과를 조성한 경우" 등의 내용이 새로 삽입되었다. 이러한 구절은 사회단체의 등기가 어려운 조건에서 민간조직들이 편법적(기존의 합법적 사회단체의 지부로 등록하는 등의 방법)으로 합법성을 획득하고 자신의 활동을 확대하는 것을 통제하기 위한 것이다.

따라서 〈표 3-1〉은 사회단체의 수가 오르내림을 반복하는 추세를 보여 준다. 1989년 이전의 경우를 포함하면 이러한 특징은 더욱 분명해질 것이다. 그

것관 관련한 통지"(關於查處非法社團組織的通知)가 그중 하나이다. 민간조직과 관련한 법규는 民政部法規辦公室(2003)을 참고.

3 물론 중국 정부의 민간조직 정책이 통제적 측면만 있는 것은 아니다. 중국 정부의 민간조직 발전에 대한 모순적 태도는 4장에서 자세하게 살펴볼 것이다.

〈표 3-1〉 사회단체, 민간 운영 비기업단위, 기금회의 연도별 통계

	사회단체	민간 운영 비기업단위	기금회	사회단체 증가율
1992	15.6	-		
1993	16.8	-		
1994	17.5	-		4.2
1995	18.1	-		3.3
1996	18.4	-		1.7
1997	18.1	-		-1.6
1998	16.6	-		-9.0
1999	13.7	0.6	1,801	-21.2
2000	13.1	2.3	1,273	-4.6
2001	12.9	8.2	1,153	-1.6
2002	13.3	11.1	1,268	3.1
2003	14.2	12.4	954	6.8
2004	15.3	13.5		7.7
2005	17.1	14.8	975	11.8

출처 : 1992~93년은 Pei(1998)에서 인용. 1994~95년은 中國民政部(2002), 1996~2005년은 中國民政部(2006)에서 각각 인용. 기금회는 각 년도 통계에서 인용(2003년 이전에는 사회단체의 하위 유형으로 분류되었으며 2005년은 사회단체에서 분리되어 독립적 유형으로 집계된 통계임).

리고 이러한 변화는 민간조직에 대한 정부의 정책이 민간조직의 증가 추세에 커다란 영향을 미치고 있다는 점을 보여 주는 것이다(Ma 2006, 92). 그러나 오르내림 속에서도 민간조직이 전체적으로는 분명한 증가 추세에 있다는 점은, 즉 정부의 통제 정책이 일시적으로 민간조직의 증가 추세를 위축시킬 수는 있었지만 장기적으로 민간조직의 지속적인 증가를 막을 수 없었으며, 민간조직의 발전에는 정부의 정책적 요인 이외에 또 다른 중요한 동력이 작용하고 있음을 보여 주는 것이기도 하다. 이에 대해서는 다음 장에서 자세하게 논의할 것이다.

〈표 3-2〉는 중앙정부와 지방정부의 사회단체 수를 보여 준다. 우선, 전국적 민간단체의 수는 상당히 안정적인 추세를 보여 주고 있다. 전국적 사회단체

〈표 3-2〉 사회단체의 분류 (정부별)

	총수	중앙급	성급	지구급	현급
1996	184,821		20,058	61,239	
1999	136,841		19,759	50,322	
2000	130,768	1,528	20,756	53,791	
2001	128,856	1,687	19,540	50,633	
2003	142,121	1,763	21,030	48,731	70,624
2005	171,150	1,688	21,119	53,080	95,263

주 : 2005년 통계는 기금회를 분리시킨 통계임.
출처 : 각 년도 『중국민정통계연감』.

의 경우도 1980년대부터 1990년대 초반까지는 빠른 속도로 증가했다. 1978년에는 115개에 불과했으나 1983년에 322개, 1989년 623개, 1992년에 827개로 증가하며 연평균 증가율이 48%에 달했다. 그러나 1990년대 중반부터는 비교적 안정적인 수준을 유지하고 있다(Pei 1998, 291). 반면, 현급 수준의 민간조직은 최근 빠르게 증가하여 전체 민간조직의 증가 추세를 주도하고 있다.

이러한 추세는 중앙 수준에서는 정부와 민간조직 사이의 관계와 민간조직의 독점적 지위가 안정적으로 유지되고 있으며 이에 따라 조합주의적 통제 방식이 관철될 수 있지만, 민간조직의 수가 급속도로 증가하고 특정 민간조직의 독점적 지위가 유지되기 힘든 현급 이하에서는 조합주의적 통제가 쉽지 않을 것이라는 점을 보여 준다.

또한 사회단체의 유형별 통계를 보면 어떤 영역의 조직이 민간조직 수의 증가를 주도하고 있는가를 확인할 수 있다. 〈표 3-3〉은 업종 조직이 가장 큰 폭으로 증가했고, 직종별 조직도 빠르게 증가했음을 보여 준다. 이는 기존 연구들이 중국 정부의 조합주의적 전략이 대부분 산업 조직, 전문가 조직을 육성시키는 데 초점을 맞추고 있다고 강조하는 것을 실증적으로 뒷받침해 주는 통계이다.

〈표 3-3〉 사회단체의 분류 (유형별)

	학술	업종	직종	연합	기금회	외국상회	대만·홍콩·마카오
1999	42,588	40,529	34,704	17,219	1,801		
2001	36,076	37,123	37,882	16,558	1,153	64	
2005	39,640	53,004	50,328	23,961	-	52	16

주: 2005년에는 기타로 4,149개의 사회단체가 따로 분류되었음.
출처: 각 년도 『중국민정통계연감』.

가장 변화가 적은 영역은 학술 조직인데 이는 학술 조직의 경우는 산업별 조직이나 직종별 조직과는 달리 성격이 유동적인 것과 관련이 있는 것으로 보인다. 즉, 프롤릭이 지적하는 것처럼 중국 전통사회에서 독서회나 서원 등의 학술 동인 조직의 경우 정치적 환경의 변화에 따라서는 정치적 동원의 주된 통로가 되었다(Frolic 1996, 11-12). 또한 개혁개방 이후에도 지식인의 네트워크는 정치운동의 주된 기반으로 작용해 왔으며 앞으로도 그 가능성은 여전히 높다(Ding 2001, 51; Gallagher 2004, 440-442). 따라서 중국 정부는 학술 조직의 발전에 대해서 비교적 조심스러운 태도를 유지하고 있는 것으로 보인다.

〈표 3-4〉는 민간 운영 비기업단위의 산업별 분류를 보여 준다. 교육, 위생 등 사회 서비스 영역의 단체 수가 압도적으로 높은 비중을 차지하고 있다. 이들은 개혁개방 정책에 따라 중국 정부가 제공하는 사회 서비스의 축소를, 민간 부문의 자원을 동원하여 보완하려는 의도를 반영하고 있는 것으로 보인다. 반면 문화, 체육 등 취미, 여가 활동과 관련한 조직의 수는 여전히 매우 낮은 수준에 머물러 있다.

〈표 3-5〉는 연도별로 새로이 승인된 사회단체와 등기가 취소된 사회단체의 수를 비교했다. 즉, 새롭게 등록된 단체의 수를 고려하면 1998년 이후 민간 조직의 감소폭은 〈표 3-1〉에 나타는 것보다는 크다. 특히 1999년에는 3만 5천 개 이상의 민간조직 등록이 취소되었다.

<표 3-4> 민간 운영 비기업단위의 분류 (산업별)

	교육	위생	문화	과학기술	체육	노동	민정	사회 중개	법률	기타
2003	62,776	26,795	2,811	4,522	2,682	9,037	7,992	1,777	728	5,571
2005	75,812	27,179	3,773	6,915	4.012	12,085	10,445	1,665	662	5,089

주: 중앙급 민간 운영 비기업단위는 2005년 현재 26개.
출처: 각 년도 『중국민정통계연감』.

<표 3-5> 연도별 승인 및 취소

	1997	1999	2000	2001	2002	2003	2004	2005
승인	11,166	9,190	9,858	9,202	no	16,406	no	22,308
취소	6,756	35,236	17,459	10,339	no	7,490	no	4,503

출처: 각 년도 『중국민정통계연감』.

위 통계들은 민간조직 증가의 기본 추세와 특징을 보여 준다. 우선 민간조직의 증가는 국가의 개입으로부터 완전히 자유롭지는 않지만 국가의 통제에도 불구하고 계속 증가하고 있다. 특히, 지방에서 민간조직이 빠르게 증가하고 있다. 즉, 공식 통계도 국가-사회 관계가 조합주의가 해석하는 것보다는 역동적으로 변화하고 있다는 점을 보여 준다. 또한 구조적인 측면에서 보면 국가가 필요로 하는 영역, 사회단체의 경우 업종이나 직종, 민간 운영 비기업단위의 경우는 사회 서비스 관련 영역에서 민간조직이 빠르게 증가하고 있다. 이 역시 국가가 민간조직 발전의 윤곽을 정하고 있다. 그러나 아래의 절과 다음 장에서 보여 주는 것처럼 이러한 영역에서도 민간조직의 활동이 국가의 통제 내에 머무르는 것만은 아니다.

그러나 중국 정부의 공식통계는 민간조직의 전체 변화를 보여 주는 데 한계가 있다. 이 통계는 민정부에 등록하지 않은 민간조직의 증가를 반영하지 않기 때문이다.[4] 물론, 등록하지 않은 민간단체의 수를 파악하는 것은 불가능하고 연구자들의 개인적 추산이 제시되고 있을 뿐이다. 그중에서 비교적 신뢰성이 높은 것은 민정부의 민간조직 관리부 관원의 말을 인용하여 2003년까지 등록하지 않은 사회단체를 약 4만 개, 등록하지 않은 민간 운영 비기업단위를 25만 개로 추산한 것이다. 여기에 전국총공회, 전국부녀연합 등 8대 인민 단체의 기층 조직 5,378,424개, 중국장애인연합회(中國殘疾人協會), 중국계획출산협회(中國計劃生育協會) 등의 준정부 사회단체 기층 조직 1,338,220개, 학생 사회단체, 지역(社區) 문화오락 단체, 업주위원회(業主委員會), 인터넷 사회단체 등 각종 풀뿌리 조직 758,700개까지 포함하면 민간단체의 총수는 800만 개가 넘는다는 주장도 제기되었다(何增科 2005, 42-43).

그리고 저장(浙江)성 원링(溫岭)시의 농촌 민간조직을 조사한 연구에 따르면, 이 지역 농촌의 실제 민간조직 수(1,200개 이상)는 등록한 민간조직 수(163개)의 일곱 배를 넘었다(周紅雲 2005, 162). 그리고 환경보호 영역의 민간조직을 조사한 통계에 따르면 전체 환경보호 관련 민간조직 중 민정부에 등록한 단체의 수는 23.3%에 불과했다(中華環保聯合會 2006). 이러한 비등록 민간단체의 수를 고려하면 국가-사회 관계의 역동성은 공식 통계가 보여 주는 것보다 더욱 크다고 할 수 있다.

정부의 민간조직 통계가 가지고 있는 문제점은 NGO의 발전 추세와 관련한 의미 있는 자료를 전혀 제시하지 않고 있다는 점이다. NGO에 대한 체계적인 통계 자료가 없다는 것은 현재 중국의 NGO와 시민사회 연구가 직면한 가장 커다란 문제이다. 중국의 NGO를 주제로 한 마 치우샤(Ma Qiusha)의 연구도 양적인 분석과 관련해서는 칭화대학 NGO연구센터와 같은 연구 기간을 대상으로 중국 NGO에 대해 양적 분석을 진행했으나, 설문조사 회수율이 지나치게

---

4 최근 중국에서는 "사회단체등기관리조례"를 개정하기 위한 노력이 진행되고 있는데 여기서 가장 중요한 쟁점이 되고 있는 것이 비등록 민간단체를 어떻게 관리 범위 내로 편입시킬 것인가의 문제이다(金錦萍 2005).

낮다는 점에서 커다란 신뢰를 부여하지 않고 정부의 공식 통계 자료에만 의존했다(Ma 2006, 86). 그러나 현재 비록 파편적이고 불완전하기는 하지만 NGO와 관련한 양적 자료가 지속적으로 증가하고 있으며 이러한 자료를 이용하여 중국 NGO의 발전 추세를 분석하는 것이 어느 정도 가능해졌다.

3. NGO의 발전 추세

정부 통계로는 관변 조직과 구별되는 NGO의 발전 추세를 파악하기 힘들며, 아직 전체 NGO의 발전을 보여 주는 체계적인 자료 또한 존재하지 않는다. 일부 연구만이 순수 민간조직이 차지하는 비중에 대한 기초적 상황을 보여 주고 있을 뿐이다. 예를 들면, 왕잉과 화이트의 연구에서 샤오산 지역의 사회단체를 관변 조직, 반관반민 조직, 순수 민간조직으로 나누어 정리했으며 전체 99개 중 24개가 민간조직에 해당되었다(王穎 1994; White 1993b). 그리고 1995~96년에 광저우(廣州) 지역에서 진행된 조사에 따르면 조사 대상의 민간조직 중 약 20%만이 실질적인 민간조직으로 분류될 수 있다고 결론을 내렸다(陳健民·丘海雄 2001, 48).

그리고 GONGO(Government Organized NGO, 정부가 조직한 NGO)인 중화환경보호연합회(中華環境保護聯合會)는 2005년 중국 환경보호 NGO에 대한 조사를 진행하고 2006년 4월 22일 『중국환경보호민간조직발전상황보고』(中國環保民間組織發展狀況報告)라는 제목의 백서를 발표했다. 이 조사를 통해 2,768개에 이르는 환경보호 민간조직의 자료가 수집되었다. 이 백서에서는 단체들을 정부 주도로 조직된 단체 1,382개(49.9%), 민간 주도로 조직된 단체 202개(7.2%), 학생 환경보호 조직 1,116개(40.3%), 국제 환경 NGO의 주중 대표 기구 68개(2.6%)로 분류했다. 여전히 관변 혹은 반관반민 조직이 다수를 점하고 있지만, 그 가운데에도 민간 주도 NGO들이 의미 있는 비중을 차지하고 있음을 확인할 수 있다.

이러한 조사들은 전체 민간조직 중 순수 민간조직의 비중이 어느 정도를 차지하는지에 대한 대략적인 윤곽을 그려 주고 있다. 그러나 이들 조사는 이러한 순수 민간조직이 어떻게 발전하는가에 대한 설명이 없으며, 순수 민간조직에는 취미, 여가 활동과 관련된 것이 높은 비중을 차지하고 있기 때문에(왕잉의 조사에서는 전체 24개 순수 민간단체 중 아홉 개가 체육 활동 관련 단체이며, 아홉 개가 문화 및 교육 활동 관련 단체이다), 여기서 주된 분석 대상으로 삼고자 하는 NGO의 발전 추세를 이해하는 데에는 커다란 도움을 주지 못한다.

그러나 최근 중국 NGO의 발전 추세를 양적으로 파악하려는 시도는 계속되고 있으며 분산적이기는 하지만 NGO의 발전 추세를 보여 주는 더욱 구체적인 자료들이 나타나고 있다. 특히, 차이나 디벨로프먼트 브리프가 2001년 진행한 중국 NGO에 대한 조사 결과를 수록한 "250 Chinese NGOs : Special Report from China Development Brief"가 대표적이다. 물론, 이 조사에도 일부 관변 조직과 상당수의 반관변 조직이 포함되었다. 예를 들면 중화전국부녀연합회, 중화전국청년연합, 중국과학기술협회와 같은 사실상의 관변 조직을 포함하고 있으며, 여기에 소개되어 있는 41개 전국 조직의 대부분은 정부에 의해 조직된 반관반민 조직들이다(China Development Brief 2001). 그러나 이 자료의 편집자들은 위 관변 조직의 경우에는 다른 NGO의 발전을 위한 우산 역할을 해 주는 경우가 많으며, 동시에 대부분의 반관반민 조직은, 정부가 이들에 대한 재정 지원을 대폭 줄이면서 이 조직들이 재정적 독립을 추구하는 과정에서 민간화가 점진적으로 진행되고 있는 점을 고려하여 자료에 포함시켰다고 밝혔다(China Development Brief 2001, 21). 그러나 나머지 169개의 지방 조직은 절대 다수가 NGO적인 성격이 강하다고 볼 수 있다. 즉 이 조사는 적지 않은

〈표 3-6〉 NGO의 활동 영역 분류

활동 영역	단체 수
문화예술	10
장애인 지원	37
자선 조직	9
시민사회 발전 지원	6
재난 구호	4
소수민족 문화 및 발전	15
교육	13
환경 및 자원 관리	39
법률	14
보건	20
에이즈 방지 및 환자 지원	4
농촌발전 및 빈곤퇴치	23
도시 지역 공동체 복지 및 노인복지	11
아동, 청소년복지	31
자원봉사	5
여성	30

주: 분류된 NGO의 총수는 214개이며 중복 집계된 경우가 있음.
출처: China Development Brief(2001, 304-307)에 기초하여 필자가 정리.

한계가 있지만 현재 성장하고 있고 앞으로도 성장할 가능성이 많은 자주적 조직들의 의미 있는 공동체가 존재한다는 점을 보여 주었으며(China Development Brief 2001, 18), NGO의 발전 추세를 이해하는 데 중요한 출발점을 제공해 주었다. 이 조사에 기초하여 NGO 발전의 몇몇 추세를 살펴보면 아래와 같다.

먼저, 〈표 3-6〉은 위 자료에 제시된 NGO 중 활동 영역을 분류할 수 있는 단체 214개 활동 영역의 분포를 보여 준다. 여기서는 사회 서비스형 NGO가 절대다수를 차지하고 있음을 알 수 있다. 앞의 민간조직의 발전 추세에서 확인된 것처럼 국가는 사회 서비스형 민간조직의 발전에 대해서는 비교적 관대한 태도를 가지고 있으며, NGO의 발전 추세 역시 이러한 객관적 환경을 반영하고 있다고 볼 수 있다. 그러나 주의할 필요가 있는 것은 이들의 활동이 단순히

〈표 3-7〉 연도별 창립 단체 수

시기	~1980	~1990	1991	1992	1993	1994	1995	1996	1997	1998	1999	2000
수	10	46	2	7	13	19	17	26	9	24	15	19

주: 2001년 창립된 단체 수는 5개이나, 조사가 진행된 해로 위의 표에는 포함시키지 않았다. 위 표는 창립 연도를 확인할 수 없는 2개 단체(전국 조직 1개, 지방 조직 1개)를 제외한 총 209개의 단체를 정리한 것이다.

출처: *China Development Brief*(2001)에 기초하여 필자가 정리.

국가의 역할을 보완하는 것에 머무르지는 않는다는 점이다. 이들의 활동은 종종 국가 정책과 마찰을 일으키며 주창형(advocacy)의 활동으로 발전하는 경우도 있다.[5] 물론 이들의 활동이 국가와 대립하는 것을 전제로 하지는 않으나 국가에 종속적인 위치에 머무르는 것이 아니라 자율적인 사회 및 행위 규범을 제시하고 발전시켜 가고 있다는 점에서 과거에 대외적으로 많이 알려진, GONGO와는 뚜렷이 구별된다.

〈표 3-7〉은 연도별 창립 단체의 수를 정리한 것으로, 1993년 이후 NGO의 수가 빠르게 증가하기 시작했음을 보여 준다. 이는 1992년 초 덩샤오핑이 상하이와 선전(深圳) 등의 남쪽 지방을 시찰하며 행한 연설에서 적극적인 개혁개방을 촉구한 이후, 중국이 1989년 발생한 천안문사태의 그림자에서 벗어나 다시 본격적인 개혁개방 정책을 추진하기 시작한 것과 관련이 있다. 1980년 이전에 창립된 10개 단체 중 9개,[6] 1981~90년 사이에 창립된 단체 46개 중 22개가

---

5 최근 중국 허난성에서 매혈을 통해 농민들 내에서 에이즈가 급속하게 확산된 문제를 알리고, 에이즈 환자의 권익을 보호하기 위한 아이즈싱(愛知行) 활동가들의 활동이 지방정부는 물론이고 중앙정부와 심각한 갈등을 일으킨 사례가 있다. 이들의 활동은 중국 에이즈 문제의 심각성을 알리는 데 중요한 공헌을 했고, 최근 중국의 중앙정부가 에이즈 문제의 심각성을 인정하고 이를 방지하기 위한 선전과 활동에 적극적으로 나서게 하는 계기가 되었다. 또한 2004년 중국 윈난성의 누(怒)강 수리시설 건설을 둘러싼 환경보호 단체들과 지방정부 사이의 갈등도 사례로 들 수 있다.

6 9개 중에는 1904년에 창립된 중국적십자회(中國紅十字會總會)와 YMCA/YWCA가 포함되어 있다.

사실상의 정부 조직이나 GONGO적 성격이 강한 인민 단체나 전국 조직이다. 즉, 차이나 디벨로프먼트 브리프가 집계한 총 45개의 인민 단체나 전국 조직 중 31개가 1990년 이전에 창립되었다. 반면, NGO적 성격이 더욱 강한 지방 조직의 경우에는 총 169개 단체 중 1990년 이전에 창립된 단체가 25개, 1990 년 이후에 창립된 단체가 143개이다. 이는 기본적으로 경제개혁과 민간조직, 특히 NGO의 발전에 긍정적인 상관관계가 있다는 사실을 보여 준다.

이 시기 중국 NGO의 발전과 관련하여 주목할 필요가 있는 것은 중국 연구 자들이 1995년을 새로운 형태의 민간조직, NGO가 본격적으로 발전하기 시작 한 해로 규정하고 있다는 사실이다. 덩궈성(鄧國勝)은 1995년을 자주성을 갖는 NGO들이 아래로부터 활발하게 결성되기 시작한 전환점으로 지적했으며, 1995년 이후에는 중국에 자주적인 NGO가 존재하지 않는다는 주장은 더 이상 유효하지 않다고 주장했다(鄧國勝 2003, 288-294). 그리고 칭화대학NGO연구소 보고서는 1995년 이후에 중국 민간조직이 의미 있는 변화를 겪기 시작했다고 규정했으며, 아래로부터의 자발적 NGO들의 출현을 이 시기 중요한 특징으로 들었다(王名 2003, 85). 그리고 중화환경보호연합회의 "중국환경보호민간조직발 전상황보고"(中國環保民間組織發展狀況報告)에서도 환경보호 NGO의 발전 단 계를 설명하며 중국 환경보호 민간조직이 1995년 기점으로 발전 단계로 진입 했다고 설명했다.

그러나 1995년을 기점으로 설정한 근거에 대해서는 분명하게 밝히지 않고 있다. 다만 이는 일부 학자들과 NGO 활동가들이 공통적으로, 1995년 베이징 에서 개최된 "UN세계여성대회"가 중국에 NGO라는 개념이 도입되는 계기였 다고 지적한 것과 관련이 있어 보인다. 그 이전에 중국에는 NGO라는 개념

그리고 1980년 이전에 창립된 나머지 한 단체는 1950년의 귀주성민간무예가협회(貴州省民間文藝家 協會)이다.

자체가 거의 존재하지 않았다. 하지만 세계여성대회에서 국제 NGO의 활동이 언론의 주목을 받으면서 NGO의 사회적·정치적 역할에 대한 인식이 자연스럽게 확산되었고, 중국 내에서 NGO의 발전을 촉진했다는 것이다. 하웰도 여성 NGO의 발전과 관련하여 세계여성대회의 역할을 강조했으나(Howell 2004), 중국 연구자들은 중국 NGO 발전에 대한 세계여성대회의 역할을 더욱 적극적으로 평가했다.

또한 NGO의 발전이 단순히 국가의 필요만을 반영하는 것이 아니라는 점은 분명하다. 앞에서 설명한 것처럼 1980년대 중반 중국 정부는 민간조직의 발전을 통제하기 위해 다양한 정책을 실시했으며 특히, 1989년 "사회단체등기조례"의 제정과 1998년 이 조례의 개정을 통해 사회단체의 등록에 대한 통제를 강화했다. 하지만 그럼에도 불구하고 NGO들이 지속적으로 증가하고 있다. NGO의 발전에는 국가가 아닌 다른 동력(사회적 필요, 국제적 요인)도 중요하게 작용하고 있는 것이다. 이러한 요인에 대해서는 다음 4장에서 자세하게 설명할 것이다.

이 자료보다 더욱 구체적으로 NGO의 발전 추세를 파악할 수 있는 자료는 주로 환경보호 활동 영역에서 찾을 수 있다. 이는 전체 NGO의 발전 추세를 포괄하지 못한다는 단점은 있지만, 위 자료와는 달리 NGO만을 대상으로 하고 있으며 중국에서 NGO가 가장 활발하게 활동하고 있는 영역이 환경운동이라는 점에서 중국 NGO의 발전 추세를 더욱 깊이 이해할 수 있게 하는 자료들이다. 〈표 3-8〉은 차이나 디벨로프먼트 브리프가 관리하고 있는 웹사이트 "중국 환경 NGO 온라인 주소록"(Online Directory of Chinese Environmental NGOs)에 등록되어 있는 환경 NGO를 창립 연도별로 정리한 것이다. 여기서도 환경 NGO가 1995년을 전후로 하여 본격적으로 발전하기 시작했다는 점을 보여 준다.

위 자료가 비록 중국의 환경 NGO에 대한 가장 체계적인 자료라고 할 수 있지만 여기에도 몇 가지 문제점은 있다. 우선 여러 이유로 이 웹사이트에 등

〈표 3-8〉 환경 NGO들의 창립 연도별 분류(1)

연도	단체 수	단체 이름
1994년 이전	5	北京市海澱區林業老科技工作者協會動物救助分會(1988), 遼寧盤錦黑嘴鷗保護協會(1991), 中國環境文化促進會(1992), 中華環境保護基金會(1993), 自然之友(1994)
1995	4	環境與發展研究所, 重慶市綠色志愿者聯合會, 雲南省生物多樣性和傳統知識研究會, 雲南人與與自然基金會
1996	3	中國香根草網絡, 綠家園志愿者, 北京地球村環境文化中
1997	2	北京人與動物環保科普中心, 古塘可持續生活實踐與敎育中心,
1998	6	綠色北京, 江蘇綠色之友, 靑藏高原環長江源生態經濟促進會, 昭通黑頸鶴保護志愿者協會, 北京天恒可持續發展研究所, 中國政法大學污染受害者法律帮助中心)
1999	6	綠網, 廈門綠拾字環保服務社, 河北綠色知音, 赤峰沙漠綠色工程研究所, 卡瓦格博文化社, 婦女環境與健康行動中心
2000	10	貴州自然保護與社區發展研究中心, 岳陽市濕地環保促進會, 綠石環境行動網絡, 通楡科尔沁沙地治理區, 綠色江河, 上海熱愛家園, 天津綠色之友, 雲南生態網絡, 綠眼睛環保組織, 臨沂市昆蟲生態研究所
2001	14	公衆與環境研究中心, 北京猛禽救助中心, 新疆自然保育, 綠色珠江, 綠色學生組織網, 海南生態環境敎育中心, 綠色漢江, 岳陽市環境保護志愿者協會, 吉林荒漠化治理基金會, 大連野鳥協會, "綠色鄂溫克"草原牧民環境保護協會會, 三江源生態生態環境保護協會, 大巴山生態與貧困問題研究會, 樂淸市綠色志愿者協會
2002	12	瀚海沙, 雲南思力農藥替代技術中心, 衡水市地球女兒環保志愿者協會, 河北平山縣西柏坡愛鳥協會, 新鄕市環境保護志愿者協會, 河南省長垣縣綠色未來環境保護協會, 衡水市地球女兒環保志愿者協會, 內蒙古楚日雅牧區生態研究中心, 濟南走進自然環保志愿者協會, 綠色駱駝, 香格里拉民間自然保護協會, 雲南省大衆流域管理研究和推廣中心
2003	13	綠滿江淮, 霍山環境扶貧發展中心, 淮河衛士, 北京綠十字生態文化傳播中心, 貴州田野環境與環發展研究中心, 海南省自然保護發展研究會, 遼寧省環保志愿者聯合會, 哈日根台綠色畜産品綜合開發協會, 中國志愿者保護藏羚羊協會, 大同市環保志愿者協會, 靑島市靑年環境保護促進會, 昆明野地環境發展研究所,天下溪敎育咨詢中心
2004	11	屛南綠色之家, 綠駝鈴, 綠色龍江, 阿拉善SEE生態協會, 內蒙古草原環境保護促進會保, 寧夏扶貧與環境改造中心, 上海綠洲野生動物保護交流中心, 甘孜州生物多樣性保護與生態文化協會(綠色康巴協會), 茂縣九頂山野生動植物之友協會, 新疆大學生綠色論壇, 全球環境研究所
2005년 이후	10	法治環保在線, 渾善達克沙地治理協會, 大足縣生態生態農業種植合作協會, 海南觀鳥會, 上海野鳥會, 香格里拉高山植物園, 長江黃河國際文化交流中心, 中華環保聯合會/珍古道尔(北京)環境文化交流中心, 北京綠之光環境文化發展中心(2006)

출처: 中國環境NGO在線名錄(www. greengo.cn)에 기초하여 필자가 정리.

록을 원하지 않는 단체는 포함되지 않았다. 또 다른 더욱 중요한 문제점은 위에 포함된 단체들이 얼마나 NGO라는 개념에 부합하는 활동을 전개하고 있는가라는 점이다. 이들 단체 대부분이 조직 운영, 인사 등에서 국가에 대해 상당한 자주성을 가지고 있는 것은 사실이지만, 실천적으로 얼마나 자주적인가는 다른 문제이다.

이미 적지 않은 연구자들이 중국의 환경운동에 회의적인 평가를 제시한 바 있다. 스탠리(Phillip Stanlley)와 양(Dongning Yang)은 대학생 환경단체 회원에 대한 설문조사를 실시해, 정부와의 대결을 통해 환경문제를 해결하려는 의지를 결여하고 있으며 경제 발전 우선주의에서 벗어나지 못하고 있다는 사실을 확인하고, 이들이 환경주의와 환경운동의 발전을 촉진하는 역할을 하기는 어려울 것이라고 결론 내렸다(Salley and Yang 2006, 345). 이러한 결론은 사실 중국의 환경운동 전체에 대한 평가이기도 하다. 호(Peter Ho)도 중국의 녹색 사회단체들은 정부에 도전하기보다는 정부의 승인과 정부 정책에 영향력을 미치고자 한다며, 중국의 환경운동이 사회운동으로 발전할 가능성에 회의적인 태도를 보였다(Ho 2001). 중국 NGO가 정부에 도전하는가가 NGO적 활동 여부를 판단하는 유일한 기준이 되는 것은 타당하지 않다. 하지만 중국의 환경 NGO들이 행태적 측면에서 얼마나 자신들의 지향하는 바를 실현하기 위해 자주적으로 활동하는가는 이들의 NGO적 성격을 판단하는 데 중요한 기준이라고 할 수 있다. 따라서 〈표 3-9〉는 실천을 통해 자신들의 활동 취지를 실현하기 위해 적극적이고 자주적으로 움직이고 있다고 보이는 환경 NGO만을 대상으로 창립 연도별 단체 수를 정리했다.

이는 2005년 1월 21일 발표한 "국가환보총국이 엄정하게 환경법을 집행하는 중대 조치를 강력하게 지지한다"(堅決支持國家環保總局嚴格環境執法的重大擧措)라는 성명서에 서명한 환경 NGO만을 대상으로 정리한 것이다.[7] 이 성명

----

7 발표된 성명서의 제목에는 "56개 민간 환경보호 조직의 목소리"라는 부제가 달려 있는데 성명서에

서는 2005년 1월 환경총국이 2003년 9월 1일 효력을 발생한 "환경영향평가법"
(環境影響評價法)이 요구하는 환경평가를 실시하지 않고 공사를 진행하던 주요
건설 사업에 대해 공사 중지 명령을 내린 결정을 지지하기 위해 발표된 것이
다. 물론 이 성명서의 발표가 정부 행위에 대한 지지 선언이라는 점에서 여전
히 정부 주도 단체와 민간 주도 단체의 구분을 명확하게 하는 데에는 한계가
있기도 하다. 하지만 현재 모을 수 있는 자료 중에서는 다른 어떤 자료보다
자주적으로 활동하는 환경 NGO들을 추출하는 데 가장 효과적인 자료라고 판
단했다.[8]

　　우선, 이 단체들은 형식적 특징(회원 조직, 법인, 활동 영역 등)에 의존한
분류보다 행위적 기준에 따라 선정된 것이기 때문이다. 우연적인 것이나 정부
주도 활동의 결과가 아니라 6장에서 사례로 분석하는 누강댐 반대 운동을 통
해 형성된 환경운동 진영의 네트워크를 반영하는 것이다. 또한 중국 정부가
민간단체의 횡적 연대에 매우 조심스러운 태도를 견지하고 있는 상황에서 이
러한 연대 행동에 참여하는 것 자체가 일정한 위험 부담이 있는 행위이다. 마
지막으로 환경총국은 영향력이 약한 부서이며 환경총국을 지지하는 행위가 정
부와의 협력적 성격만을 가지는 것은 아니다. 오히려 자신들의 활동에 더욱
커다란 영향을 미칠 수 있는 지방정부 등과의 관계에는 부정적인 영향을 미칠
가능성이 있는 행위이다. 따라서 이 성명에 참여한 단체들은 민간조직 중에서
비교적 강한 조직들이라고 볼 수 있다.

서명한 단체의 수는 58개이다. 이 차이가 나열되어 있는 단체들 이름은 다르게 나열되었지만 사실은
동일단체로 볼 수 있는 경우가 있기 때문인지 아니면 나중에 이름이 추가되었기 때문에 나타난 착오
인지는 확인할 수 없었다.

8 China Development Brief(2001)에 수록되어 있는 39개의 환경보호 NGO 중에서 위 성명에 서명
한 단체의 수는 11개이고 비환경 단체로 중국국제민간조직합작촉진회가 서명에 참여했다. 이렇게
서명에 참여한 단체의 비율이 낮은 것은 China Development Brief(2001)의 자료에는 상당수의 반관
반민 조직이 포함되었다는 점이 반영된 결과라고 볼 수 있다.

<표 3-9> 환경 NGO의 창립 연도별 분류(2)

연도	1994년 이전	1995	1996	1997	1998	1999	2000	2001	2002	2003	2004
단체 수	4	4	3	0	2	4	6	2	5	5	4

<표 3-9>는 총 58개 단체 가운데 해외에 본부를 두고 있는 단체 8개, 환경보호 영역과 거리가 있는 단체 2개, 그리고 창립 연도를 확인할 수 없는 단체 9개를 제외한 39개 환경보호 단체의 창립 연도를 정리했다. 그런데 이 중 4개 단체만이 1995년 이전에 창립되었으며, 나머지는 모두 1995년 이후에 창립되었다. 그리고 창립 연도가 불분명한 나머지 단체들도 대부분 1995년 이후, 특히 비교적 최근에 창립된 단체들이다. 이는 1995년을 기점으로 중국의 NGO들이 본격적으로 발전하기 시작했다는 주장과 앞의 다른 자료가 보여 주는 추세를 다시 확인해 준다.

즉, 위의 자료들은 중국에서 NGO가 전체 민간조직에서 차지하는 비중은 여전히 낮지만 의미 있는 비중을 차지하기 시작했으며, 특히 1994~95년을 전후로 NGO가 본격적으로 성장하기 시작했다는 점을 보여 준다. 이러한 변화는 중국에서 시민사회의 발전을 추진할 수 있는 초보적 조건이 형성되고 있음을 보여 준다.

제4장

중국 민간조직과 NGO 발전 요인 :

국가의 필요와 사회의 필요

　3장에서는 중국에서 민간조직이 계속 증가하고 있으며, 이와 함께 NGO들도 출현하고 있다는 점을 확인했다. 아래에서는 이러한 새로운 현상이 나타날 수 있도록 만든 요인을 검토할 것이다. 민간조직의 발전을 촉진한 요인을 분석하는 데 있어 다음 두 가지 문제에 주의할 필요가 있다.

　첫째, 시장화와 대외 개방은 민간조직의 발전을 촉진시킨 객관적 요인이다. 하지만 이러한 객관적 환경의 변화가 바로 민간조직 발전의 구체적인 경로와 형태를 결정짓는 것은 아니다. 1990년대 초반 시민사회론적 접근은 이러한 객관적 환경의 변화로부터 NGO와 시민사회 출현의 필연성을 도출하는 경향이 강했다. 이는 민간조직의 발전을 둘러싼 국가와 사회의 복잡한 상호 작용을 설명하지 못하는 문제점을 가지고 있다.

　둘째, 민간조직 발전의 경로와 형태는 객관적 환경에 대한 국가와 사회의 대응에 커다란 영향을 받는다. 물론, 조합주의적 접근은 객관적 환경에 대한 국가의 대응에 초점을 맞추어 민간조직의 발전을 분석했으며, 이는 1990년대 초반 당위론적인 시민사회론에 비해 중국의 국가와 새로운 사회조직 사이의 관계를 효과적으로 설명했다. 그러나 앞에서 살펴보았듯이 민간조직의 발전을 통제하기 위한 법적·제도적 제약 속에서도 민간조직이 지속적으로 증가했다는 사실을 고려하면 국가의 대응이라는 변수만으로 민간조직, NGO의 발전을 설명하기 어려우며 민간조직,

NGO의 발전은 새로운 환경에 대한 사회로부터의 대응이라는 측면을 고려할 때 올바로 이해할 수 있다.

따라서 4장에서는 국가의 필요, 사회의 필요라는 두 가지 측면에서 민간조직과 NGO의 발전을 촉진한 요인을 검토할 것이다.

1. 국가의 필요

중국의 국가-사회 관계를 연구한 대부분의 학자들은 중국에서 민간조직의 빠른 발전이 국가의 필요를 반영한다고 주장했다. 이들은 이러한 전략의 목적이 국가-사회 관계의 불가피한 변화 속에서 사회에 대한 국가의 통제력을 계속 유지하는 데 있다는 점과, 국가가 새로운 민간조직을 필요로 한다는 데 대체로 합의하고 있다. 이러한 분석에서 많이 강조되는, 국가의 필요는 경제 효율의 제고, 행정 개혁, 사회안전망 보완, 그리고 국제협력의 강화 등 네 가지로 정리할 수 있다.

1) 경제 효율의 제고

중국공산당 내에서는 개혁개방 노선을 둘러싼 논쟁이 적지 않았지만 일시적인 시기를 제외하고 시장경제의 역할은 지속적으로 강화되었으며, 1992년에는 사회주의시장경제론을 공식 입장으로 채택하면서 계획과 시장을 둘러싼 논쟁은 종식되었다.[1] 이는 개혁개방 정책의 성패가, 시장경제가 효율적으로 작용하는가에 좌우된다는 것을 의미한다. 그런데 시장경제의 성공을 위한 가장 기본적인 조건은, 자원 분배에 있어 생산자와 소비자의 자유로운 의사 결정에 따라 자원이 투명하고 자유롭게 이동하는 것을 보장하는 것이다. 중국 정부는 이러한 조건을 충족시키기 위해 크게 두 가지 방향으로 노력했다.

첫째는 계획경제 체제 외부에 비국가 경제 행위자의 출현과 이들이 활동할 수 있는 경제활동 공간, 즉 시장의 발전을 용인한 것이다. 사실, 중국에서 시장 경제로의 전환은 기존 계획경제 제체에 대한 급진적인 개혁보다는 이처럼 계획 외 부문에서 새롭게 출현하고 증가하는 경제활동을 통해 촉진되었다.[2] 이에 따라 국가의 직접적인 통제를 받지 않는 경제 주체와 공간이 개혁개방 이후 꾸준히 증가했다. 공업총생산액에서 국유기업이 차지하는 비중은 1978년 77.6%에서 2005년 33.3%로 감소했다(이는 국유기업과 국유기업이 대주주인 기업을 포함한 수치임). 〈표 4-1〉은 고용 구조에서 비국유경제 부분이 차지하는 비중이 크게 증가하였음을 보여 준다.

둘째, 계획경제 체제 내에서도 분권화를 통해 국유기업에게 시장 환경을 고려하여 자주적으로 경영할 수 있는 권한을 주기 시작했다. 1980년대에는 국유기업들이 정부와 생산량, 임금 및 이윤 분배 등 주요 경영지표에 대해 합의하고 일상적인 경영은 정부의 간섭을 받지 않고 자율적으로 할 수 있도록 한 경영책임제를 도입했다. 그러나 정부는 여전히 기업의 소유자이자 행정기구로서 기업의 투자권, 인사권과 주요 물자 분배권 등 기업 경영의 핵심적인 권한

---

1 중국의 시장화 과정이 일시적으로 중단되거나 후퇴된 시기로는 1982~83년과 1989~91년을 들 수 있다. 첫 번째 후퇴는 초기 상품경제론을 앞세워 적극적인 시장화 개혁을 추진하던 움직임에 대해 보수파가 중국 경제개혁 모델의 성격을 "계획이 중심이고 시장으로 보완한다."라고 규정하며 제동을 건 결과로 나타난 것이다. 그러나 1984년 중국공산당 제12기 3차 중앙위원회 전체회의에서 경제개혁의 방향을 "계획이 있는 상품경제를 발전시킨다."라고 결정하며 다시 적극적인 시장화개혁을 추진했다. 두 번째 후퇴는 1989년 천안문사태를 계기로 보수파는 시장화 개혁이 정치적 혼란을 초래했다고 주장하며 계획경제를 다시 강조하면서 경제개혁에 제동을 걸면서 시작되었다. 그러나 1992년 중국공산당 제14차 전국대표대회에서 '사회주의시장경제론'을 채택하며 더욱 전면적인 시장화 개혁을 실시하기 시작했다.
2 노튼(Barry Naughton)은 '계획 밖에서의 성장'(growth out of plan)이라는 표현으로 중국 경제체제의 전환과 경제성장 과정을 설명했다(Naughton 1995).

〈표 4-1〉 소유제별 취업 인구(단위: 만 명)

	1978	1990	1995	2000	2005
도시 취업 인구	9,514	17,041	19,040	23,151	27,331
국유	7,451	10,346	11,261	8,102	6,488
도시집체	2,048	3,549	3,147	1,499	810
주식합작				155	188
공동경영		96	53	42	45
유한책임공사				687	1,750
주식유한공사			317	457	699
사영기업		57	485	1,268	3,458
홍콩, 대만, 마카오 투자 기업		4	271	310	557
외국인 투자 기업		62	241	332	688
개체호	15	614	1,560	2,136	2,778
농촌 취업 인구	30,638	47,708	49,025	48,934	48,494
향진기업	2,817	9,265	12,862	12,820	14,272
사영기업		113	471	1,139	2,366
개체호		1,491	3,054	2,934	2,123

출처 : 『中國統計年鑑』(2006, 128-129).

을 소유하고 있었기 때문에 기업 경영의 자율권 확대는 한계가 있었고, 이는 국유기업과 정부 사이의 관계를 불투명하게 만드는 주요 요인으로 작용했다. 이 문제를 해결하기 위해 1992년 중국공산당 제14차 당 대회에서 사회주의시장경제론을 채택한 이후에는 소유와 경영의 분리를 전제로 하는 현대 기업제도의 건설을 국유기업 개혁의 목표로 삼기 시작했다.

이에 따르면 국유기업의 법적 소유자인 정부는 국유 자산의 가치 증가 여부를 감독하고 경영자의 선발, 국유 자산의 조정, 주요 투자 결정권 등을 행사하고 일상적인 기업 경영과 관련한 권한(상품 및 가격 결정권, 기업 내 인사권, 영업권 등)은 모두 기업에 이양하는 것이었다. 이러한 개혁 방향에 따라 경제관리 부처가 국유기업의 소유권을 가졌던 기존 소유제도에 대한 개혁이 진행되어 경제 관리 부처는 국유기업에 대한 소유권을, 자산 관리만을 전담하는 국유자산관리위원회로 이전시켰다.

이러한 변화는 시장 활성화를 위해서는 불가피한 것이었다. 하지만 국가는 이와 동시에 시장에 대한 통제력을 상실하지 않기 위해 다양한 노력을 기울였다. 특히, 1990년대 초반까지는 일본과 한국의 국가 주도 경제 발전 모델을 수용하여 이러한 이중적 과제를 수행하고자 했다(Unger and Chan 1995). 이와 관련하여 중국 정부가 주목한 것 가운데 하나는 이들 국가에서 나타난 국가와 기업의 협력적 관계와 그 속에서 각종 산업별 협회가 수행한 역할이었다. 이들 업종 조직은 기업의 요구를 정부에 전달하는 통로인 동시에 정부의 정책 방향을 개별 기업에 전달하고 이와 관련한 기업들의 이해관계를 조정하는 역할을 수행했다. 이러한 모델을 따라 중국 정부도 1980년대부터 국유기업 개혁과 함께 각종 산업별 협회, 즉 업종 조직의 발전을 적극적으로 추진했다.

이와 동시에 국가의 계획이나 직접적인 개입 없이 시장에서 각 경제주체들 사이의 거래가 효과적으로 이루어지도록 돕는 사회 중개 조직의 발전도 시장 효율을 높이기 위해서는 불가피했다. 1993년 중국공산당 제12기 제3차 중앙위원회 전체회의에서 통과된 중국공산당 중앙의 "사회주의 시장경제 건립을 위한 몇 가지 문제에 대한 결정"(關於建立市場經濟若干問題的決定)에서는 "시장 중개 조직을 발전시켜 서비스, 커뮤니케이션, 공증, 감독 작용을 발휘하도록 한다."라고 설명하고, 그 예로 회계사무소, 법률사무소, 중재 기구, 정보 컨설팅, 자산 평가 기구 등을 들었다(中共中央文獻研究室 1996, 529). 당과 정부가 중개 조직의 발전이라는 방침을 제시한 이후에는 이들도 민간조직의 한 유형으로 간주되기 시작했다. 이러한 조직의 발전은 국가의 필요에서 용인된 것이지만, 대부분 사회의 횡적 네트워크를 활성화하는 역할을 한다는 점에서 시민사회 및 NGO 발전에 중요한 토대가 될 수 있다. 각종 권익 보호를 위한 변호사들의 활동이 시민사회 발전에 중요한 역할을 하는 것이 그 대표적인 예라고 할 수 있다.

2) 행정 개혁

시장경제 체제로의 전환으로 계획경제 체제에서 유지되었던 비대한 행정
체제는 필요가 없어졌고, 경우에 따라서는 시장경제의 발전에 제약 요인으로
간주되기 시작했다. 뿐만 아니라 국가의 재정 능력이 계속 축소됨에 따라 국가
가 이러한 행정체제를 유지하는 것이 경제적으로 힘들게 되었다. 이와 관련하
여 국가-사회 관계에 가장 커다란 변화를 준 것은 단위체제의 개혁이다. 사실
상 국유기업을 의미하는 기업단위가 개인에게 제공하던 복지 서비스가 사회복
지 관련 기구로 분리되고 경제주체로의 전환을 촉진하는 방향으로 움직임에
따라 국가와 시장 관계의 변화가 심화되었다. 하지만 이런 변화가 민간조직의
증가에 직접적인 영향을 미쳤다고 보기는 어렵다.

민간조직의 증가에 직접적으로 영향을 미친 것은 사업단위의 개혁이다. 국
가의 재정 지원에 의존하여 문화, 교육 등 사회 서비스를 제공하던 사업단위가
국가의 지원을 계속 기대할 수 없게 되면서 민간조직으로서 새로운 생존의 길을
찾을 수밖에 없었기 때문이다. 1990년대 후반부터 민간 운영 비기업단위가 빠르
게 증가한 것은 기존 사업단위가 민간조직으로 전환한 결과라고 할 수 있다.

그리고 당과 국가기구로 구성된 기관단위는 단위체제 개혁에 크게 영향을
받지는 않았으나 기구 및 인원 축소를 목표로 하는 행정 개혁의 영향을 피할
수는 없었다. 특히, 1990년대 후반 중국 정부는 대대적인 행정 개혁을 진행하
는데, 여기서 축소된 기구와 공무원은 일부 시장 영역으로 진출하는 경우도
있지만 대부분 반관반민 조직으로 전환했다. 예를 들면 1998년 행정 개혁 당시
중앙정부 차원에서 기구 감축이 이루어진 가장 대표적인 영역은 경제 관련 부
서들인데 여기서 감축된 인원과 기구는 각종 업종협회로 전환했다.[3]

---

3 1998년 행정 개혁으로 폐지된 14개의 국무원 기구 중 전력공업부, 석탄공업부, 철강공업부(冶金工
業部), 기계공업부, 전자공업부, 화학공업, 국내무역부, 방송영화부(廣波電影電視部), 지질광산부, 임

〈표 4-2〉 국무원(부와 위원회 급) 기구 개혁 개황(1983~98)

	정부 기구 수		인원 수	
	감축 규모(개)	비율	감축 규모(명)	비율
1983년	52 → 43	17%	51,000 → 39,000	25%
1988년	45 → 41	9%	52,000 → 39,000	18%
1993년	41 → 40	2%	37,000 → 29,600	20%
1998년	40 → 29	27%	32,000 → 16,700	47.5%

출처 : Chan and Drewry(2001, 576-578)의 내용을 기초로 정리.

3) 사회안전망의 보완

국가는 시장경제로의 전환 과정에서 사회사업 및 복지 영역에 민간 자원을 적극적으로 동원하기 위해 이들 영역에서 민간조직의 발전을 장려하거나 용인하는 태도를 취했다. 앞의 두 가지 정책은 시장효율의 제고와 직접적인 관련이 있는 반면에, 이는 시장경제에 따른 부작용을 축소하기 위한 노력과 관계가 있다. 즉, 계획경제 시기에서는 사회 서비스와 복지가 도시의 단위, 농촌의 인민공사 체제를 통해 제공되었다. 그러나 시장경제로 전환하는 과정에서 일부는 국가가 새롭게 구축하는 새로운 사회복지 체제로 편입되었지만 대부분은 개인 및 사회의 책임으로 전가되면서 교육, 의료, 양로, 실업 등의 영역에서 국가의 후퇴에 따른 공백을 피하기 어려운 상황이며, 특히 저소득층의 경제적 부담을 크게 증가시켰다.

이에 따라 중국 정부는 사회 서비스 분야에서 민간 자원을 동원할 필요성을 적극적으로 강조하기 시작했다. 예를 들면, 당시 국무원 총리였던 리펑(李

업부 등 10개가 경제 관련 부처였다. 1998년 행정 개혁만이 아니라 1980년대부터 행정 개혁의 주된 대상은 계획경제 시기 지나치게 팽창한 산업별 경제부처였다.

鵬)은 1994년 6월 전국교육공작회의 연설에서 "과거 정부가 독점하던 학교 운영 체제를 타파하고 정부 운영을 중심으로 하고 사회가 스스로 자금을 동원하여 학교를 운영할 수 있는 체제로 전환해야" 한다고 주장했다(中共中央文獻研究室 1996, 849). 그리고 당시 국무위원이었던 저우자화(鄒家華)는 더욱 명확하게 사회사업에서 민간조직의 적극적 역할을 강조했다. 1994년 10월에 전국 사회발전 공작회의 연설에서 그는 사회 발전 사업을 정부 주관 부문의 계획과 지도 아래 "사회가 운영하는 것을 고무하고 주장해야 하며, 특히 비정부조직과 지역커뮤니티의 역할을 중시하며, 그들의 활동을 적극적으로 지지하고 정책적으로 지원하고 지도해야 한다."고 강조했다(中共中央文獻研究室 1997, 999). 이는 고위급 지도자가 공식적으로 비정부조직의 긍정적인 역할을 언급한 최초의 사례로 보인다. 그리고 2005년 민정부는 "자선 시민 조직이 국가 사회복지 체제의 발전 과정에서 나타나는 공백을 메울 수 있는 잠재력"을 강조하며 자선 조직의 발전을 촉진하기 위한 정책을 발표했다(*CDB* Dec. 2005/Jan. 2006, 18). 이러한 정부 정책은 앞에서 살펴본 것처럼 중국의 민간조직 발전에서 사회 서비스 분야가, 국가 주도의 민간조직의 경우는 물론이고 NGO에서도 높은 비중을 차지하게 된 주요 배경이 되었다.[4]

4) 국제협력의 확대 및 강화

중국은 개혁개방과 함께 국제사회에 적극적으로 참여하기 시작했다. 물론, 중국은 선택적 참여라는 전략을 택했지만 국제사회 참여의 폭은 점차 확대되었다. 그런데 이 과정에서 중국 정부는 국제사회에서 커다란 영향력을 행사하

---

[4] 국가의 필요와 관련하여 위의 세 가지 측면을 지적한 것은 China Development Brief(2001, 10-11)를 참고. Ma(2006)도 위와 같은 분류로 민간조직의 발전을 용인하는 국가의 동기를 설명했다.

는 국제 NGO에 대응할 필요를 느끼게 되었다. 여기에는 구체적으로 다음 두 가지의 동기가 중요하게 작용했다.

첫째, 국제사회로부터 기술 및 재정 지원을 얻고자 하는 경제적 동기다. '중국국제민간조직합작촉진회'(中國國際民間組織合作促進會)가 대표적인 사례다. 개혁개방 직후 적지 않은 국제 NGO, 특히 종교적 배경을 가지고 있는 단체들이 선교는 하지 않고 빈곤 퇴치 사업을 전개하겠다고 중국 정부에 요구했고, 중국 정부는 이를 진지하게 고려하여 1987년 국제경제기술교류센터 내에 국제민간조직연락처를 설치하고 국제 민간조직과의 협력을 책임지도록 결정했으며, 1992년 중국국제민간조직합작촉진회라는 독립 조직을 창립했다(王名 2000, 75-76). 또한 경제적으로 낙후되고 재정적으로 곤경에 처한 일부 지방정부도 민간조직과의 협력을 자신이 직면하고 있는 문제를 해결하기 위해, 특히 국제사회의 재정 지원과 사업 아이디어를 도입하는 통로로 받아들이기 시작했다.

둘째, 중국 정부는 국제관계가 정부 간 관계만이 아니라 다양한 수준의 비정부 간 관계를 통해 이루어지고 있으며 국제사회에서 비정부 조직의 영향력을 무시할 수 없다는 점을 인식하게 되었다(楊陽 2003). 이에 따라 국제 NGO들이 적극적으로 참여하는 국제공간에서 중국 정부의 입장을 대변할 수 있는 민간조직을 필요로 하게 되었다. 이러한 영역에서 적극적으로 활동하는 조직 가운데 하나가 1985년부터 활동을 시작한 '중국연합국협회'(中國聯合國協會)이다. 이 조직의 책임자는 전직 외교부 관료로 구성되어 있으며 UN 내 국제 NGO 조직의 활동에 개입하기 위한 통로 역할을 하고 있다. 그리고 인권 문제에 대한 중국 정부에 대한 비판이 고조되던 1993년 조직된 중국인권연구회(中國人權研究會)도 이러한 유형에 속하는 민간조직이다.

2. 사회의 필요

이렇게 중국의 국가는 민간조직의 발전이 필요했지만, 이와 동시에 국가는 민간조직의 지나치게 빠른 발전, 특히 자신의 통제를 벗어나는 속도로 발전할 가능성을 항상 우려했기 때문에 구체적인 정책에서는 민간조직의 발전을 제약하는 데 더 큰 비중을 두었다. 위커핑(俞可平)은 거시적 환경에서는 민간조직과 시민사회 발전에 유리한 것이 주된 측면이지만, 미시적 환경에서는 억제가 주된 측면이라고 중국 정부의 민간조직 정책에 내재한 모순을 지적했다(俞可平 2005, 23). 즉, 중국에서 진정한 NGO의 발전에는 여전히 많은 어려움이 있다. 이러한 환경에서 3장에서 설명한 것처럼 1990년대 중반 이후 NGO들이 지속적으로 성장하고 있는 것은 국가의 필요 이외에 다른 요인들이 중요하게 작용하고 있기 때문이다. 아래에서는 사회의 필요라는 측면에서 민간조직, 특히 NGO의 발전을 촉진한 요인을 살펴볼 것이다.

민간조직의 발전에 대한 기존 연구에서도 사회적 필요라는 측면에서 민간조직과 NGO의 발전을 적극적으로 논의한 경우는 많지 않았다. 그것은 주로 NGO의 발전이 비교적 최근 현상이라 본격적인 연구가 진행되기 힘들었다는 점 때문이다. 그러나 앞에서 설명한 것처럼 중국의 국가-사회 관계에 대한 기존 접근법, 조합주의와 시민사회적 접근이 가지고 있었던 문제점도 이러한 결과를 낳은 주요 원인이라고 할 수 있다.

그런데 국가-사회 관계를 변화시키는 사회적 동력에 대한 관심은 조합주의나 시민사회라는 개념을 사용하지는 않았지만 중국 사회에서 증가하는 항의, 시위, 반체제 등의 집단행동에 대한 연구에서 찾아볼 수 있다. 이들 연구는 개혁개방 이후 중국의 중요한 변화가 단순히 경제적 영역에만 제한된 것이 아니라 권리 의식의 성장으로 이어지고 있다는 점에 주목하고, 권리의식에 기초하여 발생하는 아래로부터의 집단적 행동 논리와 이를 둘러싼 국가와 사회 사이의 복잡한 상호 작용을 분석했다.[5] 이들 연구는 NGO와 시민사회 발전을 위한 연구에 중요한 시사점을 주고 있으나 이러한 행동이 가능하게 된 조직적 기초에 대한 발전 자체에는 초점을 맞추고 있지 않기 때문에 이 연관성을 본격적으로 설명하지는 못했다.

그 중요한 이유 중 하나는 이러한 집단행동이 여전히 지속적이고 체계적인 사회운동이라기보다는 분산적이고 우연적 성격이 강한 것으로 간주되기 때문이다. 페리(Elizabeth Perry)와 셀던(Mark Selden)은 이러한 최근의 다양한 집단행동에도 불구하고 전국적 차원은 물론이고 지역적 차원에서도 당의 지도에 도전할 수 있는 조직적 중심이 출현하지 않고 있다는 점을 흥미로운 특징으로 지적했다(Perry and Selden 2003, 16). 오브라이언(Kevin J. O'brien)과 리(Lianjiang Li)도 중국 농촌에서 나타나는 '적법한 저항'(rightful resistance)이 지속적 사회운동이라기보다는 우연적 사건으로서의 성격이 강하다고 지적했다(O'Brien and Li 2006, 4). 그러나 이러한 산발적인 집단행동의 경우도 비공식적이기는 하지만 조직적 관계가 작용하는 경우가 많고, 이러한 활동의 결과로 새로운 조직적 관계가 만들어질 수 있기 때문에 증가하는 집단행동과 민간조직 사이의 관계는 앞으로 더욱 적극적인 분석을 필요로 한다.

또한 민간조직의 발전을 촉진하는 사회적 필요는 앞에서 말한 집단행동의 동기보다는 더욱 다양하다. 아래에서는 이를 개인들의 자기실현 욕구, 집단적 권익, 특히 경제적 이익의 옹호, 사회발전과 정치발전 요구, 그리고 중국 NGO 발전에 대한 국제사회의 요구 등 네 가지로 나누어 설명할 것이다.

---

5 모두 최근 중국에서 발생하는 집단행동이 대부분 1989년 이전 중국 내에서 전개되었던 정치운동처럼 정치적 목적을 추구하거나 국가에 직접 도전하는 전략을 택하기보다는, 국가의 이데올로기나 법을 자신들의 투쟁의 정당성을 강화하고 주로 경제적 측면의 목표를 달성하는 데 활용하는 전략을 선택하는 새로운 양상에 주목했다(Perry and Selden 2003, 2; Goldman 2005, 214; O'Brien and Li 2006, 2). 이들이 강조하는 새로운 집단행동의 논리는 5장과 7장에서 더 자세히 검토될 것이다.

1) 개인의 자기실현 욕구

체육, 문화, 종교 등의 영역에서 동호인 조직이나 동향 조직과 같은 친목 조직의 발전이 이러한 범주에 속한다. 과거 계획경제 시기 개인은 수직적인 사회 관리 체제를 통해 국가에 종속되었다. 개인들이 횡적인 사회관계를 발전시킬 수 있는 사회적 공간이 허용되지 않았으며 이를 추진할 수 있는 자원도 없었다. 그러나 시장화와 대외 개방은 중국 시민에게 국가에 의존하지 않고 개인이 다양하게 자아를 실현하기 위해 집단적 활동을 할 수 있도록 자원을 동원할 수 있는 능력과 사회적 공간을 제공했다. 이러한 유형의 조직은 조직 활동을 유지하는 데 필요한 자원의 대부분을 내부에서 동원하며, 일상적인 조직 운영과 활동에 국가의 간섭을 거의 받지 않는다는 점에서 민간적 성격이 가장 강하며, 현재 중국 정부가 사용하는 의미가 아닌 중국에서 전통적으로 사용되어 온 민간조직, 즉 풀뿌리 민간조직이라고 할 수 있다.

이들은 정부의 인가를 받지 않고 비공식적으로 운영되는 경우가 많기 때문에 정부의 공식 통계에 포함되지 않는 경우가 많으며, 따라서 전체 규모가 어느 정도인지를 추측하기 어렵다. 뿐만 아니라 활동이 기본적으로 사적인 관심을 매개로 이루어지지만 경우에 따라서는 이들의 영향력이 사적인 영역에만 제한되는 것은 아니다. 파룬궁처럼 공동체 활동을 통해 정신적 위안을 얻고 건강을 증진시키고자 하는 요구에서 발전했지만 중국에 커다란 정치적 충격을 준 사태는 언제든지 발생할 수 있다.

따라서 이러한 조직에 대한 중국 정부의 태도도 획일적이지 않다. 이들 조직이 지역사회 발전에 긍정적인 역할을 하고 있다고 판단할 경우에는 용인하거나 지원하는 입장을 취하지만 경우에 따라서는 억압적 정책을 택하기도 한다. 전자의 경우로는 파룬궁 사태가 발생하기 이전부터 중국 정부가 기공(氣功) 관련 민간 활동에 대한 통제를 시도한 것을 들 수 있다. 중국공산당과 중국 정부는 1996년 8월 "사회 기공 관리를 강화할 것에 관한 통지"(關於加强社會氣

功管理的通知)를 통해 기공 활동의 빠른 발전에 따라 일부 불건전한 현상(경제적 사기, 봉건적 미신의 선전, 사회 치안에 대한 위해 등)이 만연하고 있다고 지적하고, 관련 정부 부문에 대해 주관 부문의 비준 이후 활동을 진행할 수 있도록 하고, 불법적 기공 활동을 엄격하게 처벌할 것을 요구했다(民政部法規辦公室 2003, 66-67). 반면, 지방정부가 정치적으로 민감하지 않고 지역 화합에 도움을 줄 수 있는 문화활동을 전개하는 민간조직들에 대해서는 묵인하는 태도를 보이는 경우도 적지 않다(何增科 2005, 45). 그러나 경제적 자원을 가지게 된 개인들이 자기실현을 추구하는 조직을 만들고 발전시키는 것을 국가가 완전히 통제하는 것은 불가능하며, 이러한 조직의 발전은 중국에서 결사활동(associational life)의 활성화를 위한 중요한 사회적 기초가 되고 있다.

2) 경제적 이익의 보호

자신들의 이익, 특히 경제적 이익과 권리를 보호하기 위한 민간조직은 일반적으로 직종별 조직, 산업별 조직, 노동조합 등을 지칭한다. 중국의 경우 이러한 조직들이 조합주의적 포섭 전략의 주된 대상으로 국가 주도로 조직되거나, 운영과 활동에서 국가의 직간접적인 간섭에서 자유롭지 못하기 때문에 사회적 필요를 적극적으로 반영하는 데에는 뚜렷한 한계가 있다. 그러나 이들 조직의 경우도 개혁개방 이후에는 국가의 요구를 반영하는 것과 자신들이 대표하고자 하는 구성원들의 요구를 반영하는 이중적 과제에 직면하게 되며 활동에서 많은 변화를 겪게 된다. 전국부녀연합(全國婦女聯合)이나 전국총공회(全國總工會)와 같은 조직들이 겪는 이러한 딜레마에 대해서는 이미 많은 사례 연구가 있었다(Ding 2001; 57-59; White, Howell and Shang 1996; Pearson 1997). 특히 이러한 조직들의 경우 전국적 수준이 아니라 지역적 단위로 내려가면 사회적 필요, 즉 구성원들의 이익을 반영하는 경향이 더욱 강해지며 그 과정에서

국가의 필요보다는 구성원들의 이익, 사회적 필요를 더 중시하는 민간조직이 발전하기도 한다.[6]

또한 국가의 조합주의적 전략이 모든 사회계층을 대상으로 작동하는 것은 아니다. 예를 들면, 농민과 유동인구의 경우 그동안 조합주의적 포섭 전략에서 배제된 대표적인 계층이다. 따라서 이들의 이익을 대변하는 조직의 결성과 발전에는 사회적 필요가 더욱 강하게 작용하고 있다고 볼 수 있다. 중국〈하이난〉개혁발전연구소(中國〈海南〉改革發展研究所)가 2004년 27개 성 250개 이상의 향진을 대상으로 진행한 설문조사의 결과에 따르면, 농민의 이익을 보호하기 위한 조직으로 분류된 농민부담경감협회(減負協會)가 5% 이상의 마을에서 존재했으며, 21개 외지노동조직(外出打工組織)의 존재가 확인되었다. 그리고 이두 가지 유형의 조직은 농민들에게 가장 필요로 하는 농민 조직으로 인정을 받았다(中國〈海南〉改革發展研究所 2005, 25-26).

경제·사회의 다원화가 빠르게 진행되고 있으며 국가가 모든 이익을 포괄하는 것이 객관적으로 힘든 상황에서 자신들의 권익을 옹호하기 위한 민간조직은 지속적으로 증가할 것이다. 이익단체적 성격이 강한 민간조직의 발전과 관련하여 시장경제로의 전환 과정에서 자원을 축적한 이들이 시민사회 발전을 촉진하는 역할을 할 가능성을 전망하는 경우가 적지 않다. 그러나 현재 중국에서는 국가정책이 사영기업가의 발전을 제약하는 측면이 있지만 동시에 부패의 증가가 보여 주는 것처럼 정부 관료와 사영기업가 사이의 이익 연합도 강하게

---

6 사회단체의 등록에 대한 법적 제약 때문에 많은 민간조직들이 전국부녀연합과 같은 합법적 사회단체 내의 활동 단체로 합법성을 획득하는 전략을 택한 것이 이러한 변화를 촉진하기도 한다. 기존의 합법적 사회단체는 자신이 가지고 있는 자원으로는 하기 어려운 사업을 수행할 수 있는 새로운 역량을 끌어들이고, 조직의 활력을 증가시킬 수 있다는 점에서 이러한 요구를 받아들이는 경우가 많다. 중국의 가장 대표적인 여성 NGO 중 하나인 '농가녀백사통'(農家女百事通, Rural Women Knowing All)도 전국부녀연합 및 전국부녀연합이 발행하는 『전국부녀보』(全國婦女報)와 법적·행정적으로는 상하 관계였으나, 이후 발전 과정에서 사업의 독립성이 강화되고 양자의 관계는 협력 관계로 변하게 되었다. 이 조직의 발전 과정과 조직적 관계에 대해서는 王名(2000, 222-237)을 참고.

발전하고 있다. 따라서 서구의 발전 경험을 그대로 중국에 적용시켜 사영기업가가 시민사회 발전에 적극적인 역할을 할 것이라고 기대하는 것은 아직 이르다. 사영기업가 및 이들의 조직에 대한 대부분의 연구가, 정부와 이들 사이에는 협력적 관계가 발전하고 있다고 보고하고 있는 것은 우연이 아니다(Pearson 1997; Dickson 2003). 현재 중국의 시민사회 발전과 관련하여 더욱 중요한 의미를 갖는 것은 개혁개방 과정에서 소외된 주변 계층이 자기 권익을 보호하기 위해 활동을 전개하는 과정에서 발전한 민간조직이다.

3) 사회발전과 정치발전에 대한 요구

본서에서 주요 분석 대상으로 삼고 있는 공익성 NGO는 사회발전과 정치발전에 대한 요구에 따라 발전하고 있는 민간조직이다. 현재로서는 자선, 재난구조, 환경보호 등 사회 서비스를 제공하는 조직들이 이러한 공익성 NGO의 대부분을 차지하고 있다. 그러나 여기서 주목하고자 하는 것은 사회 서비스영역에서 활동하지만 시민에 대한 단순한 서비스만이 아니라 국가와 사회 사이의 경계선을 더욱 명확하게 하고, 이를 통해 사회의 자주성과 시민적 권리를확장하고자 하는 동기가 NGO의 발전을 촉진하는 중요한 동력의 하나라는 점이다. 환경 NGO에 대해서 사례연구를 한 양궈빈(Yang Guobin)은 중국의 환경 NGO들이 1980년대 사회운동가들처럼 급진적 목표를 추진하지는 않지만 시민에게 정치적 실천, 시민행동의 조직과 참여의 기회를 제공한다는 점에서 정치변화의 무대이자 추진자로 기능하고 있다고 주장했다(Yang 2005, 65). 이는 NGO가 사회·정치발전을 위한 전략의 하나라는 점을 지적하는 것이다.

NGO의 발전이 단순히 객관적 상황의 변화를 반영하는 추세만이 아니라국가와 구분되는 독자적인 의제 설정에 기초한 것이라는 사실은 많은 NGO가국가의 통제를 피해 자신의 자주성을 강화하고자 하는 노력을 다양하게 전개하고 있다는 점에서 드러난다. 상당수의 NGO는 최근까지 민간조직의 등록을 어렵게 해 놓은 법적·제도적 장벽을 피해 상대적으로 등록이 간편한 영리조직으로 등록하는 등 합법화의 방법을 찾거나, 아니면 비등록 단체로 활동을 전개하는 등 다양한 생존 전략을 구사해 왔다(Saich 2000). 하웰은 이를 1990년대 출현한 새로운 NGO의 주요 특징이며 NGO의 발전이 단순히 객관적 구조의 변화만이 아니라 주체적 대응에 의해서도 촉진되었다는 점을 강조했다(Howell 2004, 149). 이처럼 번거로운 절차를 감수하고 NGO를 조직하고 운영하는 것은 사적 기호나 경제적 이익만으로는 설명할 수 없는 또 다른 요소, 즉 사회의식의 존재를 보여 준다.

또한, 새롭게 출현하고 있는 NGO들이 개혁개방 과정에서 주변화되고 있는 취약 계층의 이익을 대변하는 경우가 많다는 점도 주목해 볼 특징이다(Howell 2004, 146). 물론, 2002년 새로 등장한 당과 국가의 지도부들은 '조화사회'(和諧社會)라는 이념을 제시하며, 개혁개방 정책을 추진하는 과정에서 증가한 취약 계층에 관심을 표명하고 있다. 하지만 개혁개방 정책이 시작된 후 20여 년 동안 정부 부문에서는 효율 우선의 논리가 지배했으며, 취약 계층에 대한 관심은 주로 비국가 부문의 지식인들이 제기해 왔다. 따라서 이러한 사회조직의 발전도 일정 부분은 새로운 사회적 의제에 관심을 갖기 시작한 사회적 동력에 의해 만들어진 것이다. 이를 잘 보여 주는 사례가 AIDS 관련 NGO이다. AIDS 확산 방지와 환자의 권익을 옹호하기 위한 이들의 활동은 사회의 차별적 시각은 물론이고 정부의 심각한 간섭과 체포의 위협을 무릅쓰고 진행되었다.

3장에서 중국 NGO가 1994~95년을 전후로 빠르게 발전했다는 사실을 확인했는데, 이 시기부터 진정한 의미의 NGO가 본격적으로 출현하기 시작한 것은 1989년까지 정치운동을 중심으로 하는 민주화운동의 실패에 대한 반성 및 새로운 법적·제도적 환경에 적응한 사회운동 방식을 찾고자 하는 노력과 일정한 관계가 있다. 최초의 환경 NGO라는 평가를 받고 또 중국에서 가장 대표적인 NGO로 알려진 '자연의 벗(自然之友)의 창립 과정이 이를 잘 보여 준다. 1993년부터 시작된 새로운 민간조직 결성을 위한 논의에는, 청말 무술변법운동에 주도적으로 참여한 중국의 대표적인 근대 사상가이자 개혁가인 량치차오(梁啓超)의 손자이자 명망 있는 지식인인 량총지에(梁從誡) 외에도, 양샤오엔(梁曉燕)이나 왕리시용(王力雄)처럼 1989년 이전 중국의 민주화운동에 적극적으로 참여했던 사람들이 있었다. 이들은 국가에 종속되지도 그렇다고 국가와 대립하지도 않는 방식으로 사회 발전을 추구할 수 있는 공간으로서 NGO를 주목했다. 1995년의 세계여성대회는 NGO의 가능성을 중국 내에서 더욱 분명하게 보여 준 계기가 되었다.

이처럼 명확한 정치의식이 있지만 직접적으로 이를 표현하고 정치적 형태를 취하는 것에는 조심스러운 접근방법은 중국 역사에서도 이미 출현한 바 있는 현상이다. 브룩은 청말과 민국 시기 민간 사회조직들이 그들의 목적이 국가와 사회의 관계에 영향을 미치는 것이라고 분명하게 이해하고 있었으며, 비록 명시적으로 법질서의 제도화를 목적으로 내세울 수는 없었고 정치적 형식이나 강령을 채택하는 것은 회피했지만, 그들은 국가의 행위를 공개적으로 감독하는 데 개입할 수 있었다고 주장했다(Brook 1996, 22).

물론 사회 서비스, 환경보호 등의 영역에서 발전하고 있는 NGO의 발전과 정치적 민주화 사이에 직접적인 관계를 설정하기는 어렵다. 뿐만 아니라 대부분의 NGO 활동가들도 자신의 활동을 정치적 민주화, 특히 정부에 대한 도전을 통한 정치적 목표의 달성과 연결시키는 것을 피하고 있다. 그러나 이들이 앞서 시민사회와 관련한 최소주의적 접근에서 강조한 바 있는, 국가로부터 독립된 사회 공간의 형성과 발전을 활동 목표로 삼고 있다는 점을 확인하는 것은 그리 어렵지 않다. 특히 이들은 이러한 자주적 사회 공간의 형성이 사회·정치 발전의 중요한 전제라는 점에서 활동의 의미를 찾고 있다.

4) 국제사회의 요구

국제사회에서 중국의 영향력이 강화됨에 따라 중국에 대한 국제사회 및 국제 NGO의 관심이 증가하고 자신들과 교류할 수 있는 중국 NGO의 발전에도 많은 관심을 기울이고 있다. 즉, 국제사회에도 중국 NGO 발전에 대한 광범위한 요구가 존재한다.

UNDP나 세계은행이 중국 농촌에서 빈곤 퇴치 사업을 지원하는 경우 참여성 발전모델을 강조하며 현지 주민을 프로젝트에 적극 참여시킬 것을 요구했다(趙俊臣·羅榮淮 2006, 70). 이는 한계는 있지만 농촌 지역에서 NGO가 발전할 수 있는 계기를 제공했다. 지방정부가 이들의 자금을 지원받기 위해서는 이 프로젝트에 참여할 수 있는 NGO를 필요로 하게 되었고 이에 따라 NGO의 발전에 대해 비교적 관대한 태도를 취하기 시작했다. 7장에서 살펴보는 것처럼 윈난(雲南)성에서 환경운동이 활발할 수 있었던 것도 이러한 국제기구와 해외 재단들이 빈곤 퇴치 등과 관련하여 이 지역에 오래 전부터 관심을 기울이고 지원하여 다른 내륙 지역보다 다양한 NGO가 조직되었던 것과 관련이 있다. 다른 지원 사례로는 1994~96년 사이에 미국의 재단법인이 중국 관련 비영리기구에 약 7,800만 달러를 지원했으며, 이 중 3,100만 달러가 중국 비영리 기구와 중국인에게 직접 제공된 것을 들 수 있다(Ma 2006, 189). 이러한 지원은 NGO들이 내부적으로 자원을 동원하기 어려운 상황에서 중국 NGO 발전에 중요한 촉진제 작용을 했다.

물론, 국제적 지원이 중국 NGO의 발전에 반드시 유리하게 작용한 것만은 아니다. 중국 정부에게 정치적 의제와 연결되었다는 의심을 살 경우에는 오히려 억압적 정책을 초래할 가능성이 높다. 이에 따라 중국의 NGO들은 미국 국무부가 "NGO를 지원함으로써 이란의 민주화를 촉진한다."라는 식의 NGO를 자신의 정치적 의제의 확산과 결부시키는 것을 환영할 수 없다는 입장이며, 미국 국무부가 자신들의 그러한 입장이 중국, 러시아, 중앙아시아 등지에서 시민사회의 유기적 발전을 저해하고 있다는 사실을 인식하지 못하고 있다는 점에 놀라움을 표시했다(*CDB* March 2006, 2). 실제로 중국 내 NGO의 발전에 실질적으로 도움을 주는 국제기구는 정치적 의제를 앞세우지 않고 실질적 사업을 중심으로 지원 사업을 전개하는 경우이다.

3. 국가 · 사회의 필요와 민간조직의 상호관계

〈그림 4-1〉은 앞에서 설명한 국가·사회의 필요와 서론에서 정리한 민간조직의 유형 사이의 상관관계를 표시한 것이다. 〈그림 4-1〉은 민간조직을 발전

시키는 요인과 그 결과 출현하는 민간조직의 유형 사이에 상당히 복잡한 관계
가 존재한다는 점을 보여 준다. 즉, 국가의 필요에서 촉진되었다고 해서 반드
시 관변 조직의 발전을 지원하는 것이 아니라, 반관반민 조직의 발전을 촉진하
고 부분적으로 NGO의 발전을 지원하는 경우도 있다. 사회적 필요도 다양한
민간조직의 출현을 촉진하는 요인으로 작용하고 있다. 그러나 전체적으로는
국가가 조합주의적 전략의 대상이 되는 민간조직의 발전을 지원하며, 사회의
필요는 조합주의적 전략에서 벗어난 시민과 계층의 요구를 반영하는 민간조직
의 발전을 촉진했음을 확인할 수 있다.

여기서 주의할 것 중의 하나는 국가, 사회 그리고 민간조직의 복잡한 상호 작
용 과정에서 여러 민간조직의 유형 사이에 상호 전환이 발생할 가능성이다. 한편
에서는 민간조직에 대한 국가의 직접적인 통제력과 지원 능력이 약화되면서 기존
의 관변 조직이나 반관반민 조직의 민간화가 촉진되었다. 현재 이러한 현상은 여
전히 제한적으로 진행되고 있다. 그러나 새로운 민간조직이 합법적 지위를 얻기
어려운 중국에서 기존의 합법적 조직의 민간화는 NGO의 발전과 시민사회의 발전
에 커다란 도움을 줄 수 있다. 다른 한편으로는 국가가 활발한 민간조직, NGO를
선택적으로 포섭할 가능성도 배제할 수 없다. 아직은 국가도 이러한 포섭 전략을
적극적으로 전개하지 않지만 민간조직과 NGO의 영향력이 증가한다면 이러한 전
략을 선택할 가능성은 매우 높다. 즉, 국가의 요구와 사회의 요구 사이의 상호 작용
이 중국 민간조직의 조직 형식, 운영, 기능 등에 다양성을 부여하고 있는 것이다
(Ding 2001, 51).

제5장

NGO의 실천적 특징 :

국가와의 관계를 중심으로

5장에서는 국가가 사회에 대해 강한 통제력을 유지하고자 하는 상황에서 NGO들이 자신의 생존 공간과 활동 공간을 어떻게 만들어 가고 있는가를 설명할 것이다. 전자는 법적·제도적 제약 속에서 NGO들이 어떻게 합법적 생존 공간을 만들어 나가는지, 후자는 NGO들이 조직적 목표를 달성하기 위해 어떤 실천 전략을 실행하고 있는지에 각각 초점을 맞추어 분석할 것이다. 분석은 주로 NGO와 국가의 관계를 중심으로 진행될 것이다. 이는 앞에서 강조한 것처럼 중국 시민사회 발전의 출발점은 국가에 대해 자주적인 사회의 공간을 형성하는 것에서 찾아야 한다는 점을 고려한 것이다. NGO의 실천적 특징을 살펴봄으로써, 중국의 NGO가 국가와의 관계에서 여전히 종속적 위치에서 벗어나기 어렵지만, 그럼에도 불구하고 이들이 현재의 법적·제도적 환경을 자신들의 발전에 이용하며 자주적 사회 공간을 만들어 가고 있다는 것과 중국에서 국가-사회 관계를 변화시키는 아래로부터의 동력이 어느 정도 형성되고 있다는 점을 확인할 수 있을 것이다.

1. 중국 NGO의 생존전략

NGO의 발전을 위해서 가장 먼저 해결해야 할 문제는 NGO의 생존 공간을 확보하는 것이다. 즉, 자주적 민간조직, 특히 NGO에 대해서는 통제 정책이 더욱 강조되는 법·제도적 환경과, 비영리 사업을 위한 자원 동원이 어려운 경제·사회적 환경에서 어떻게 NGO를 조직하고 유지할 것인가의 문제이다. 자주적 민간조직의 세 가지 유형 중 풀뿌리 민간조직의 경우에는 회원 내의 친목과 교류에 초점을 맞추고 회원이 조직에 대해 일정한 재정적 공헌을 한다면 특별히 법적·제도적 생존 공간을 찾을 필요도 없으며, 동시에 경제적 생존에도 커다란 어려움은 없다. 반면 파룬궁이나 중국민주당과 같은 비합법 조직의 경우는 중국 내에서 공개적 활동이 불가능하고 이들이 생존할 수 있는 법적·제도적 공간은 거의 존재하지 않으며 경제사회적 환경도 마찬가지다. 따라서 이러한 민간조직의 경우 합법적 생존 공간을 확보하는 전략이 현재로서는 실질적으로 큰 의미가 없다. 그러나 사회를 대상으로 다양한 사업을 전개해야 하는 NGO의 경우에는 법·제도적 그리고 사회경제적 생존 공간의 확보는 중요한 문제가 아닐 수 없다.

법·제도적 환경과 관련하여 가장 커다란 문제는 앞에서 설명된 바 있는 '이중관리제'와 '비경쟁성 원칙'에 기초한 등록 제도이다. 일반적으로 대부분의 NGO는 사회단체로서 법적인 승인을 받는 데 커다란 어려움을 느끼고 있으며, 등록 절차를 우회하거나 아예 법외 사회단체로 활동하는 방법을 택하며 생존 공간을 확보하고 있다. 중화환경보호연합회의 조사에 따르면 2,768개의 환경보호 관련 NGO 중에서 민정부에 등록한 경우는 23.3%에 지나지 않으며 나머지 단체들은 다른 방식으로 생존 공간을 확보하고 있다(中華環保聯合會 2006). NGO가 사회단체, 민간 운영 비기업단위, 기금회 등의 독립적이고 합법적인 민간조직으로 등록하지 못하는 경우 활동 공간을 확보하는 방법으로는 공상국

〈표 5-1〉 NGO의 등록 형태(환경 NGO의 경우)

등록 형식	사회단체	민간 운영 비기업단위	꾸아카오	영리단체	법외단체
단체 수(총 94개)	50	18	8	2	16

주: 총 96개의 단체 중 1개 단체 불명, 1개 단체 해외 등록.
출처: Online Directory of Chinese Environmental NGOs((www.greengo.cn)의 자료에 기초하여 필자가 정리.

에 영리단체로 등록하는 것, 일반적으로 꾸아카오(掛靠)라고 지칭되는 합법적 기구의 내부 활동 단체로 등록하는 것, 그리고 법외단체로 활동하는 것 등의 세 가지 방법이 있다. 〈표 5-1〉은 환경 NGO들을 등록 형태별로 분류한 것이다. 여기서는 사회단체나 민간 운영 비기업단위의 단체들이 차지하는 비중이 높게 나타나는데, 이는 법외단체로 활동하는 환경 NGO들이 위 주소록에 등록을 하지 않은 경우와, 처음에는 법외단체나 영리단체로 출발했다가 이후 합법적으로 등록한 경우(綠色知音)가 있기 때문인 것으로 보인다.

첫째, 민정부에 사회단체로 등록하는 것이 아니라 공상국 등에 영리단체로 등록하는 경우. 이는 시장화 개혁에 따라 영리단체의 등록은 수월해져 일정한 기본 조건을 갖추면 신고만으로 합법적 자격을 획득할 수 있다는 이점을 이용한 것이다. 다만 이 경우에는 세제 등에서 비영리단체가 갖는 혜택을 받을 수 없으며 기부를 받는 데에도 법적인 어려움이 있다. 뿐만 아니라 이러한 방식으로 합법적 공간을 확보하는 것에 대한 제약도 증가하고 있다. 예를 들면 베이징 공상국은 2004년 말 영리단체로 등록하는 경우 '사회발전', '연구센터'와 같은 명칭을 사용하지 못한다는 규정을 만들었는데, 이는 이러한 이름을 사용하여 영리단체로 등록하고 활동을 벌이는 NGO들을 겨냥한 것이다. 물론, 이러한 규정이 얼마나 효과를 발휘할 수 있을지는 불분명하다. NGO는 연구센터라는 이름 대신 컨설팅 회사와 같은 이름으로 전환하여 활동하는 방법 등, 법적 제약을 피해갈 수 있는 수단이 많기 때문이다(*CDB* May 2005, 7).

둘째, 꾸아카오라는, 법적 자격이 있는 기존 기구의 내부 활동 단체로 등록하는 경우. 이러한 방법은 법적인 근거가 있다. 사회단체등기관리조례에 따르면 ① 중국인민정치협상회의에 참가하는 인민 단체, ② 국무원의 기구 편제 관리 기관이 정하고 국무원이 등기를 면하도록 비준한 단체, ③ 기관, 단체, 기업 사업단위 내부에서 본 단위의 비준을 거쳐 성립하고 본 단위 내부에서 활동하는 단체 등은 민정부에 등기 절차를 밟을 필요가 없다고 정했다. 이 중 앞의 두 가지 경우에 속할 수 있는 단체는 이미 법적으로 정해져 있으며 NGO들이 합법성을 획득하기 위해 활용하는 방법은 마지막 경우이다.[1] 물론, 단위 내부에서만 활동해야 한다는 제약조건이 있지만 실제로 내부 활동과 외부 활동을 구분하는 기준이 불명확하기 때문에 NGO들은 이러한 공간을 적극적으로 활용할 수 있다. 동시에 현재 기관, 단체, 사업단위 등이 과거처럼 정부의 재정 지원에만 의존할 수 없는 상황에서 민간조직과의 협력을 통해 이미지를 제고하고 영향력을 확대하며 재정적 어려움을 해결하는 데 도움을 받을 수 있기 때문에 이러한 유형에 속하는 NGO들이 적지 않다. '농가녀백사통'(農家女百事通)도 전국부녀연합회를 주관 단체로 하며 상당한 독립성을 갖는 민간조직으로 발전한 경우이다(王名 2000). 그리고 지방 단체로 중국 남부 광저우(廣州)시의 목면화개(木棉花開)도 꾸아카오를 통해 발전한 대표적인 단체이다. 이 단체는 2002년 녹색희망환경보호자원봉사자네트워크(綠色希望環保義工網絡)라는 이름으로 광저우 환경보호국 산하의 녹색희망환경보호촉진회(綠色希望環保

---

[1] 첫째 유형의 단체로는 중화전국총공회(中華全國總工會), 중국공산주의청년단(中國共産主義靑年團), 중화전국부녀연합회(中華全國婦女聯合會), 중국과학기술협회(中國科學技術協會), 중화전국귀국화교연합회(中華全國歸國華僑聯合會), 중화전국대만동포연의회(中華全國臺灣同胞聯誼會), 중화전국청년연합회(中華全國靑年聯合會), 중화전국공상연합회(中華全國工商聯合會) 등 여덟 개 단체가 있다. 이들 단체는 소위 8대 인민 단체라고 불리며 사실상 국가 조직과 커다란 차이가 없다. 둘째 유형에 속하는 단체로는 중국문학예술계연합회(中國文學藝術界聯合會), 중국작가협회(中國作家協會), 중국인민대회우호협회(中國人民對外友好協會), 중국적십자회(中國紅十字會), 송경령기금회(宋慶齡基金會), 황포군교동창회(黃埔軍校同學會) 등 14개 단체가 있다(民政部法規辦公室 2004, 104).

促進會)라는 사실상 활동이 없는 합법적 사회단체의 산하단체로 등록하여, 유전자조작 식품을 반대하는 선전과 교육을 그린피스 홍콩과 함께 전개하며 활동을 시작했다. 2003년에는 단체의 독립성을 강화하기 위해 단체명을 현재의 이름으로 개명하고 광저우인애사회 서비스센터(廣州仁愛社會服務中心) 산하로 등록하고 더욱 적극적으로 활동하기 시작했다. 그리고 마지막으로는 중산대학 시민사회센터(中山大學公民社會中心) 소속으로 이전하여 활동을 지속하고 있다(朱健剛 2006b, chapter 8). 또한 꾸아카오의 유형으로 볼 수는 없지만 기존의 합법화된 단체, 특히 반관반민 조직이 민간화하는 과정에서도 제도적 공간을 활용하여 NGO를 발전시킨다는 점에서 꾸아카오와 유사성을 가지고 있다.

환경보호 영역의 일부 NGO는 중국공산주의청년단의 주도로 1993년 조직된 중국청년자원봉사자협회(中國靑年志愿者協會)가 추진했던 '녹색행동캠프계획'(綠色行動營計劃)을 배경으로 만들어졌다. 이 활동은 우선 대학 내에서 환경 관련 사회단체의 수를 크게 증가시켰다. 전체적으로 보면 이러한 대학생 조직들이 얼마나 NGO에 부합하는 활동을 전개하고 있는가는 의문이다. 그렇지만 이러한 활동 과정에서 환경 의식과 사회 활동에 대해 적극성을 갖게 된 사람들이 배출되고 이들이 새로운 환경 NGO 발전의 기초가 되는 경우(大學生綠色營)도 있다는 점을 고려하면 전혀 의미가 없다고 성급하게 결론을 내려서는 안 된다.[2] 또 다른 사례로는 농촌의 '노인협회'(老年協會)가 있다. 이는 1982년 성립된 중국노령화문제전국위원회(中國老齡問題全國委員會)의 기층 조직으로 건설되기 시작했으며 1990년대까지는 GONGO, 즉 반관반민 조직 성격이 강했다. 그러나 최근 새롭게 만들어지는 노인협회는 재정, 관리, 인사 등에서 자주성이 뚜렷하며 NGO로 분류될 수 있다(王翾明 2005, 78-80). 이와 같은 기층 조직의 민간화는 중국에서 지속적으로 증가하고 있다.

---

2 청년자원봉사자협회(中國靑年志愿者協會)에 대해서는 王名(2000, 52-73)을 참고.

셋째, 법외 단체로 활동하는 경우. 이는 가장 간편한 방법이라고 할 수 있다. 그리고 법외단체라고 해서 공개적인 활동이 불가능한 것은 아니다. 허베이(河北)성 스자좡(石家庄)시의 녹색지음(綠色知音)이라는 환경보호 단체는 활동 초기 법외단체임에도 정부와 다양한 협력 사업을 진행한 바 있다. 녹색지음의 창립자는 초기에 언론매체를 통해 단체의 취지와 활동을 널리 알리며 대중적 지명도를 높여 정부에 프로젝트를 제안하고 정부가 이를 채택할 수 있게 했다(王名 2003, 140). 또한 최근 인터넷의 확산도 중국에서 법외 단체로 활동할 수 있는 기회를 증가시키고 있다. 즉 홈페이지, 토론방, 블로그 등은 조직적 형식을 갖추지는 않았지만 공론을 형성하고 행동을 조직하는 공간으로 역할할 수 있기 때문이다. 환경 NGO 가운데 녹색네트워크(綠網), 녹색베이징(綠色北京), 녹음논단(綠陰論壇) 등이 대표적이다.

그러나 중국 정부는 직간접적인 통제 범위를 벗어나서 활동하는 법외 단체의 확대에 적지 않은 우려를 하고 있다. 정부는 2000년 4월 "비합법민간조직 폐쇄를 위한 임시방법"(取締非合法民間組織暫行辦法)을 제정하여 비준을 거치지 않고 사회단체 조직 활동을 전개하는 경우, 인가받지 않고 사회단체 혹은 민간 운영 비기업단위의 명의로 활동을 전개하는 경우, 인가가 취소된 이후에도 계속 사회단체, 민간 운영 비기업단위의 명의로 활동하는 경우를 비합법 민간조직으로 규정했고, 이에 대해서는 폐쇄 조치를 취한다고 정했다. 그러나 이러한 규정은 문제가 발생한 법외단체를 폐쇄하는 데에는 적용될 수 있지만, 사전에 법외단체의 증가를 차단하는 데에는 커다란 효과가 없을 것이다.

현재 중국에서 자주적 민간조직, 특히 NGO가 합법성을 얻는 데에는 적지 않은 장애가 있다. 그러나 위에서 살펴보았듯이 NGO들은 법적·제도적 환경에 창조적으로 적응하며 자신의 생존 공간을 확보해 가고 있다. 이는 일종의 편법이지만 민간조직에 대한 국가의 정책이 통제와 용인이라는 상반된 측면이 동시에 존재하고, 민간조직의 수가 정부의 관리 능력을 벗어나고 있다는 점을 고려하면 이러한 NGO들의 전술을 사전에 봉쇄하기는 어려울 것이다. 이와 관련하여 주목할 필요가 있는 것은 2002년부터 국무원의 지시에 따라 민정부의 주관 아래 추진되고 있는 사회단체등기관리조례의 개정 사업이다. 이와 관련한 논의에서 비등록 단체를 어떻게 합법화시키고 관리 대상으로 만들 것인가가 가장 중요한 쟁점의 하나로 제기되고 있으며, '신고제'(備案制)를 통해 법외단체에 합법적 공간을 제공하는 동시에 이들에 대한 정부의 관리도 체계화할 수 있는 방법이 적극적으로 논의되고 있다(俞可平 2005; 金錦萍 2005).[3] 이러한 구상이 실현되면 NGO들이 위와 같은 복잡한 방법으로 생존 공간을 만들기 위해 노력할 필요는 없을 것이다. 그러나 그동안 민간단체에 대한 '이중관리제'를 개혁하기 위한 민정부 등의 노력이 좌절된 경험과 사회에 대한 통제 능력 상실 등에 대한 중국 정부의 우려를 고려하면 개혁이 쉽지는 않을 것이다.

생존 공간의 또 다른 측면은 NGO가 활동을 유지할 수 있는 자원 동원 능력이다. 현재 국가가 적극적으로 지원하는 일부 재단이나 기업으로부터 자원을 동원할 수 있는 업종 조직을 제외하면 대부분의 민간조직이 재정적으로 커다란 어려움에 시달리고 있다. 따라서 자주적 민간조직의 재정적 어려움은 말할 것도 없다. 칭화대학 NGO연구센터의 베이징 민간조직 104개 단체에 대한 설문조사에 따르면, 1년 지출 규모(1998년)가 10,000위안(약 150만 원) 이하인 단체가 차지하는 비중이 7.7%이며 1만~5만 위안의 단체가 13.5%, 5만~10만이 9.6%, 10만~50만이 37.5%를 각각 차지했다(王名 2000, 32). 여기에는 관변, 반관변 조직도 포함되어 있는 통계라는 점을 고려하면 NGO의 재정 상황을 이해하는 데 한계가 있다. 〈표 5-2〉는 환경 NGO의 재정 상황이다. 여기서 확인할 수 있듯이 1년 예산이 8만 위안(약 1,000만원) 이하의 단체가 차지

---

3 민정부는 2002년부터 국무원의 지시에 따라 진행되고 있는 사회단체등기조례의 수정작업을 진행하고 있다. 이와 관련한 논의 상황은 俞可平 等(2005)를 참고.

〈표 5-2〉 환경 NGO의 재정 상황 (단위 : 위안)

1년 재정	1만 5천 이하	1만 5천~8만	8만~50만	50만 이상	기타
단체 수	20	31	25	15	5

출처 : Online Directory of Chinese Envoronmental NGOs(www.greengo.cn)의 자료에 기초하여 필자가 정리.

하는 비중이 50%를 넘는다.

물론, 풀뿌리 민간조직처럼 회원을 중심으로 자원을 동원하며 작은 규모의 동호인 활동을 전개하는 경우 재정적 어려움이 상대적으로 적을 수 있다. 공익적 활동을 지향하는 NGO는 활동을 유지하기 위해서 일정한 규모 이상의 자금이 필요하나, 현재 중국의 정치·사회적 환경에서 NGO에 적극적으로 자원을 지원할 수 있는 사회적 역량은 매우 취약하다. 이러한 상황이 낳은 결과의 하나가 상당수의 NGO들이 해외기금의 지원을 받아 활동을 전개하는 것이다. 그런데 이는 NGO 재정 수입의 불안정성이라는 새로운 문제를 발생시킨다. 해외의 재정 지원은 지원국의 정치·경제적 상황 변화에 커다란 영향을 받기 때문이다.

앞에서 UN 및 독립적 재단이 중국의 사회사업을 지원하는 경우 NGO의 역할을 강조하고, NGO에 대한 지원을 강화하고 있다는 사실을 지적한 바 있다. 현재 중국 NGO를 적극적으로 지원하는 대표적 국제단체로는 포드재단(Ford Foundation)과 옥스팜(Oxfarm) 등을 들 수 있다. 환경보호 NGO의 경우에는 세계야생동물기금협회(WWF) 등 국제환경 NGO들도 적지 않은 지원을 하고 있다. 물론, 이러한 지원이 장기적으로 중국 NGO 발전에 어떤 영향을 줄 것인가에 대해서는 더욱 조심스러운 분석이 필요하다. 한편, 중국 NGO에 대한 국제사회의 부정적인 영향으로는 다음과 같은 점들이 지적되고 있다.

첫째, 해외 기금에 대한 중국 NGO의 의존은 의제 설정에서 해외 기구들의 영향을 받게 하고, 재정적인 측면에서도 조직의 장기적인 지속성과 안정성에 의문을 제기하게 만든다. 이러한 문제점은 중국만이 아니라 다른 개발도상국에서도 보편적으로 나타나는 문제이다(Howell 2004, 165). 중국의 한 전직 지방 관리는 중국 농촌의 촌민위원회 선거 등이 주요 기금의 관심을 받자 이에 대한 프로젝트가 급증한 것을 예로 들면서, 국제사회의 지원이 중국 NGO의 의제 설정에 영향을 미치고 있다고 밝혔다(2004년 1월 인터뷰).

둘째, 중국 NGO에 대한 국제사회의 지원이 증가하면서 중국 NGO 사이에 해외 지원을 받기 위한 경쟁이 치열해지고 갈등이 증가하는 경우가 있다. 2006년 영국의 한 재단은 에이즈 예방 및 에이즈 환자 지원을 위해 중국에 자금을 지원하면서 NGO와 에이즈 환자 등이 참여하는 국가협력기구(Country Coordinating Mechanism)의 건립을 요구했다. 그런데 이 기구에서 NGO의 대표권 문제를 둘러싸고 유관 NGO들 사이에 갈등이 노출되었다(*CDB* June 2006, 16-17).

셋째, 국제사회의 지나친 관심은 NGO로 하여금 능력 이상의 사업을 전개하도록 하여 장기적으로 NGO의 발전 잠재력을 훼손시키는 경우도 있다(*CDB* April 2005, 2).

2. 중국 NGO의 운동전략

법적·경제적 생존 공간이 만들어졌다고 해서 NGO가 활동을 전개하는 데 다른 어려움이 없는 것은 아니다. 법적 생존 공간은 여전히 협소하기 때문에 국가가 특정 NGO를 통제 대상으로 정할 경우 NGO의 생존을 위협할 수 있는 수단은 여전히 많으므로 과연 NGO가 활동 과정에서도 자신의 자주성을 유지할 수 있을 것인가라는 또 다른 문제는 여전히 남아 있다. 즉, 중국 NGO는 조직의 목표를 달성하기 위한 실천 과정에서도 국가와의 관계를 어떻게 처리할 것인가가 다른 무엇보다도 중요한 과제이다.

국가에 대한 NGO의 태도를 보면 대부분의 NGO는 협력적 측면을 강조한다. 차이나 디벨로프먼트 브리프가 2006년 9월에 발표한 조사보고서에는 정부에 대한 중국 NGO의 태도가 다음과 같이 요약되어 있다(Wexler, Xu and Young 2006, 33). 첫째, 조사 대상이었던 20개 NGO 중에서 17개의 NGO가 정부와의 관계에 대해 "정부와의 긴밀한 협력이 자신들의 목표를 달성하는 데 도움이 된다."라고 답했다. "정부와 협력하거나 가까운 관계를 유지하고 있다."라고 답한 단체는 8개에 머물렀지만 상당수의 NGO는 정부와 협력했던 경험을 가지고 있다. 둘째, 정부와의 협력 관계를 강조하는 대부분의 NGO가 조직의 자주성도 중시하고 있다. 8개 단체는 정부로부터의 독립이 "매우 중요하다."라고, 5개 단체는 "상당히 중요하다."라고 답했다. 즉, 한편에서는 정부와의 협력 필요성을 강조하면서 다른 한편에서는 단체의 자주성을 중시하는 모순된 태도를 발견할 수 있다. 이는 중국 NGO의 실천을 국가에 대한 도전 혹은 종속이라는 이분법으로는 설명하기 어렵다는 것을 의미한다.

이와 같은 중간 지대에서 발생하는 집단행동을 이해하는 데에는 오브라이언과 리가 중국 농민들의 저항을 분석하면서 사용한 '적법한 저항'이라는 개념이 매우 유용하다. 이들은 농민이 투쟁의 성공 가능성을 높이기 위해 법, 정책, 규범 등을 창조적으로 사용하는 점에 주목하고, 이를 일반적으로 이해되는 저항도 아니고 제도화된 절차에 갇힌 행위(청원 등)도 아닌 그 중간에 해당된다고 보고 이를 적법한 저항이라고 정의했다(O'Brien and Li 2006, 2). 또한 다른 곳에서는 농민들의 저항이 공식적이고 정해진 정치와 다른 수단에 의한 정치 사이의 경계에서 진행된다는 점을 강조하기 위해 '경계에서의 투쟁'(boundary spanning contention)이라는 개념을 사용하기도 했다. 오브라이언은 이러한 경계에서의 투쟁의 특징으로 ① 공식적 통로의 근처에서 이루어지며, ② 권력자들의 논리와 약속을 경제권력과 정치권력을 제약하는 데 활용하며, ③ 관료체제 내의 차이와 갈등을 발견하고 이용하는 것 등을 들었다(O'Brien 2004, 107).

이러한 특징은 중국 NGO의 실천을 이해하는 데에도 많은 도움을 줄 수 있다. 양궈빈도 중국 환경 NGO 발전의 제도적 동학을 연구하면서 중국의 NGO들이 자신의 목적을 달성하기 위해 주로 택하는 세 가지 행동 유형으로 교육, 토론, 온라인 토론 등과 같은 비대항적 행동, 법률적 수단(legal action), 그리고 경계에서의 행동(boundary spanning action)을 들었다(Yang 2005, 52-53).

그러나 오브라이언 등이 설명한 농민의 저항과 NGO의 행위 사이에는 유사성도 있지만 차이점도 있다. 농민의 저항은 일반적으로 단일한 쟁점에 초점을 맞추고 산발적으로 진행되나, NGO의 경우 공익성을 추구한다는 목표를 가지고 있으며 지속적이고 제도화된 활동을 지향한다. 따라서 아래에서는 적법한 저항이나 경계에서의 투쟁 등의 개념을 가지고 중국 NGO의 행위를 설명하고자 하나, 동시에 이 양자 사이의 차이에도 주의하며 NGO 운동 전략의 특징을 정리할 것이다.[4] 특히 위 세 가지 특징 중 첫 번째가 가장 많은 차이가 있기 때문에 나머지 두 가지를 먼저 설명하고 마지막으로 첫째 특징에 대해 설명할 것이다.

첫째, 국가의 공식 이데올로기를 집단행동의 정당성을 확보하는 데 적극적으로 활용한다는 점이다(O'Brien 2004, 107; Goldman 2005, 214). 이는 국가의 탄압 앞에 무력한 일반 민중의 저항에서 보편적으로 사용되는 방법이다. 사회운동의 이러한 특징을 체계적으로 분석한 제임스 스코트(Jame C. Scott)는 이처럼

---

4 오브라이언은 제도화된 갈등 정치와 비제도화된 갈등 정치 사이의 경계라는 공간에 주목했기 때문에 이 양자 사이의 상호 작용에 대해서, 즉 비제도화된 영역에서 제도적 영역으로 전화하거나 그 반대의 경우에 대해서는 특별한 주의를 기울이지 않았다. 그러나 멕아담(Doug McAdam) 등은 이러한 구분을 강조함과 동시에 양자 사이의 유사성과 상호 작용에도 관심을 둘 필요가 있다고 강조했다 (McAdam, Tarrow and Tilly 2001, 6). 중국에서 NGO의 경우는 단순히 경계의 공간에만 머무르는 것이 아니기 때문에 제도와 비제도적 공간 사이의 상호 작용에 더욱 주목할 필요가 있다.

사회적 약자가 자신의 투쟁을 정당화하는 데에 사용되는 지배 이데올로기를 약자의 무기(weapons of the weak)라고 말했다. 그는 이것이 가능한 원인을 헤게모니, 지배 이데올로기의 내재적 특징에서 찾았다. 그람시의 해석에 따르면 헤게모니는 특수 이익을 보편 이익으로 받아들이게 만드는 것이다. 그런데 이는 필연적으로 전체의 이익을 추구한다는 이상적인 약속과 특수 계층의 이익을 보장하는 실천 사이의 괴리를 발생시킬 수밖에 없고, 헤게모니 자체가 갈등과 충돌의 기본 재료를 제공하는 결과를 초래한다(Scott 1985, 336).[5]

이러한 현상은 중국의 다양한 저항 운동에서도 확인할 수 있다. 사실, 이데올로기와 현실의 괴리가 사회적 갈등과 충돌의 원인이 된 것은 개혁개방 이후에만 나타난 현상은 아니다. 거슬러 올라가면 유교 이데올로기 특히 맹자의 '민본사상'이 저항을 정당화하는 논리로 활용되었다. 사회주의가 수립된 이후에도 이념과 현실 사이의 괴리는 문화대혁명 시기 비록 마오쩌둥에 대한 개인 숭배라는 틀에 갇혀 있기는 했지만, 일시적으로 권력을 붕괴시키는 대규모 정치운동이자 사회운동을 발생시킨 가장 중요한 원인이라고 할 수 있다. 전체 인민의 이익을 대표한다는 사회주의 공식 이데올로기는 민중이 자신의 요구를 정당화하는 무기로 활용될 수 있는 잠재적 가능성을 항상 가지고 있는 것이다.

그런데 주목할 필요가 있는 것은 최근 중국 정부가 발표하고 있는 새로운 정책들이 농민, 유동인구 등 소외계층의 권익을 보호하기 위한 저항과 중국 NGO들의 행동을 정당화시키는 데 커다란 도움을 주고 있다는 점이다. 예를 들면, 중국 정부는 소위 '조화로운 사회'(和諧社會)라는 목표를 제시하고 개혁개

---

5 스코트의 논의를 중국에 적용할 경우 스코트가 약자의 저항을 사회적 변화를 촉진하는 것보다는 사회경제적 변화에 반대하고 기존 질서를 유지하고자 하는 보수적 측면을 강조했다는 점에 주의할 필요가 있다. 즉, 약자들의 투쟁에서 '혁명성'을 거세한 것이다. 반면, 중국의 다양한 집단행동의 경우에는 유사한 논리를 사용하지만 중국의 정치체제 혹은 국가-사회 관계의 변화를 촉진하는 측면이 더욱 강하다.

방에서 소외된 취약 계층의 이익과 권리를 보호할 필요성을 강조하고 있는데, 이는 그동안 주변화된 계층의 이익과 권리 보호를 주요 목표로 삼아 왔던 공익적 NGO 활동의 정당성을 강화시키고 있다. 또한 2004년 3월 전국인민대표대회에서 통과된 헌법개정안에 "인권을 존중하고 보호한다."는 조항이 포함된 것도 같은 역할을 하고 있다. 7장의 환경운동 사례에서 확인할 수 있듯이 이러한 변화를 거치면서 국가와 민족 같은 집단적 단위의 생존과 이익을 위해서는 개인과 소수의 이익과 권리가 희생되어야 한다는 과거의 논리는 뚜렷이 약화되고 있으며, 국가도 개인이나 소수자의 이익을 보장할 때 정당성을 확보할 수 있다는 논리가 강화되는 추세이다.

국가의 논리에 도전하기보다는 이를 이용해 자기 행위의 정당성을 강화하려는 사례 가운데 하나는 '사회안정론'에 대한 NGO의 대응이다. 중국공산당이 NGO의 성장을 사회정치적 불안 요인으로 보는 경향이 NGO의 발전을 가로막는 가장 중요한 원인 중 하나이기 때문에, 이러한 논리에 어떻게 대응하는가는 NGO들이 자신의 활동을 정당화하는 데 매우 중요한 과제의 하나이다. 리버럴 민주주의적 논리를 활용한다면 개인의 권리가 권력의 정당성의 원천이기 때문에 개인의 자유를 제약하는 사회안정론은 일반적으로 정당화될 수 없으며, 제한적으로만 인정될 수 있는 것이다. 그러나 중국의 현재 정치체제와 이데올로기에서는 개인적 권리를 근거로 사회안정론을 부정하기가 힘든 것이 현실이다. 따라서 NGO들이 주장하는 대표적인 논리는 NGO의 존재가 사회불안 요인이 아니라 오히려 사회안정 요인이며 NGO의 건강한 발전이 없는 사회가 오히려 불안정한 사회라는 논리를 동원한다. 2005년 동구에서 발생한 소위 오렌지혁명 등의 영향으로 중국공산당과 정부에서 NGO에 대한 부정적 시각이 증가했고, NGO의 활동도 적지 않게 위축되었다. 이에 대해 CDB의 한 사설은 "자신들이 알고 있는 어떤 중국의 NGO도 비애국적인 의제를 숨기고 있는 경우는 없으며, 거의 모든 중국의 NGO는 긴급한 사회적 필요를 알려주고 사회적 긴장을 완화시킴으로써 조화사회 건설을 도울 수 있는 잠재력을 가지고 있음을 보여 주었다."고 주장했다(*CDB* September 2005, 2). 그리고 2006년 8월 초 광저우시에서 열린 시민사회 관련 토론회에서 한 중국 학자는, 자신이 관찰한 바에 따르면 동구에서 오렌지혁명 등이 발생한 나라는 시민사회와 NGO가 발전한 나라들이 아니라 건강한 시민사회와 NGO가 없는 사회라는 요지의 주장을 했다.[6] 여기서도 국가 이데올로기에 도전하기보다는 이를 자신의 정당성을 강화하는 데 이용하는 경향을 확인할 수 있다. 중국 NGO의 이러한 입장은 제도적 공간 내에서 자신의 존재의 정당성과 합법성을 강화할 필요를 반영한다고 볼 수 있다. 즉, 중국 NGO들은 농민의 저항과 같이 발생한 쟁점 자체에만 초점을 맞추는 것이 아니라 국가와 사회의 관계를 창조적으로 해석하고 이에 대한 정당성을 확보하는 것을 항상 주요 과제로 갖고 있다.

둘째, 다양한 정부 기구 사이의 차이나 갈등을 활용한다. 중국 정부가 단일체가 아니며 내부에 많은 균열을 가지고 있다는 점에 대해서는 이미 많은 연구가 진행되었다. 옥센버그와 리버살은 개혁개방 이후 중국의 정책 결정 과정에 대한 연구에서 중국 정부가 단일체가 아니며, 내부적으로 많은 차이가 있고 권위의 파편화를 내포하고 있다는 점을 발견하고 중국 정책 결정 체제를 '파편화된 권위주의'(fragmented authoritarianism)로 정의했다(Lieberthal and Oksenberg 1988). 뿐만 아니라 1990년대에는 중앙정부와 지방정부 사이에 많은 이익갈등이 존재하며 양자 사이의 관계가 명령과 복종의 관계가 아니라 많은 이익갈등이 존재하고 복잡한 거래(bargaining)가 이루어지고 있는 관계라는 점을 강조한 연구도 많다(Jia and Lee 1994). 이러한 상황은 농민과 같은 사회적 약자 혹은 NGO들이 정부 내 차이를 자신의 투쟁의 성공 가능성을 높이는 데 활용할 수 있는 기회를 제공한다.

----

6 저자의 기록에 기초한 요약.

농민의 저항과 관련한 많은 사례를 통해 볼 때, 농민들은 지방 관료가 농민의 권리와 이익을 심각하게 침해할 때에는 중앙정부의 개입을 이끌어 내는 방식을 자주 취했다(O'Brien and Li 2006, 42-47). 페리와 셀던은 중앙의 지도자가 농민이나 노동자의 불만이 지방 관료들로 향하도록 만들고 이러한 불만에 대한 해결자로서 자신들의 이미지를 강화하여 통치의 정당성을 강화하는 "분할하여 통치하는" 전략을 구사하는 경우도 있다는 점을 지적했다(Perry and Selden 2003, 19). 중앙정부의 개입을 이끌어 내고자 하는 농민들의 전략이 항상 성공하는 것이 아니고 또한 중앙정부의 개입이 반드시 농민에게 유리하게 이루어진다는 보장은 없지만, 농민 저항의 해결이 일차적으로 마찰이 발생한 현지 정부보다 상급 정부의 개입에 의존하는 경우가 많은 것이 사실이다. 이러한 측면에서 보면 중국 NGO와 정부의 관계는 더욱 복잡한 양상을 보여 준다.

먼저, 중국 NGO와 지방정부의 관계를 보면 지방정부는 NGO의 관리 주체이기도 하기 때문에 NGO로서는 합법성과 활동 공간을 확보하기 위해서는 반드시 넘어야 할 벽이다. 일반적으로 농민의 저항은 지방정부와 충돌하는 경향이 있지만, 중국 NGO와 지방정부의 관계는 조금 다르다. 중국 NGO에게 지방정부는 협력자일 수도 있고 방해자일 수도 있다. 상하이 열애가원(熱愛家園)은 파룬궁 사건 등의 여파로 사회단체로 등록이 어려운 1990년대 하반기에 활동을 시작하면서 등기를 신청하기 이전에 기층 지방정부와의 협력을 강화하고 매체를 통해 활동을 알리면서 생존 공간과 활동 공간을 만들어 나갔다. 이에 주도적으로 참여한 활동가는 특별한 문제를 발생시키지 않는 한 등록 여부에 커다란 신경을 쓰지 않았으며, 등록하지 않고도 활동을 전개할 수 있었다(朱健剛 2006b, 第二章 참고). 그리고 지역참여행동(社區參與行動)의 경우는 지방정부와 협력하여 말단 행정기구인 가두위원회의 관리자에 대한 교육 프로그램을 운영했다(CDB March 2006, 11-15). 쓰촨(四川)성 정부는 사회단체로 등록하는 데 필요한 자본금을 갖지 못한 한 NGO에게 쓰촨사회과학협회를 후원 단체로 소개함으로써 합법적으로 활동할 수 있는 기회를 만들어 주었다(*CDB* May 2005, 8). 물론 지역에 따라 커다란 편차가 있지만 사회문제를 해결할 수 있는 새로운 사업 방식과 자원의 도입을 원하는 지방정부의 경우 NGO와의 협력에 적극적인 태도를 보이는 경우도 적지 않다. 흥미로운 것은 경제 발전 수준과 NGO에 대한 정부의 개방적 태도 사이의 상관관계는 그리 뚜렷하지 않다는 점이다. NGO 활동가 중에는 경제 발전이 낙후된 지역의 지방정부가 새로운 사업 방식과 자원을 도입하는 창구로서 NGO의 가치를 높이 평가하는 반면, 경제 발전 지역의 지방정부는 NGO에게 이러한 역할을 기대할 필요가 적으며 오히려 불안정 요인으로 간주하는 경우도 적지 않다고 주장하는 이도 있다. 환경 NGO의 지역적 분포에서도 이러한 특징을 발견할 수 있는데, 윈난, 구이저우(貴州), 쓰촨 등 경제적으로 낙후된 내륙 지역의 NGO 숫자가 베이징을 제외한, 경제적으로 발달한 다른 연해 지역보다 더욱 많았다.[7]

그리고 중국에서 NGO가 지방정부와의 갈등을 해결하기 위해 상급 정부의 개입을 호소하는 경우는 많지 않다. 다만 환경운동의 경우는 이러한 행위가 가장 많이 발생하는 경우 중 하나이다. 그 이유는 환경보호에 대한 중앙정부의 강조는 환경 NGO의 정당성을 강화시켜 주고 있는 반면, 지방정부는 대부분 환경문제를 발생시키는 원인인 경우가 많기 때문이다. 이에 대해서는 7장에서 자세하게 분석할 것이다.

NGO는 중앙정부와 지방정부 사이의 관계만이 아니라 정부 부처 간의 관계에도 커다란 영향을 미친다. 사회단체등기조례 등 민간조직의 발전을 가로막는 제도적 요인을 없애기 위해 적극적으로 노력하는 민정부가 대표적인 경우이다.

---

7 쓰촨성의 티베트 자치 지역에서 사회 서비스 사업을 전개하는 기금회의 관계자도 "이곳 정부는 중국 남부의 다른 지역에 비해 우리 사업을 지지하고 있다. 내 느낌으로는 지방정부가 사회문제를 해결할 수 있는 충분한 자원을 갖고 있지 못하기 때문에 종교 단체가 사회 및 경제 발전에 참여할 필요가 있는 것이다."라고 밝혔다(*CDB* September 2006, 4).

물론, 민정부는 민간조직 등에 대해 비판적 입장을 가지고 있는 공안 계통에 비해 영향력이 약하여, 정부 부처 간의 차이가 있을 때 자신의 의견을 관철시키는 데 적지 않은 어려움을 겪고 있다.[8] 1990년 후반 사회단체등기조례의 개정 과정에서 이중등록제를 폐지하려는 시도와 2004년 기금회 관리조례의 제정 당시 이중등록제를 폐지하려는 시도가 모두 실패로 돌아간 것이 이를 잘 보여 준다(Saich 2000; *CDB* June 2005, 4).

환경운동과 관련해서는 환경총국과 경제 관련 부처 사이의 마찰이 환경운동에 새로운 정치적 기회 구조를 만들어 주고 있다. 즉, 정부 기구 내에서 상대적으로 영향력이 약한 환경총국은 자신의 의제를 관철시키기 위해서는 환경 NGO 등 여론의 지원을 필요로 하기 때문에 환경 NGO에 대해 매우 협력적인 태도를 보여 주고 있다.[9] 이에 대해서는 7장에서 자세하게 설명할 것이다.

마지막 특징은 공식적인 통로의 주변에서 활동하는 것이다. 오브라이언은 이러한 행위가 무엇을 의미하고 있는지를 위의 두 가지 특징에 비해 자세하게 논의하지는 않았다. 그러나 농민의 저항에서 자신들의 집단행동에 청원, 신방 등 합법적 의사 표현의 통로를 적극적으로 활용하는 것은 이러한 특징을 보여 준다고 할 수 있다. 그러나 NGO는 더욱 넓은 의미에서 의사 표현의 기회와 통로를 요구한다. 특히, 공익적 NGO는 단순히 자신의 구체적인 이익을 관철시키는 것보다 자신이 추구하는 가치와 의제가 사회적으로 받아들여지도록 하는 것이 더욱 중요하다. 따라서 정부와의 관계에서 자신의 의사가 표현될 수 있는 지속적이고 합법적인 통로의 확보와, 대중과의 관계에서 자신의 의견이 전달되고 논의될 수 있는 공간의 확보가 중요하다. 그러나 이러한 요구가 서구

---

8 중국의 권력 구조에서 보면 제16기 중국공산당 정치국 상무위원회에는 뤄간(羅干)이 사회 치안 및 공안 계통의 최고 책임자로 포함되어 있으며, 민정부는 공안 계통의 하위에 속해 있다.
9 한 중국 NGO 분석가는 환경총국에는 자신들이 하고 있는 일에 신념을 가진 진정한 환경주의자가 많다고 주장하기도 했다(*CDB* March 2005, 4).

의 다원주의 정치체제에서처럼 경쟁적 선거나 집회 결사의 자유를 통해 보장되지 않는 상황에서, 그리고 국가가 자신의 통제에서 벗어날 가능성이 있는 공간의 확산을 막으려는 상황에서 이를 위한 노력은 경계에서 먼저 진행될 수밖에 없는 것이 현실이다.

이러한 노력 중에서 가장 중요한 것 중 하나는 중국 정부의 정책 결정 과정에 자문과 같은 형식으로 참여하는 것이다. 자문을 통한 정책 결정 과정 참여는 제도화되기보다는 정부의 선택에 좌우되는 한계가 있지만, NGO들의 사회적 공신력과 영향력을 증가시키고 정책 결정에 새로운 투입을 가능하게 하는 긍정적 효과가 있다. 특히 중요한 것은 이러한 통로가 경우에 따라서는 국가 내에서 진취적인 사고를 가지고 있는 부문 혹은 인사와 비공식적 영역에서 활동하는 NGO가 특정 의제를 중심으로 연합할 수 있는 기회를 제공하기도 한다는 점이다. 이러한 상호 작용 역시 환경보호 영역에서 가장 활발하게 나타나고 있다.

그러나 더욱 중요한 의미가 있는 것은 NGO들이 자신의 의제를 선전하고, 의제의 관철을 위해 노력할 수 있는 사회적 공간을 확보하는 것이다. 이 역시 기존의 공식적 제도 내에서 이루어지기는 어렵기 때문에 NGO의 창조적 노력을 필요로 하는 영역이다. 이와 관련해서는 다음 세 가지 통로가 중요한 역할을 하고 있다.

첫째, 언론매체. NGO의 활동이 언론매체에 반영되는 것은 조직의 합법성을 강화시킬 수 있을 뿐만 아니라 자신의 의제를 사회적으로 확산시키는 데에도 중요한 역할을 한다. 녹색지음의 경우가 언론매체를 적절히 활용한 경우라고 할 수 있다. 한 조사에 따르면 중국 민간조직들(총 40개 중 20개가 NGO)의 선전 활동에서 차지하는 비중은 언론보도(32), 웹사이트(28), 정기간행물(24), 전시회와 같은 공개 활동(9), 학술회의 및 세미나(4), 개인적 교류 및 프로젝트(4), 연구 보고(3), 교육 활동(3) 순으로 나왔다(Wexler, Xu and Young 2006, 26).

NGO만의 결과를 확인할 수 없었지만 순서는 크게 다르지 않을 것으로 보인다. 물론, 영역별로 약간의 차이는 있지만 환경 NGO의 경우에는 "대부분의 활동은 언론의 도움 없이는 불가능하다."고 응답한 사람이 있을 정도로 언론매체와 긴밀한 협력관계를 유지하고 있다(Wexler, Xu and Young 2006, 30). 그리고 언론매체의 입장에서도 NGO의 활동은 중국에서 새로운 현상이고 기존 제도 내에서 다루어지지 않은 의제를 제기하는 경우가 많기 때문에 정치적으로 민감한 문제가 아니라면 비교적 호의적으로 NGO의 활동을 소개하고 있다.

둘째, 사이버 공간. 사이버 공간의 시민사회 발전에 대한 역할은 제도 내에서 자유로운 토론 공간이 확보되지 않는 중국의 경우 더욱 커다란 관심의 대상이 되고 있다(Yang 2006). 위에서 지적한 것처럼 NGO도 웹사이트를 의제 확산의 주요 통로로 활용하고 있다. 많은 NGO, 특히 공개적인 활동이 비용적인 측면에서나 법적으로 불편한 상황에서 BBS(Bulletin Board System)가 이들 사이에 활발한 토론을 가능하게 하는 공간으로 활용되고 있다. 그리고 몇몇 환경 NGO는 사이버 조직으로 활동하고 있다(Yang 2005, 58-59).

셋째, 법·제도적 공간. 대의정치가 발전되어 있지 않기 때문에 NGO가 정책 결정 과정에 자신의 의견을 반영할 수 있는 수단은 매우 제한되어 있다. 그러나 최근 중국에서 행정의 공개화, 정책 결정의 과학화 등을 강조하며 이해당사자의 요구와 여론이 정책 결정 과정에 반영될 수 있도록 하는 방향으로 행정절차법들이 개정되거나 제정되고 있다. 이에 따라 제한적이지만 NGO도 정책 결정 과정에 참여할 수 있는 기회를 갖게 되었다. 7장에서 자세히 다루겠지만, NGO도 이 문제를 주요 의제로 부각시키고 있다. 법·제도적 환경의 변화는 장기적 과제이나 이러한 의제의 제기 자체가 불가능한 상황은 아니다.

위의 세 가지 통로 이외에 주목할 필요가 있는 것은 NGO의 공동 행동이 증가하고 있다는 점이다. 중국 정부는 지역과 분야를 넘어서는 연합 활동을 엄격하게 통제해 왔다. NGO에 대한 중국 정부의 정책에 비경쟁성 원칙을 고

수하고 있는 것도 민간조직의 양적 발전을 통제하고자 하는 목적도 있지만 더욱 중요한 것은 중국 NGO를 정부의 수직적 관리체계 내로 포섭하고 이들의 활동을 파편화시키고자 하는 것이다(Saich 2000). 그러나 최근 환경운동의 발전에서 NGO의 공동 행동이 뚜렷하게 발전하고 있으며 경우에 따라서는 비환경 NGO도 이에 참여하고 있다. 이러한 변화는 경계에서의 활동이 새로운 경계 긋기 혹은 경계의 확장으로 이어지고 정치와 사회 변화를 촉진할 수 있는 가능성을 보여 준다는 점에서 중요한 의미를 가진다.

3. 종속적 발전?

중국 NGO의 등장은 아직 국가와 사회 관계를 근본적으로 변화시키지는 못하고 있다. 조직적인 측면에서나 실천적인 측면에서 국가가 설정한 틀에서 벗어나지 못하고 있으며 국가와 사회의 관계를 근본적으로 변화시키고 있는 상황이라고 보기는 어렵다. 개혁개방에 따라 국가의 직접적인 관리에서 벗어나는 새로운 사회적 영역이 출현하고 있지만, 이 공간을 재조직하는 문제를 둘러싼 경쟁의 주도권은 여전히 국가에 있다.

그럼에도 불구하고 국가가 주도하는 법, 제도 내에서 자신의 자주적 활동을 가능하게 하는 요소를 발견하고 이용하는 NGO의 창조적인 노력은 중국 사회 변화의 새로운 변화 가능성을 보여 주는 것이기도 하다. 현재 중국에는 지금의 권위주의적 정치체제와 제도 내적인 동력만으로는 해결하기 어려운 정치·사회적 문제들이 양산되고 있다. 정치체제의 급진적 개혁이라는 전략도 지난 20년의 경험을 보면 실현되기 어려운 상황이다. 이런 조건에서 기존 정치적 중심을 벗어난 공간에서(지역으로나 이념적으로도) 새로운 성장을 보여 주고 있는 사회적 동력은 우리의 주의를 끌만한 충분한 가치가 있다.

　현재 발전 과정에 있는 NGO를 자주냐 종속이냐 라는 이분법으로 규정짓는 것은 지나치게 성급한 것이며 현실에 부합하지도 않는다. NGO 앞에는 여러 가능성이 열려 있는데, 에반스(Peter Evans)가 세계경제에서 종속적 위치에 있던 신흥공업국의 경제 발전 과정을 분석하며 사용한 종속적 발전(dependent development)이라는 개념이 현재 중국의 NGO와 시민사회 발전을 평가하는 데 의미 있는 시사점을 던져 준다(Evans 1979, chapter 6). 에반스는 초기에는 이 개념을 통해 일부 제3세계 국가들이 다국적 기업의 영향에서 자유롭지 못하며, 경제성장의 이익이 다국적 기업과 연결된 정부와 일부 기업들에게만 분배되는 등의 한계가 있지만 의미 있는 공업화와 자본 축적이 진행되는 것을 설명하기 위해 사용했다. 그러나 동아시아에서는 에반스가 생각했던 것보다 높은 수준, 그리고 종속이라는 개념으로는 설명하기 어려운 경제 발전 단계에 도달하는 경우도 나타났다. 종속적 발전이라는 개념을 중국의 시민사회 발전에 적용하기 위해서는 개념을 더욱 정교하게 만드는 노력이 필요하지만 이 개념은 발전된 시민사회의 기준으로 보면 자주적 지위를 확보했다고 볼 수 없는 단계 내에서 중요한 변화가 진행될 수 있다는 점을 이해하는 데 도움을 준다.

　앞에서 살펴본 것처럼 중국의 NGO와 시민사회도 국가에 대한 종속적 위치에서 발전을 시작하고 있지만 그 과정에서 점차 국가에 대한 의존도를 낮추어 갈 수 있는 독자적인 동력을 만들어 내고 있다. 물론, 단기간 내에 중국의 NGO와 시민사회가 국가에 대한 종속적 위치에서 완전히 벗어나기는 힘들지만, 국가-사회 관계를 재구성하는 데 의미 있는 영향을 미치는 존재가 될 가능성을 미리 배제할 필요는 없다.

제6장

중국 시민사회에 대한 중국 NGO 활동가의 인식

앞에서 민간조직, 특히 NGO의 발전 추세와 행위에 대한 분석을 통해 중국에서도 시민사회를 논할 수 있는 초보적 조건이 만들어지고 있음을 확인할 수 있었다. 그러나 앞의 분석들은 중국 NGO와 시민사회의 전체적인 모습을 그리는 데 각각 한계를 가지고 있다.

먼저, 민간조직의 양적 추세에 대한 연구는 여전히 중국 NGO와 시민사회와 국가 사이의 관계를 분명하게 그려내고 NGO와 시민사회가 어떤 발전 단계에 처해 있는가를 보여 주기가 어렵다. 가장 큰 이유는 민간조직에 대한 중국 정부의 통계가 관변 조직, 반관반민 조직까지를 포함하기 때문이다. 이를 보완하기 위해 비교적 NGO적 성격이 강하다고 볼 수 있는 자료를 분석하기는 했지만 이 역시 환경 NGO에 초점이 맞추어졌기 때문에 전체적인 모습을 보여 주기는 어렵다. 그리고 행위에 대한 연구는 주로 사례연구에 기초하고 있다. 따라서 이런 연구는 미시적 차원에서 일어나는 변화를 설명함으로써 중국의 NGO와 시민사회가 가지고 있는 역동성을 보여 주는 데에는 의미가 있지만, 시민사회 전체의 구조와 특징을 직접 도출하기는 어렵다.

이러한 문제점은 당분간 중국 NGO와 시민사회에 대한 연구에서 피하기 어렵겠지만 5장에서는 중국 시민사회에 대한 중국 NGO 활동 참여자의 인식을 통해 중국 NGO와 시민사회의 전체적인 모습을 그려 보고자 시도했다. 이러한 시도 역시 방법론적으로 적지 않은 문제를 가지고 있으나 앞의 연구와 서로 보완하는 역할을 기대할 수 있고, 중국 시민사회의 구조에 대한 이해를 높이는 데 도움을 줄 수 있을 것이다.

1. 조사 방법과 문제점

1) 조사 방법

본장에서는 런던정경대학 시민사회연구소(CCS)와 국제 NGO인 세계시민단체연합(CIVICUS)이 공동으로 개발한 '시민사회지표'(Civil Society Index)에 기초하여 만든 중국 시민사회 및 시민사회 조직의 현황에 대한 설문 문항에 중국 NGO 활동 참가자들이 응답한 내용을 분석했다.[1] 즉, 양적이고 객관적 지표가 아니라 활동가의 주관적인 평가라는 인지적 지표를 통해 중국 시민사회의 구조와 특징을 이해하고자 시도한 것이다. 이런 주관적 평가가 중국 시민사회의 현황을 얼마나 객관적으로 반영할 수 있겠는가라는 근본적인 문제가 있기는 하다. 그러나 앞에서 중국 시민사회에 대한 양적 분석과 사례연구들에서 얻은 결과를 함께 고려한다면, 인지적 계측이 가질 수 있는 주관주의적 편향을 최소

---

1 조사의 취지와 조사 방법에 대해서는 Anheier(2004)를 참고. 여기서는 시민사회를 구조(structure), 환경(space), 가치(value), 영향(impact)의 네 차원으로 나누어, 객관적 지표와 인지적 지표를 비교하기 위한 방법론을 자세하게 설명하고 있다. 이 연구는 시민사회를 총체적·체계적·비교적으로 이해하는 것 이외에 다양한 사회집단에서 시민사회에 대한 인식을 제고하는 것, 시민사회 관련 지도 그룹 등이 시민사회에 대한 정확한 이해에 기초한 정책의 형성에 도움을 주는 것 등을 목표로 한 것이다. 본 연구는 이러한 여러 목표 중에서 시민사회 현황에 대한 중국 NGO 활동가의 이해를 분석하는 것에만 초점을 맞추었다. 나머지 두 가지 목표를 달성하기 위해서는 본 연구보다 더욱 많은, 그리고 다양한 집단을 대상으로 하는 설문조사와 반복적 토론이 필요하다.

화시킬 수 있다. '시민사회지표'는 환경, 가치, 구조, 영향 등 네 개의 차원으로 나누어 시민사회에 대한 인지적 평가를 측정한다. 이 연구는 성공회대 동아시아 시민사회 비교연구 프로젝트 팀이 2003~04년 사이에 진행한 공동 연구의 일환이다. 평가 항목은 다음과 같은 내용으로 구성되어 있다.

시민사회 지표

차원 1: 구조, 차원 2: 환경, 차원 3: 가치, 차원 4: 영향력

〈시민사회의 구조〉(19문항)

시민사회 조직체의 가입
1. 구성원 스스로의 이익을 위한 단체의 가입률이 높다(점)
* 7점 척도 (1아주 낮음/2상당히 낮음/3낮음/4중간/5높음/6상당히 높음/7아주 높음)
2. 구성원이 아닌 제3자의 이익을 위한 단체의 가입률이 높다(점)

시민의 참여
3. 물질적 보상을 바라지 않고 시민사회 조직체에 참여하는 사람이 많다(점)
4. 시민들이 사회문제를 해결하기 위해 '함께' 일하는 경우가 많다(점)

분포
5. 시민사회 조직체가 수도뿐 아니라 전국 어디에나 존재한다(점)
6. 시민사회 조직체가 수도에 집중되지 않고 전국적으로 골고루 분포되어 있다(점)
7. 시민사회 조직체가 지역 오지에까지 존재한다(점)
8. 시민사회 조직체가 모든 문제 영역에 골고루 존재한다(점)
9. 사회문화적으로 다양한 집단이 시민사회 조직체를 지지한다(점)

구성
10. 한 개 이상의 시민사회 조직체 네트워크/연대체가 존재한다(점)
11. 각 영역별 시민사회 조직체의 네트워크/연대체가 존재한다(점)
12. 이러한 네트워크/연대체가 해당 활동 영역의 공동 이익을 대변한다(점)
13. 시민사회 조직체들이 공동의 문제를 위해 잘 협력한다(점)

14. 시민사회 조직체가 지역 풀뿌리 조직과 긴밀하게 협조한다(점)

정치적 참여
15. 시민사회 조직체가 공적 문제를 해결하기 위해 정당과 접촉할 수 있다(점)
16. 시민사회 조직체는 공적 영역에 비폭력적으로 참여할 수 있다(점)

자원
17. 지난 한 해 동안 모든 시민사회 조직체의 자원이 비교적 풍족했다(점)
18. 시민사회 조직체가 개인으로부터 자원의 지원을 받는다(점)
19. 시민사회 조직체가 필요한 자원을 자기가 소재한 지역사회로부터 동원할 수 있
    다(점)

〈시민사회의 환경〉(15문항)

법률과 규제
1. 정부가 집회/결사의 자유를 충분히 보장한다(점)
2. 시민사회 조직체의 등록 절차(법적으로 필요하다면)가 간편하고 용이하다(점)
3. 시민사회 조직체를 위한 면세 규정이 존재하며 접근이 쉽다(점)
4. 시민사회 조직체를 지원하는 개인/조직을 위한 면세 규정이 존재하며 접근이 쉽
    다(점)

국가와의 관계
5. 정부가 시민사회 조직체를 인정하고 존중한다(점)
6. 시민사회 조직체의 활동을 지원하는 정부의 부서가 존재한다(점)
7. 중앙정부 또는 지방정부는 정책 형성에 있어 시민사회 조직체와 협의한다(점)
8. 정부가 시민사회 조직체의 설립과 활동의 자유를 보장한다(점)
9. 시민사회에서 큰 기여를 한 사람을 인정하는 제도가 있다(점)
10. 시민사회 조직체는 정치 집단의 영향으로부터 초연하게 존재할 수 있다(점)
11. 시민사회 조직체가 입법부에 영향력을 행사할 수 있는 길이 있다(점)

사회 · 문화적 규범
12. 국민이 일반적으로 공익과 관련된 시민사회 활동을 존중한다(점)
13. 기업은 직원이 시민사회 조직체 활동을 할 경우 그것을 장려한다(점)
14. 기업이 자선 박애 활동을 많이 벌인다(점)

15. 정부는 공무원이 시민사회 조직체 활동을 할 경우 그것을 장려한다(점)

〈시민사회의 가치〉(13문항)
관용, 인권, 성적 평등, 지속가능한 발전, 사회정의
1. 시민사회 조직체 활동을 통해 시민은 견해 차이를 존중하고 관용하는 법을 배운다
   (점)
2. 주요한 사회집단들이 다른 집단의 견해를 존중하면서 평화적인 방식으로 자신의
   주장을 추구한다(점)
3. 시민사회 조직체는 시민의 기본적 권리를 옹호한다(점)
4. 시민사회 조직체는 '지속가능한 발전'의 개념을 지지한다(점)
5. 시민사회 조직체는 자체 조직 내에서 성적 평등을 장려한다(점)
6. 시민사회 조직체는 사회, 기업, 국가 내에서 성적 평등을 장려한다(점)
7. 약자와 소외계층의 주장이 시민사회를 통해 활발하게 표출된다(점)
8. 시민사회 조직체는 인종주의를 반대한다(점)

투명성과 책무성
9. 시민사회 조직체는 그 활동에 책무성이 있고 투명하다(점)
10. 시민사회 조직체는 단체의 회계 결과를 공개한다(점)

내부 민주주의
11. 시민사회 조직체는 민주적 절차를 통해 지도자를 선출한다(점)
12. 시민사회 조직체는 활동의 계획, 수행, 평가에 일반 회원의 참여를 보장한다(점)
13. 시민들은 흔히 시민사회 조직체 활동을 통해 민주적 가치와 방법을 습득한다(점)

〈시민사회의 영향력〉(17문항)

공공정책
1. 시민사회 조직체는 공공정책 분야에서 자신의 목적을 잘 관철시키는 편이다(점)
2. 시민사회 조직체는 법안의 심의 과정에서 협의 대상이 된다(점)
3. 시민사회 조직체는 자신의 전문 영역에서 정부 정책에 영향을 미치는 편이다(점)
4. 정부가 정책을 수행할 때 시민사회 조직체의 협조를 구하는 편이다(점)
5. 시민사회 조직체는 정부에 대해 감시 기능을 수행한다(점)
시민사회 조직체의 대변 능력

6. 시민사회 조직체는 소외계층의 공공영역 참여를 지원한다(점)
7. 시민사회 조직체는 자기 영역에서 꼭 필요한 재화와 서비스를 창출한다(점)
8. 시민사회 조직체는 특히 소외계층에 초점을 맞춰 활동한다(점)

시민사회 조직체의 효과성
9. 시민사회 조직체는 국가 또는 기업과는 다른 방식으로 서비스를 제공한다(점)
10. 시민사회 조직체 활동으로 인해 그 대상이 되는 사람들의 삶이 개선된다(점)
11. 시민사회 조직체는 공공재를 증진시킨다(점)
12. 시민사회 조직체는 대단히 중요한 사회문제들을 효과적으로 해결한다(점)
13. 시민사회 조직체는 사회갈등을 해소하는 데에 큰 역할을 한다(점)

미디어의 관심과 대중의 인식
14. 시민사회 조직체는 언론에 주로 긍정적으로 묘사된다(점)
15. 시민사회 조직체는 자기 단체 홍보를 위해 미디어를 활용할 수 있다(점)
16. 시민사회 조직체의 대중적 이미지가 좋은 편이다(점)
17. 일반 대중은 시민사회 조직체의 행동에 대해 공감하는 편이다(점)

2) 조사 시기와 대상

조사는 2004년 2월 하순 베이징과 상하이에서 4조로 나누어 진행되었으며, 중국의 NGO에서 상근 또는 비상근으로 활동하고 있는 활동가만을 대상으로 진행했다. 그 이유는 다음 두 가지이다. 첫째, 중국에서 일반 대중을 대상으로 조사하는 것이 현실적으로 어렵고, 시민사회, 혹은 NGO는 여전히 정치적으로 민감한 소재이기 때문이다. 둘째, 중국에서 시민사회 담론이 활성화되어 있지 않기 때문에 이에 대해 효과적으로 답할 수 있는 사람도 많지 않다. 따라서 비교적 균질적인 집단, 그리고 시민사회 담론의 주체가 될 집단만을 대상으로 하는 것이 조사 대상을 넓히는 것보다 중국 시민사회의 전체적 윤곽을 그리고 자 하는 연구의 목적을 더욱 효과적으로 달성할 수 있을 것으로 판단했다. 조사 대상은 총 30명이고, 이를 지역별로 구분하면 베이징 16명, 상하이 14명이 설문에 응했다. 활동 방식으로 구분하면 상근 16명, 비상근 10명, 자원 활동가 2명, 미상 2명으로 앞에서 언급한 것처럼 대부분 활동가 범주에 속한다. 그리고 활동 영역으로 구분하면 환경 12명, 교육 6명, 보건위생 5명, NGO 활동 지원 2명, 법률 2명, 언론 1명, 미상 2명 등이다.

3) 문제점

본 조사의 가장 큰 문제점은 사례 수의 부족이다. 중국에서 시민사회 발전이라는 목적의식을 갖는 NGO가 양적으로 여전히 적기 때문에 사례를 수집하는 데 적지 않은 어려움이 있다. 또한 지역적으로 베이징과 상하이에 제한된 점도 중국 시민사회의 전체 윤곽을 그린다는 연구 목적을 고려하면 문제점으로 지적될 수 있다. 특히, 최근 중국에서 NGO가 연해 지역의 도시만이 아니라 내륙, 농촌에서도 빠르게 발전하고 있다는 점을 고려하면 이는 본 연구의 커다란 한계이다. 그러나 본 설문 대상에 포함된 NGO들이 단순히 도시에만 초점을 맞춘 것이 아니라 농촌이나 내륙과 관련된 사업을 전개한 경험을 가지고 있다는 점이 이러한 문제점을 일부 보완해 줄 수 있을 것으로 기대했다. 그러나 중국 전체 시민사회에 대한 이해를 위해서는 농촌 및 내륙 지역의 활동가를 대상으로 추가 연구가 필요하다는 점을 부정할 수는 없다.

2. 조사 결과에 대한 분석 1 : 거시적 이해

〈그림 6-1〉은 공간, 구조, 가치, 영향 등의 차원별 평균 점수를 100점을 만점으로 하는 점수로 환산하여 다이어그램으로 표시한 것이다. 중국 NGO 활동가들은 중국 시민사회 단체들의 가치와 영향에 대해 상대적으로 높은 점수를 주었고 공간, 구조에 대해서는 상대적으로 낮은 점수를 주었다.

유사한 조사를 했던 여러 국가의 사례에서도 가치-영향의 차원이 구조-환경의 차원보다 높은 평가를 받았고, 특히 대부분의 국가에서 가치가 환경보다 높은 평가를 받았다. 국가별로 가장 큰 차이점은 네 차원에 대한 평가가 어떤 순서로 배열되는가가 아니라 차원 사이의 편차가 어느 정도인가에 있다. 발전 국가인 캐나다의 경우는 13(최저 55와 최고 68), 뉴질랜드 13(53.1과 66.1)인 반면, 체제 전환 국가들의 경우에는 우크라이나 17.7(40.9와 58.6), 크로아티아 26(34.6과 60.6)으로 나타났다. 예외적인 구조를 보여 준 예는 파키스탄으로 차원별 편차가 8.8(41.4와 50.2)에 불과했으나 이는 시민사회의 저발전을 보여 주는 것이기 때문이 다른 국가들과 비교하기는 어렵다(Anheier 2004, Chapter 6).

이러한 조사 결과는 시민사회가 저발전 단계에서는 네 차원의 점수가 모두 낮게 나타나고, 초기 발전 단계에서는 가치와 영향 차원이 먼저 발전하고, 성숙 단계에서 구조와 환경 차원이 발전하여 균형적 모습을 갖게 되는 주기가 존재함을 보여 준다. 이러한 패턴을 중국에 적용시켜 보면 중국의 시민사회는 초기 발전 단계로 진입했다고 볼 수 있다. 다만 국가 사이의 시민사회 다이아몬드를 비교하는 경우 전체 형태의 비교를 통해 시사점을 얻는 것 이외에 각 차원별 절대 점수를 비교하는 것은 커다란 의미가 없다(조효제 2004). 절대 점수의 결정에는 주관적 요소가 더욱 많이 개입되고 서로 비교하기가 어렵기 때문이다. 차원별로 평가의 특징을 살펴보면 아래와 같다.

공간적 차원이 낮은 점수를 받은 것은 앞에서 살펴본 것처럼 중국에서 사

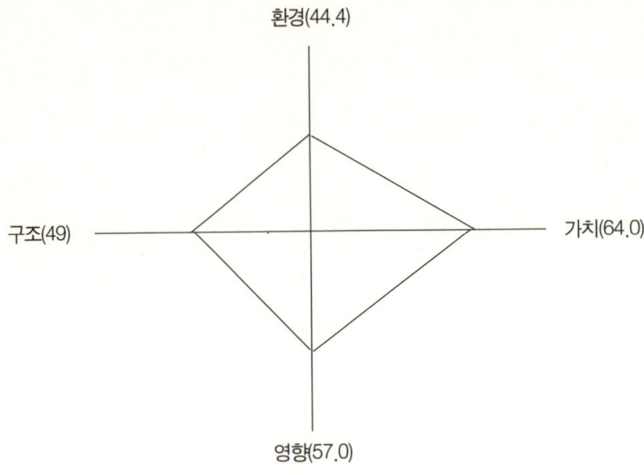

〈그림 6-1〉 중국의 시민사회 다이어그램

회단체의 조직과 활동에 많은 법적·제도적 제약이 존재하는 현실을 반영한다. 프리덤 하우스(Freedom House)의 자유지수에 따르면 중국은 정치적 권리에서 가장 낮은 평가인 7, 시민적 자유 항목에서는 그 다음 단계인 6을 받아 세계에서 가장 자유도가 낮은 국가군에 속하는 것으로 평가되었다.[2] 특히, 상징적인 차원에서 민간조직 발전에 대한 중국 정부의 호의적인 입장은 현실적으로 사업을 추진하는 과정에서 많은 문제에 직면하고 있는 실질적 참여자에게는 적극적인 평가를 받기 어렵다. 시민의 자발적인 결사와 행위에 대한 정치적·법적 제약은 중국공산당의 영도를 당과 국가의 기본 노선으로 삼고 있는 상황에서 쉽게 개선되기 어려울 것이다. 당분간 중국 시민사회의 발전은 공간적 요인의 변화보다는 NGO의 주체적이고 창조적인 노력에 좌우될 것이다.

구조는 전체적으로 보면 공간과 마찬가지로 상대적으로 낮은 평가를 받았

---

2 www.freedomhouse.org/research/freeworld/2003/tables.pdf 참고.

지만, 공간에 비해서는 약간 높은 평가를 받았다. 앞에서 절대 점수가 비교적 차원에서는 커다란 의미가 없다는 사실을 지적했지만, 중국 NGO 활동 참가자들이 구조적 차원의 질문에 대해 대체로 '중간'이라는 평가를 내린 것은 중국에서 공간적 제약에도 불구하고 앞에서 설명한 것처럼 민간조직과 NGO들이 지속적으로 발전하고 있음을 반영한 평가인 것으로 보인다. 자신들이 NGO 활동에 참여하고 있는 당사자라는 위치도 이에 영향을 미친 것으로 보인다. 따라서 다른 집단을 대상으로 평가할 경우에는 이와는 다른 평가가 나타날 가능성도 높다. 예를 들면 중국에서 관변, 반관반민 조직의 경우까지 고려하여 답하는 경우에는 높은 평가가 나올 수 있으며, 기층에서 진행되고 있는 NGO의 발전을 인식하지 못하고 엄격한 NGO의 기준을 중국에 적용시킨다면 이보다 낮은 평가가 나올 수도 있다.

영향력은 공공정책 결정 등에 대한 시민사회 단체들의 영향력을 평가한 것인데 이 항목이 57점이라는 높은 평균 점수를 얻은 것은 공간적 제약과 구조적 취약성을 고려하면 예상 밖의 결과이다. 중국에서 시민사회 단체 등 민간 부분이 공공 정책 결정에 참여할 수 있는 제도적 통로가 매우 협소함에도 불구하고 시민사회 단체의 영향력이 상대적으로 높은 점수를 받은 것은 아래 관련 항목에서 설명되겠지만 이들 단체의 공공 정책 결정에 대한 직접적인 영향력보다는 빠르게 변화되는 사회에 새롭고 진보적인 가치를 제공하는 원천으로서의 역할을 평가한 것이다.

1990년대 후반부터 중국에서는 비정부 조직의 사회적 역할의 중요성에 대한 인식이 증가해 왔다. 그리고 이번 조사 과정에서 많은 피설문자들은 시민사회 단체의 영향력 증가와 관련하여 언론매체의 기능을 특히 강조했다. 즉 언론이 자신들의 활동을 긍정적인 시각에서 다루는 것이 공간과 구조적 제약에도 불구하고 공공영역에 대한 시민사회의 영향력을 증가시킬 수 있는 주요 통로를 제공해 주고 있다는 것이다. 이와 관련해서는 『중국청년보』(中國靑年報), 『남

방주말』(南方週末) 등 개혁개방 이후 새롭게 발전하고 있는 언론 매체의 역할을 주목할 필요가 있다.

가치는 네 차원 중 가장 높은 점수를 얻었다. 가치가 이처럼 높은 점수를 얻은 것은 본 설문이 중국의 일반적인 민간조직보다는 시민사회 단체를 평가의 대상으로 한 점이 중요하게 작용한 것이다. 이 결과는 두 가지 함의를 갖는다. 첫째, 중국과 같이 공간적 제약이 큰 상황에서는 NGO 발전의 주된 동력은 이들의 가치적 측면에서의 상대적 선진성이다. 이는 시민사회 발전의 초기 단계에서 보편적으로 나타나는 특징이라고 할 수 있다. 둘째, 중국 NGO와 시민사회가 발전하는 과정에서 공공성의 문제를 어떻게 다룰 것인가를 중요한 문제로 제기한다. 즉, 시민사회는 사적인 이익의 상호관계를 기초로 한다는 점을 부인할 수 없음에도 불구하고 중국 NGO는 사적 이익에만 초점을 맞출 경우 이러한 가치적 측면에서의 우위를 상실할 가능성이 있기 때문이다.

또한, 중국 시민사회에 대한 평가를 지역별로 보면 각 차원의 배열은 베이징과 상하이가 같은 양상을 보여 준다. 즉, 가치에 대한 평가가 가장 높고 그 뒤에 영향력, 구조, 공간의 순으로 배열되고 있다. 그러나 가치에 대한 평가에는 커다란 차이가 나타났다. 베이징에서는 가치와 영향에 대한 평가가 거의 같은 점수를 얻은 데 반해, 상하이에서는 가치가 영향에 비해 15포인트 정도 높은 점수를 받았다. 이는 시민사회 단체의 활동에서 중앙과 지방의 차이를 반영하는 것으로 보인다.[3] 즉, 베이징의 경우 설문에 참여한 단체는 국내외 언론의 관심을 끌고, 인지도와 사회 및 정부 정책에 대한 영향력을 높이는 데

---

[3] 한 NGO 활동가는 중국의 NGO 활동이 지역적으로 다른 특징을 보여 주고 있다는 사실을 지적하며 베이징과 광둥을 다음과 같이 비교했다. 베이징의 경우는 정책에 영향을 미치는 것을 중시하는 반면, 광둥은 사회 서비스와 경공업 밀집 지역이라는 특성을 반영하여 노동자 권익 보호 등의 활동을 활발하게 진행하고 있다. 그리고 국제사회와의 관계에서 베이징은 서구 국가들의 국제 NGO와, 광둥은 홍콩 NGO와의 협력이 많다.

〈표 6-1〉 베이징과 상하이의 차원별 점수

	구조	공간	가치	영향
베이징	51.7	44.9	60.6	60.3
상하이	46.0	44.0	68.3	53.3

출처: 각 년도 『중국민정통계연감』.

상대적으로 유리한 위치에 있다. 반면, 상하이의 경우는 대부분의 NGO가 주로 지역적 차원의 문제를 주요 활동 대상으로 삼고 있기 때문에 전국적 지명도를 얻는 것이 매우 어려우며 따라서 상대적으로 인지도와 영향력을 높이는 데 불리한 처지에 있다.

3. 조사 결과에 대한 분석 2 : 차원별 이해

1) 구조

구조에서는 시민의 참여도, 시민사회 단체의 지역 및 영역적 분포, 시민사회 단체들 사이의 공동 행동의 정도, 정부에 대한 이익대표 활동, 시민사회 단체의 자원 동원 정도 등에 대한 평가가 이루어졌다. 이익대표를 의미하는 정치적 참여 부분과 시민사회 단체의 공동 행동 활성화 정도를 묻는 구성 부분이 상대적으로 높은 평가를 받았으나, 전체적으로 보면 각 항목에 대한 평가 사이에 커다란 차이가 없으며 대부분 중간 점수인 50점에 미달했다. 특히, 시민사회 단체에 대한 시민의 참여도를 묻는 항목에서 점수가 가장 낮은 것은 중국에서 시민사회 발전의 주체이자 동력이라고 할 수 있는 시민 및 시민적

<표 6-2> 구조의 소 항목별 평균 점수

소 항목	회원 가입의 목적	시민 참여	분포	구성	정치적 참여	자원
평균 점수	47.7	45.1	47.7	51.6	55.4	48.3

의식의 형성이 아직 이루어지지 않은 상태임을 보여 준다. <표 6-3>는 1만 명당 비영리조직(NPO)의 수를 국가별로 비교한 것인데 중국은 경제소득이 높은 국가는 물론이고 같은 발전도상국가인 인도와 비교해도 낮은 수준에 있다. 물론, 중국은 풀뿌리 민간조직과 같은 비등록 단체의 수가 포함되지 않은 것이기 때문에 실제로는 아래의 수치보다는 높을 것으로 추정되지만, 이를 고려하더라도 다른 국가에 비해 여전히 낮은 수준에 있다는 사실에는 변화가 없다.

위의 소 항목 중 정치적 참여를 묻는 부분이 높은 평가를 받고 있으나 자세히 살펴보면 긍정적인 평가만은 아니다. 이 항목에서는 제시된 두 개의 문제 중 "시민사회 단체가 정부와의 접촉을 통해 공공영역에서 그들의 이익을 반영한다."는 것은 64.3의 높은 점수를 얻었으나 "시민사회 단체가 비폭력의 시위 및 저항의 방식으로 공공영역에서 그들의 이익을 표현한다."는 질문에 대해서는 45.7의 낮은 점수를 얻었기 때문이다. 이는 중국에서 자유로운 이익대표에 대해 많은 제약이 존재하며, 시민사회 단체는 정부와의 접촉 이외의 통로를 통한 이익대표가 어렵다는 현실을 보여 주는 것이다.

그리고 시민사회 단체의 자원 동원에 대한 평가도 중국 현재 시민사회의 상황을 잘 보여 주고 있다. 응답자들은 대체로 중국 시민사회 단체의 재정 상황이 매우 어렵다는 점에 의견의 일치를 보고 있다. 즉, "작년 1년 내 시민사회 단체의 자금이 풍족했다."는 항목에 대해 23.97의 낮은 점수가 주어졌다. 이는 대부분의 답변자가 이 문항에 대해서는 아주 낮음이나, 낮음이라고 평가했다는 것을 의미한다. 그리고 자원 동원의 통로로 정부, 개인, 기업, 해외, 지역사회 등 다섯 가지가 제시되었는데 이들은 각각 28.6, 50.0, 42.4, 76.7, 54.7의

〈표 6-3〉 만 명당 NPO의 국가 간 비교

프랑스	일본	미국	독일	인도네시아	인도	대만	중국
110.45	97.17	51.79	26.20	17.18	10.21	9.34	1.06(1.89)

주 : 중국은 민정부에 등록된 사회단체의 수를 기초로 추산. 괄호 안의 수치는 사회단체와 민간 운영 비기업단위를 포함한 것임.

출처 : 중국을 제외한 국가의 통계는 Salamon(1999). 중국은 2002년 중국 민정부 통계를 기초로 추산.

점수를 얻었다. 우선 정부에 대한 자원 의존도가 낮다는 점은 정부에 대해 자주성을 가질 수 있는 가능성을 높인다고 볼 수 있다. 그러나 기타의 자원 동원 통로가 확보되지 않아 전체적으로 재정 상황이 어려울 수밖에 없다. 또 다른 특징으로는 해외 지원에 대한 의존도가 매우 높게 나왔다는 것이다. 이는 앞에서도 설명한 바 있는 특징이지만 중국 NGO 활동가의 인식을 통해 재확인했다는 점에서 의미를 찾을 수 있다. 그리고 이러한 현상에 대해 대부분의 답변자들이 중국 NGO가 가지고 있는 문제 중의 하나라는 점을 인식하고는 있지만 아직은 이 문제를 해결할 수 있는 방안은 없는 상황이다.

위의 결과는 2000년 칭화대학 NGO연구센터의 조사 결과와 적지 않은 차이가 있다. 이 조사에 따르면 중국 NGO의 수입에서 정부 지원이 49.97%, 회비가 21.18%를 차지했으며 나머지는 모두 10% 미만이었고, 특히 해외의 지원은 1.64%만을 차지했다(王名 2001, 19). 이러한 차이는 조사 대상의 차이에서 비롯된 것으로 보인다. 위의 조사는 10,000개의 단체에 설문을 보내 회수된 1,508개의 설문지를 정리한 것인데 이 중 많은 단체들이 정부와의 관계라는 측면에서 보면 엄격한 의미의 NGO로 분류되기 어렵기 때문에 재정적인 측면에서 정부 의존도가 높다고 할 수 있다. 반면, 본 연구의 조사는 비교적 엄격한 의미의 NGO를 대상으로 했기 때문에 정부 의존도가 낮게 나타난 것이다.

2) 공간

공간은 네 차원 중 가장 낮은 점수를 받았다. 공간에서도 가장 낮은 평가를 받은 소항목은 법률과 규제 영역이다. 여기서는 집회·결사의 자유에 대한 보장, 시민사회 단체에 대한 관리 규정의 편리성, 시민사회 단체에 대한 면세 조치 등을 질문한 것으로 이 모든 질문에 대해 모두 낮은 평가가 내려졌다. 특히, 집회 및 결사의 자유에 대한 질문은 28.1의 낮은 평균 점수를 얻었다. 국제엠네스티나 휴먼라이트와치 등의 국제 인권 조직도 집회·결사의 자유 이외에도 종교의 자유, 공정한 재판 절차의 보장, 임의적 구금에 대한 제한 등을 중국의 주요 인권 문제로 지적하고 있다.

국가(정부와 의회)와의 관계와 관련한 질문은 법률 및 법규에 비해서는 상대적으로 높은 점수를 받았으나 그 이유에 대해서는 주의할 필요가 있다. 예를 들면, 이 부분에서 비교적 높은 점수를 얻은 것은 "시민사회 내에서 활발하게 활동하는 사람을 인정하는 제도가 있다."라는 항목인데 이는 이들의 활동에 대한 지원이나 의사소통의 강화라는 측면보다는 정부의 감독과 감시라는 측면에서 평가를 한 것이다. 즉, 조사 과정에서는 '인정'이라는 의미가 '인지'라는 의미로 해석된 것이다. 이러한 현상은 "시민사회 단체가 결성되고 활동할 때 정부의 보장을 얻을 수 있다."는 질문에서도 나타난다. 중국에서는 시민사회 단체라는 정의는 곧 합법화된 단체라는 의미로 해석되기 쉽기 때문에 이들 단체에 대한 정부의 법적 보호라는 항목이 높은 점수를 받았다. 물론 법외단체를 포함할 경우에는 평가가 달랐을 것으로 예상할 수 있다.

그리고 같은 소 항목 내에서 시민사회 단체와 정부, 의회와의 관계의 더욱 본질적인 측면을 보여 줄 수 있는 정책 결정에 대한 참여 통로와 관련된 질문, 즉 "지방과 중앙의 정부 부문이 시민사회 단체의 정책 결정 과정에 참여 시킨다."와 "시민사회 단체들이 입법기구에 대해 의견을 반영시킬 수 있는 효과적인 통로가 있다."라는 항목은 23.3과 28.6에 불과하다. 중국의 정책 결정 과정

<표 6-4> 공간 차원의 소 항목별 평균 점수

소 항목	법률과 규제	국가와의 관계	사회·문화적 규범
평균 점수	40.9	54.3	55

에서 전문가의 역할이 증가하고 민간 전문가의 자문 기능이 활성화되는 추세가 나타나고 있으나 이러한 변화가 정부와 시민사회 사이의 관계를 변화시키는 데에는 아직은 커다란 한계가 있다는 점을 보여 준다.

사회·문화 규범 영역에서는 시민사회 단체 활동가에 대한 사회의 존중과 공익 정신에 대한 존중이 다른 질문에 비해 상대적으로 높은 점수를 얻었다. 전자는 69.0, 후자는 67.6의 높은 점수를 얻었다. 반면, 시민사회 단체 활동에 대한 정부 및 기업의 지지는 상대적으로 낮은 점수를 얻었다. 이는 중국에서 시민사회 단체에 대한 물질적·제도적 지원은 체계화되어 있지 못한 반면, 가치적·정신적인 측면에서의 지원이 증가하고 있는 추세를 보여 주는 것이다. 즉, 과거 중국에서는 민간 부분이 비규범적인 영역으로 이해되는 경우가 많았으나 이제 사회적 존중을 얻고 있다는 점은 사회의 자주성 강화와 시민사회 발전에 긍정적으로 작용할 것이다.

3) 가치

가치는 네 차원 중 가장 높은 점수를 얻었다. 그중에서도 시민사회의 보편적 규범에 대한 시민사회 단체의 태도를 묻는 질문들은 평균 70.4의 높은 점수를 얻었으며 각 항목 사이의 편차도 크지 않았다. 이는 앞서 강조한 것처럼 중국의 시민사회 단체들이 사회에서 필요로 하는 새로운 가치를 도입하는 데 주도적으로 역할하고 있음을 보여 준다.[4] 다만, "시민사회 단체에서 열심히 활동하고 있는 활동가들이 자신과 의견 차이가 있는 사람들을 받아들이는 자세

<표 6-5> 가치 차원의 소 항목별 평균 점수

소 항목	관용, 인권, 젠더, 환경, 사회정의	투명성 및 책임성	내부 민주주의
평균 점수	70.4	61.0	55.7

를 가지고 있다."는 문항은 55.1로 다른 질문에 비해 낮은 점수를 받았다. 즉, 중국의 시민사회 단체 내에서도 자신의 가치관에 대한 확신이 종종 다른 입장과 가치에 대한 배타적 태도를 유발할 위험성이 존재하고 있다.

그리고 투명성 및 책임성의 경우도 비교적 높은 점수를 얻었다. 이는 중국과 같이 사회에 대한 국가의 통제가 강한 경우 공개적인 시민사회 단체의 조직과 활동이 더욱 제도화될 수밖에 없는 현실을 반영하는 것이다. 특히, 민정부 등에 등록한 단체의 경우에는 정부의 감독을 받아야 한다는 점에서 더욱 그렇다. 이는 타이완에서 강력한 당국가 체제의 통제 정책으로 기금회와 같이 법적 형식을 갖춘 민간 단체들이 발전했던 것과 유사한 맥락에 있는 것으로 보인다(박윤철 2003). 그러나 법외단체의 경우에는 투명성과 책임성 부분에서 반드시 높은 평가를 받는다는 보장은 없다. 그리고 이 항목의 경우에는 중국 NGO 활동가의 평가에만 의존하여 결론을 내리기 어려운 측면이 있다. NGO 활동가의 경우에는 자신들의 활동을 긍정적으로 평가하려는 편향에서 자유롭기 힘들기 때문이다. 특히, 투명성과 책임성의 경우에는 활동의 정당성과 직접 관련이 있기 때문에 이러한 편향이 반영될 가능성이 높다.

마지막으로 의사 결정의 민주화 등의 항목은 상위 점수라고는 할 수 없지

---

4 한 NGO 활동가는 중국에서 NGO가 자원 등의 측면에서 많은 어려움이 있는 것이 사실이나 이념과 역량이 있으면 발전할 수 있는 기회가 크다고 했는데, 이러한 판단의 중요한 근거가 NGO가 국가나 시장이 할 수 없는 역할을 수행하고 있다는 가치적 측면에서의 선진성이었다. 조사 과정에서 많은 NGO 관련자들이 같은 맥락에서 중국의 NGO에게 가장 중요한 문제는 자원의 부족이 아니라 사회에서 필요로 하는 것을 서비스할 수 있는가의 여부라고 주장했다.

만 모두 균등하고 전체 평균 이상의 점수를 얻었다. 그러나 다른 자료와 개별 인터뷰에서는 이와는 다른 측면도 많이 지적되었다. 우선, 앞서 인용한 칭화대학 NGO연구센터의 2001년도 연구에 따르면 간부의 임명 방식에서 정부 부처 파견과 임명이 38.5%, 조직 책임자가 추천하고 정부 부문이 비준하는 방식이 23.2%를 각각 차지했다. 반면, 민주적 방식으로 선출된다는 응답은 28.4%에 불과했다(王名 2001, 15). 이는 중국에서 민간단체로 분류가 되더라도 대부분이 조직적으로 정부의 관리를 받고 있는 현실을 보여 준다.

이러한 문제는 아래로부터 조직된 NGO의 경우에는 크지 않으나, 그 경우에는 또 다른 문제가 존재하고 있다. 중국에서 새롭게 발전하고 있는 자주적인 NGO들의 경우에는 정부의 직접적으로 관리는 받지 않지만 일부 주요 활동가에 의해 조직의 운영이 좌우되는 문제점이 많이 지적되었다(이남주 2003). 이러한 문제점은 '가부장적'이라는 비판적 평가를 받기도 하고, 다른 한편 현재 중국의 현실을 고려하면 무엇보다 지도자의 적극적 역할이 중요한 시점이라는 상반된 평가도 존재한다. 실제로 최근 중국 NGO는 개인의 지도력에 과도하게 의존하는 것에서 벗어나기 위해, 이사회 등의 도입을 통해 조직 운영을 규범화하는 노력을 전개하는 경우가 있기도 했다. 그리고 이 과정에서 경험과 역량이 있는 개인들이 2선으로 물러난 이후 조직의 운영이나 사업에 어려움이 발생하는 등의 새로운 문제도 발생했다(*CDB* June 2006, 6-8). 객관적으로 열악한 환경에서 NGO를 발전시켜야 할 때 개인적 적극성과 조직의 민주성 사이의 관계를 어떻게 처리할 것인가는 그리 간단한 문제는 아닌 것으로 보이며, 중국의 NGO도 이와 관련해서는 여전히 모색 단계에 있다.

4) 영향력

무엇보다도 눈에 띄는 것은 시민사회 단체의 사회적 영향과 관련한 항목들

〈표 6-6〉 영향력 차원의 소 항목별 평균 점수

소 항목	공공정책	시민사회 단체의 대표 기능	시민사회 단체 활동의 효과	매체 및 대중 이미지
평균 점수	34.4	60.7	63.1	73

중에 언론이나 대중이 시민사회 단체를 긍정적으로 받아들이는 정도를 평가하는 매체 및 대중 이미지 항목이 매우 높은 점수를 얻었다는 점이다. 이는 현재 민간단체 및 시민사회의 발전에 대한 법적·제도적 제약이 강한 상황에서 중국 시민사회 발전에 매우 중요한 자원이 되고 있다.[5] 이는, 개혁개방에 따라 빈부격차, 환경문제 등이 새로운 사회문제로 대두되고 있으며 국가는 물론이고 시장도 이러한 문제를 해결할 수 있을 것이라는 기대가 약화되는 가운데 새로운 민간 역량의 역할에 대한 관심이 높아지고 있는 상황을 반영하는 것이다. 즉, 이 항목에 대한 평가는 실질적인 영향력보다는 시민사회의 가치적 측면에 대한 높은 평가와 관계가 있다.

그리고 시민사회 단체 활동의 효과도 상대적으로 높은 점수를 얻었다. 구체적인 내용을 살펴보면 주창형의 활동보다는 사회 서비스의 제공을 더욱 높이 평가하고 있다. 즉, 시민사회 단체 활동의 효과에서는 "기업이나 정부가 제공할 수 없는 서비스의 제공", "서비스 대상의 생활 개선", "공공이익의 증가",

---

5 대부분의 NGO가 언론과의 협력을 중시하고 있지만 그 정도는 차이가 있다. 2006년 7월 광둥성 광저우 시에서 열린 시민사회를 주제로 하는 토론회에 참석한 베이징의 NGO 관계자는 "광둥의 NGO는 지나치게 조심스럽다. 베이징의 NGO는 언론과 밀접한 관계를 형성하고 정책에 영향을 미치는 주요 통로로 삼고 있으며, 이보다 적은 규모의 회의에도 매체의 참석을 권고하는 경우가 많은데 오늘과 같은 규모의 회의에 기자의 참여가 없는 것은 이해하기 힘들다."라는 느낌을 공개적으로 털어놓았다. 이러한 차이는 언론을 통한 홍보보다는 실질적인 사업을 강조하고자 하는 행사 주체들의 태도를 반영하는 것일 수도 있고, 동시에 지역에 따라 NGO에 대한 언론의 태도 혹은 언론에 대한 지방정부 정책의 차이 등이 영향을 미친 결과일 수도 있다.

"국내의 중대한 사회문제 해결", "사회갈등의 해소" 등 다섯 개 문제들이 각각 83.3, 71.6, 64.7, 45.7, 49의 점수를 얻었다. 또한 소외된 영역에 대한 서비스 제공이라는 차원에서는 높은 평가를 받고 있으나 국가의 주요 정책 결정에 대한 개입 능력은 취약함이 다시 확인되고 있다. 그리고 시장에 대해 적대적인 태도를 보이는 것은 아니지만 시장경제의 발전에 따라 나타나는 부작용의 해소를 주요 사업으로 평가하고 있다는 점에서 리버럴 민주주의적 시민사회 모델과도 차이가 있다고 할 수 있다.

다른 항목에 대한 설문에서도 이러한 경향이 나타나고 있다. 즉, 시민사회 단체들은 소외계층의 공공영역 참여에 대한 지원, 소외 계층에 대한 관심 정도를 묻는 이익대표 기능 항목이 높은 점수를 얻은 반면, 공공정책 결정에 대한 영향력을 묻는 공공정책 관련 항목은 매우 낮은 점수를 받았다. 예를 들면, 공공 정책에 대한 시민사회 단체의 실질적인 영향력을 보여 줄 수 있는 "시민사회 조직이 자신의 활동 영역 중 정부 정책에 성공적으로 영향을 미친다."라는 항목은 31.4의 낮은 점수를 얻었다. 앞으로도 법·제도적 환경에서 커다란 변화가 없는 상황에서는 중국의 NGO들이 사회 서비스, 특히 소외계층 등에 대한 서비스를 제공하는 영역에서 더욱 빠르게 발전할 것으로 보인다.

4. 결론

인지적 평가에 대한 위의 분석은 중국 시민사회의 발전 추세에 대해 비교적 일관된 설명을 제시해 주고 있다. 그중에서도 가장 중요한 점은 다음 세 가지로 요약할 수 있다.

첫째, 중국의 NGO 활동가들은 국가와 구별되는 새로운 사회영역의 발전을 긍정적으로 평가하고 있다. 물론, 중국에서 성숙한 시민사회의 발전을 논하기는 아직 이르다. 그렇지만 구조적 차원에 대한 평가에서 새로운 유형의 민간조직인 시민사회 단체의 성장이, 낮음도 아니고 높음도 아닌 '중간'에 해당되는 50점에 가까운 점수를 받은 것은 중국 사회가 이제 점진적으로 당국가 체제의 직접적인 통제에서 벗어나고 있음을 보여 준다. 또한 NGO들이 자금 동원에서도 정부에 거의 의존하지 않고 있는 상황에서 앞으로 개인, 지역사회 등의 새로운 자원 동원 통로를 구축한다면 이러한 추세는 더욱 가속화될 것이다.

둘째, 중국 시민사회 발전에는 가치적 측면에서 시민사회 단체의 선진성이 중요한 역할을 할 것이다. 위의 조사 결과는 중국 시민사회의 공간적 차원이 매우 열악함을 보여 주었으며 이러한 취약성은 단기간 내에 개선되기 어려울 것이다. 반면, 가치 차원은 높은 평균 점수를 획득했으며 영향력, 공간 차원에서도 가치와 관련이 있는 항목은 모두 높은 평균 점수를 얻었다. 이는 우선 중국 시민사회가 실질적인 차원에서는 여전히 많은 어려움에 직면하고 있으나, 규범적 차원에서 시민사회의 필요성에 대한 인식은 확산되고 있음을 보여 준다. 또한 과거에는 존재 자체를 부정당했던 자주적인 사회조직, NGO들이 중국이 새롭게 직면한 문제에 대하여 사회적 관심을 모으고, 이 문제를 해결하기 위한 새로운 거버넌스를 구축해 가는 데 중요한 역할을 할 수 있는 가능성도 보여 주었다. 중국에서 시민사회의 발전은 앞으로 시민사회 단체들이 자신이 가지고 있는 가치에서의 우월성을 어떻게 실체적인 존재로 전화시킬 수 있는가에 달려 있다고 할 수 있다.

셋째, 시민사회의 조직적 기반을 강화하는 것이 중국 시민사회의 발전을 위한 가장 중요한 과제이다. 현재 중국 시민사회 단체의 가치적 선진성에 대한 사회적 인정, 영향력의 증가에는 언론매체의 역할이 중요하게 작용했다. 그리고 자원 지원은 물론이고 정신적 지원에서도 국제사회가 중요한 역할을 하고 있다. 단기적으로는 이러한 지원이 중국 시민사회의 발전을 촉진하는 데 유효한 작용을 하겠지만, 장기적으로는 중국 시민사회의 자주적 역량을 강화하는 데 장애 요인이 될 수 있다. 따라서 중국의 시민사회가 건강하게 발전하기 위해서는 시민사회 단체가 중국 내에서 대중적 기반을 강화하는 것이 무엇보다 중요한 과제이다. 이를 위해서 우선 언론이나 해외 자원에 대한 의존도를 줄이고, 지역 혹은 활동 영역에서 대중적 기반을 강화하는 것을 사업의 가장 중요한 목표로 삼아야 할 것이다. 동시에 공간 차원의 열악한 상황을 근본적으로 개선하기는 어렵지만, 시민사회 단체가 이 문제를 회피하기보다는 문제 해결을 위한 적극적인 고민과 연대가 필요하다. 중국 정부가 시민사회의 필요성을 완전히 부정하지 않고 있으며 사회적으로 시민사회의 역할이 중요하다는 점에 대한 인식이 증가하고 있는 상황에서 시민사회 발전에 유리한 법적·제도적 공간을 발전시키는 것이 불가능한 것은 아니기 때문이다.

제7장

사례연구 :
누강댐 반대 운동과 NGO

환경보호 활동은 중국에서 NGO가 가장 활발하게 활동하고 있는 영역으로 중국 NGO의 현황과 중국에서 발전하고 있는 시민사회의 특징을 구체적으로 이해하는 데 다른 어떤 영역보다도 풍부한 사례를 제공하고 있다. 그리고 중국 NGO가 적극적으로 활동하고 있는 또 다른 영역인 교육, 빈곤 퇴치 등과 같은 사회 서비스의 경우 국가와의 관계에서 보면 보완적 성격이 강한 반면, 환경보호 활동은 국가의 발전주의, 혹은 지방정부의 경제성장 제일주의와의 갈등적 요소가 강하다. 따라서 국가에 대해 상대적 자주성을 갖는 NGO와 시민사회의 발전 가능성을 탐색하는 데 있어 환경보호 활동이 사회 서비스 영역보다 적절한 사례라고 할 수 있다.

누강댐 반대 운동은 2003년 8월 중국 서남부 윈난성의 누강에 산샤(三峽)댐보다 더 많은 발전량을 생산할 수 있는 대규모 댐을 건설하는 계획이 대중에게 알려지면서 시작되었다. 환경 NGO의 댐 건설 반대 운동은 2004년 2월 원자바오(溫家寶) 국무원 총리가 "과학적으로 연구하고, 신중하게 결정하라"(科學研究, 愼重決策)며 건설 계획을 중지하는 지시를 내리는 데 커다란 영향을 미치면서 중국에서 NGO가 의미 있는 존재로 등장하고 있음을 보여 주었고 중국 내는 물론이고 해외의 많은 관심을 받았다. 그러나 원자바오 총리의 지시가 누강댐 반대 운동의 승리를 의미하는 것은 아니었다. 건설 및 전력 관련 국가

기구, 지방정부, 국유전력기업 등이 댐 건설 계획을 포기하지 않고 계속 공사를 재개하기 위해 노력했기 때문이다. 따라서 누강댐 건설을 둘러싼 갈등은 2007년 초까지도 최종적인 결정이 내려지지 않은 상태이다. 이러한 누강댐 반대 운동은 두 가지 점에서 중국의 시민사회와 NGO의 발전을 검토하는 데 좋은 사례가 된다.

첫째, 시간적인 측면에서 누강댐 반대 운동은 최근까지 3년이 넘는 동안 NGO들이 지속적으로 개입한 장기적인 활동이다. NGO라는 조직적 기반이 없었다면 나타나기 힘든 현상으로 중국에서 NGO의 발전을 보여 주는 중요한 현상이며, 동시에 NGO들이 어떤 방식으로 사회적 의제에 개입하고 있는가를 이해하는 데 많은 도움을 주고 있다. 둘째, 내용적인 측면에서 누강댐 반대 운동은 단순히 댐 건설에 반대하는 자연보호 운동에 머무르는 것이 아니라 이주민의 권익, 그리고 시민의 참정권 문제 등이 쟁점으로 제시되었다. 이는 우리에게 중국의 NGO가 갖고 있는 사회적·정치적 목표가 어떻게 실현되고 있는지를 확인할 수 있는 기회를 제공해 주고 있다.

아래에서는 5장에서 설명한 중국 NGO의 행위적 특징이 누강댐 반대 운동에서 어떻게 나타나고 있으며, 이러한 행위가 중국의 국가-사회 관계의 변화, 그리고 중국 NGO와 시민사회의 발전에 어떤 시사점을 던져 주고 있는가에 초점을 맞추어 그 전개 과정을 살펴볼 것이다.

1. 중국에서 환경운동의 발전 과정

중국에서 환경운동의 발전 과정을 살펴보면 누강댐 반대 운동은 갑자기 출현한 것이 아니라는 점을 알 수 있다. 환경 NGO들이 1990년대 이후 지속적으로 발전하기 시작했으며 환경운동의 사례도 계속 증가해 왔다. 이 시기 지속적으로 증가한 환경운동의 유형은 두 가지로 분류할 수 있다.

첫째는 환경오염의 피해자가 주도하는 유형이다. 중국에서는 개혁개방 이후 공업화가 빠른 속도로 진행되면서 공장 등에 의한 환경오염과 이에 따른 주민의 피해가 지속적으로 증가했다.[1] 중국에서 환경문제가 사회적 쟁점으로 부상한 것은 그리 오래되지 않았지만 환경오염의 피해를 입은 사람들의 저항은 계속 존재했다. 이러한 저항에 대한 통계와 연구가 부족해서 증가 추세와 행위 유형을 체계적으로 이해하기는 어렵지만 환경문제에 대한 대중의 불만이 계속 증가하고 있으며, 격렬한 형태의 저항이 적지 않다는 사실은 간접 자료를 통해 확인할 수 있다. 중국 정법대학 환경오염 피해자 법률지원센터(中國政法大學汚染受害者法律幇助中心) 주임 왕찬파(王燦發)에 의하면, 1998년에서 2001년 사이에 진행된 중국의 환경 관련 소송은 약 2만 건으로 그리 많은 숫자라고 볼 수 없으나 매년 25%의 속도로 증가하고 있으며, 환경 관련 항의 건수는 1998년 18만 건, 1999년 25만 건, 2000년 30만 건이며, 2001년에는 환경총국에 투서한 것만 40만 건에 달했다(王永晨·熊志紅 2005, 182). 그리고 상하이 시에서 집계한 88건의 환경 관련 항의 행동 가운데 44건이 그 행동의 정도가 심각했으며, 다섯 건만이 법률적 수단에 따라 이루어졌다(Jing 2000, 218). 환경오염 문제가 더욱 심각하고 경제에 직접 영향을 미치는 농촌에서도 이러한 저항이 적지 않았을 것이라는 점은 쉽게 추측할 수 있다. 다만 이러한 저항들은 정부의 억

----

[1] 1997년 세계은행의 보고에 따르면 중국의 환경오염에 따른 경제적 손실은 1986년 381.55억 달러에서 1993년 1,085억 달러로 증가했고, 대체로 GDP의 3~8%에 달하는 것으로 추산된다. 그리고 중국 측의 추산에 따르면 자연재해에 의한 손실만도 1990년대 초반 5년간은 매년 1,190억 위안, 1996년에는 2,200억 위안, 1998년에서는 3,007억 위안으로 추산했으며, 자연재해에 의한 피해의 증가는 생태환경의 악화와 직접적인 관련이 있는 것으로 평가되고 있다(中國科學院可持續發展研究組 2002, 112와 115). 그런데 이러한 오염의 경제적 피해에 대한 보상체계가 없다는 점을 고려하면 그 피해의 대부분은 일반인에게 그대로 전가되었을 것이라고 볼 수 있다.

압 때문에 실패하거나 약간의 보상을 받고 마무리되는 경우가 대부분이며, 이 것이 운동을 지속할 수 있는 조직의 결성이나 정치적·사회적 의제 형성으로 이어지지는 못했다. 따라서 이러한 유형의 환경운동은 오브라이언이 설명한 '적법한 저항'과 상당한 유사성을 갖고 있다.

다만, 2004년 선전(深圳)에 고속도로 램프를 설치하겠다는 정부의 계획에, 지역 주민들이 조직적으로 항의하고 결국 정부의 계획을 철회시킨 것은 환경 오염 피해자의 활동이 비교적 조직적으로 진행되고, 법률 등 각종 제도적 수단을 통하여 목표를 달성한 드문 사례 가운데 하나이다(French 2006). 흥미로운 것은 선전 시민의 활동이 시작된 직후인 2004년 10월에 환경운동에서 공익과 사익의 관계가 무엇인가에 대한 토론이 NGO 관계자 사이에서 활발하게 진행되었다는 사실이다. 환경보호는 욕망의 억제, 공공이익의 추구와 같은 철학적 태도를 요구한다고 생각하는 사람들에게는, 선전 시민의 활동과 같이 기본적으로 개인의 이익을 지키기 위해 출발한 활동을 환경운동에 포함시키는 것은 어색했기 때문이다. 특히, 이 활동이 소외계층이 아니라 중산층의 이익을 보호하기 위한 것이라는 인식이 이러한 문제의식을 더욱 강하게 만든 것으로 보인다. 그러나 내부적 토론은, 중국의 환경운동이 지나치게 추상적이고 공상적이 되지 않기 위해서는 구체적으로 지역 차원에서 자신의 권익을 지키기 위한 활동과 적극적으로 결합할 필요가 있다는 결론을 내렸다.[2]

둘째 유형은 환경 NGO에 의해 주도되는 유형이다. 사례의 수는 전자에 미치지 못하지만, 지식인이 주도하는 환경 NGO의 경우는 자신들의 활동을 사회적 의제로 부각시키는 능력과 수단이 있었기 때문에 사회적으로 더욱 널리 알려졌고 중국 환경운동을 대표하는 사례로 인용되는 경우도 많다. 그리고 중화환경보호연합회의 "중국 환경보호 민간조직 발전상황 보고"에서도 20개의

---

2 환경 NGO 관계자와의 인터뷰를 근거로 정리.

대표적인 환경운동 사례를 선정했는데 그 대부분이 환경 NGO나 반관반민 환경보호 조직이 주도한 환경보호 활동이었다. 이 중 2003년 이전에 진행된 활동 가운데 대표적인 것은 환경 NGO 자연의벗(自然之友)이 주도한 티베트영양(藏羚羊), 황금털원숭이(金絲猴) 등의 희귀동물 보호 활동이었다. 모두 1995~96년 사이에 전개되었으며 언론의 많은 주목을 받았고 환경보호 활동과 환경 NGO에 대한 대중의 인식을 제고하는 데 커다란 역할을 했다.

중국 환경운동에서 가장 커다란 문제는 이 두 가지 유형의 활동이 결합되지 않고 있다는 점이다. 여기에는 환경 NGO들이 오염문제가 광범하게 발생하는 농촌 지역보다는 도시를 주요 기반으로 하고 있으며, 동시에 격렬한 갈등을 유발할 가능성이 높은 환경오염 피해자와의 적극적인 연합보다는 환경교육과 같은 온건한 방식의 환경보호 활동에 주력한 데에서 비롯된다. 다만, 엘리트형 NGO 이외에 풀뿌리형 NGO가 증가하고, 일부 활동가들이 시민의 권익 보호라는 차원에서 환경운동을 전개하고자 하는 의지를 보이는 경우가 증가하고 있다는 점은, 이후 중국 환경운동의 발전과 관련하여 주목할 만한 추세라고 할 수 있다.[3]

이 두 가지 유형의 환경운동이 비교적 성공적으로 결합한 사례는 푸젠(福建)성의 허우룽(後龍)촌이라는 곳에서 전개된 환경오염 항의 활동이었다. 이는 1992년 화학 공장이 이 마을로 이전하면서 시작되었다. 당시 해당 향정부의 전체 수입 가운데 1/4이 이 화학 공장에서 나왔기 때문에 지방정부는 당연히 이 공장을 지원하고 있었다. 하지만 화학 공장이 설립된 이후 지역의 대나무가 피해를 입으면서 1995년 농민들이 항의 행동에 나서기 시작했다. 이들은 각급 정부에 자신의

---

3 2002년 12월에 열린 기자살롱(아래에서 설명) 토론회에서 왕용천은 "중국 환경 NGO가 생태 여행, 철새 관찰 등을 통해 자연을 이해하는 환경 교육 활동에서는 적지 않은 일을 했지만 권익 보호(維權) 활동은 불충분하다."라고 지적했다(王永晨·熊志紅 2004, 186-187).

138

요구를 담은 서한을 보내는 청원 활동을 계속 전개했고, 2001년에는 당시 총리인 주룽지(朱鎔基)의 홈페이지에 1,000여 명의 농민이 서명한 청원서를 보냈다. 그리고 2002년 11월 중국 정법대학 환경오염 피해자 법률지원 센터와 함께 화학 공장을 대상으로 소송을 제기했다. 그리고 2005년 법원은 오염 물질을 제거할 것과 68만 위안을 배상할 것을 요구하는 판결을 내렸다. 법원은 오염 피해는 인정했지만, 농민이 요구한 약 1,000만 위안의 요구액에 크게 못 미치는 배상 판결을 내렸다는 점에서 농민과 환경 NGO가 만족할 만한 결과라고는 할 수 없다. 그러나 이 활동은 다른 농촌에서의 환경오염에 대한 항의 활동과는 달리 환경 NGO와 협력하고 언론매체의 관심 속에서 진행되었다는 점에서 의미가 있다. 그리고 이 활동을 주도한 농민들이 2004년 '병남녹색의집'(屏南綠色之家)이라는 환경 NGO를 조직했다는 점도 기존의 사례와 차이가 있다(*CDB* June 2006, 2-3).

2003년 7월 진행된 '두장옌(都江堰) 보호 활동'은 1990년대 중반 이후 꾸준히 증가한 환경보호 활동이 전국적인 영향력을 갖기 시작했음을 보여 주는 동시에, 이어서 전개되는 누강댐 반대 운동을 위한 동력을 만들었다는 점에서 중요한 의미를 갖는다. 이 활동은 쓰촨성 청두(成都)의 두장옌 관리국이 2000년 11월 세계문화유산으로 등록된 두장옌 주변 지역에 새로운 제방 건설을 추진한다는 사실이 알려지면서 시작되었다.[4]

당시 『중국청년보』의 기자 장커지아(張可佳)는 2003년 5월 경 두장옌 세계유산관리판공실의 담당자로부터 이 공사 계획에 대한 정보를 얻었다. 이는 우연한 결과는 아니며, 2002년 겨울 학생들의 답사와 현지 교육 프로그램을 공동으로 진행하던 과정에서 만들어진 현지 관리인과의 신뢰가 있었기 때문에 가능했다. 이 정보를 접한 기자는 비록 긴급한 상황이기는 했지만 바로 이를 기사화하거나 반대하는 활동을 조직하지 않았다. 먼저 유네스코의 관련자와 접

---

4 두장옌 보호 활동의 전개는 관련자들의 인터뷰를 기초로 필자가 재구성하였음.

촉하여 이 문제를 알리고 유네스코가 공식적인 방식으로 중국 정부에 이 문제를 문의하는 동시에 6월 초 중국 인민방송국 왕용천(王永晨)과 함께 쓰촨의 다른 지역의 회의에 참석한 기회를 활용하여 현지를 방문하여 상황을 조사했다. 그리고 베이징에 돌아온 후 유네스코와 계속 접촉하는 한편, 환경문제에 관심을 가진 기자들의 모임인 기자살롱(記者沙龍)에서 왕용천이 현장조사를 통해 작성한 원고를 다른 기자에게 나누어주며 사건의 경과를 널리 알렸다. 그리고 장커지아가 7월 9일 『중국청년보』를 통해 이 문제를 보도하는 데 성공하면서 전국적인 쟁점으로 부상했다.[5] 『중국청년보』가 이 사건을 보도한 이후 중국의 약 180여 개의 언론매체가 이 사건을 보도했는데 대부분이 건설을 반대하는 입장이었다. 이 문제가 알려진 이후 두쟝옌 관리국은 계속 건설 사업의 정당성을 주장했지만, 8월부터는 중앙정부와 지방정부가 여론을 수용하여 건설 반대 입장을 분명히 밝히기 시작했고, 쓰촨성의 성장이 8월 29일 공사 계획 중단을 공식적으로 발표하며 이 사건은 마무리되었다.

이는 대규모 공사가 민간 세력의 반대로 중단된 매우 드문 사례이며, 당시 이 활동을 주도했던 대부분의 사람들도 성공할 것이라고 기대하지 않았다고 한다. 이러한 결과가 나온 요인은 몇 가지가 있다. 우선 두쟝옌이 세계유산으로 등재되었다는 사실 자체가 세계유산의 가치를 훼손하는 공사를 반대하는 목소리의 정당성을 강화시켜 주었다. 또한 현지에서, 특히 정부 부문 사이에 공사에 대한 이견이 있었다는 점도 중요하게 작용했다. 이 계획은 수리부 계통에 속해 있는 두쟝옌 관리국이 독자적으로 추진하면서 지방정부에게도 이를 제대로 알리지 않아 지방정부도 상당한 불만을 표명했다고 한다. 그리고 개발

---

5 한 기자는 위의 보도를 '개입성'(干預性) 보도라고 분류하며 이러한 유형의 보도는 신문사 책임자의 협력을 얻지 못하면 보도되기 어렵다고 평가했다. 사후 평가 혹은 단순한 사실 보도와는 달리, 진행되는 상황에 영향을 미칠 수 있는 이러한 유형의 보도는 관련 이익집단(많은 경우 각급 정부)의 항의나 사회에 대한 '부정적' 영향을 우려한 중국공산당 선전부의 비판을 초래할 가능성이 많다.

을 추진하는 두장옌 관리국과 세계유산에 대한 관리 책임을 맡은 두장옌 세계
자연유산 관리사무실 사이의 입장 차이는 더욱 뚜렷했다.

그러나 무엇보다 중요했던 것은, 이를 대대적으로 그리고 비판적 시각으로
보도한 언론매체의 역할이다. 언론의 이러한 적극적인 반응은 2003년 9월 1일
부터 "환경영향평가법"(環境影響評價法)이 발효됨에 따라 환경문제가 여론의
주된 관심사 중 하나로 부상했던 것과 관련이 있다. 이 법은 정책 결정 과정에
커다란 영향력을 갖지 못했던 환경총국에게, 환경영향평가의 심사 기관으로서
주요 건설 프로젝트에 영향을 미칠 수 있는 법적 수단을 제공했다.[6] 뿐만 아니
라 원칙적으로 "국가는 유관 단위, 전문가, 대중이 적당한 방식으로 환경영향
평가에 참여하는 것을 고무"하고 환경에 부정적 영향을 주거나 대중의 환경
권익에 직접 관계가 있는 사업은 "논증회, 청문회 혹은 기타 적당한 형식으로
유관 단위, 전문가, 대중의 환경영향보고서 초안에 대한 의견을 구한다."고 규
정하여 환경 NGO들이 정부의 정책 결정에 개입할 수 있는 법적 수단을 제공
했다. 이 두 가지 규정은 아래에서 살펴보는 누강 보호 활동에 더욱 커다란
영향을 미쳤다.

두장옌 문제에 대한 언론매체의 적극적인 반응을 이끌어 내는 데 중요한 역할
을 한 것은 기사살롱이라는 비공식 포럼이었다. 2000년 환경 NGO인 녹가원(綠家
園)의 제안으로 환경보호에 관심이 많은 기자들이 정기적으로 모여 토론을 하는
기사살롱이 시작되었고, 2002년부터 『중국청년보』 내에서 환경문제에 관심이 있
는 사람들의 모임인 녹도(綠島)와 공동으로 진행하면서 규모가 더욱 커졌다.[7] 한

---

6 환경영향평가법 제정은 환경영향평가에 대한 법적 의무를 부과하고 절차(환경총국의 비준)를 분명
하게 규정했다. 환경평가의 대상은 개별 건설 프로젝트만이 아니라 사업계획으로까지 확대하고, 대
중의 환경영향평가 과정에 대한 참여를 명시했다는 점에서 1970년대 후반에 도입되었으나, 형식적
절차에 지나지 않았던 환경영향평가를 정책 결정에 중요한 영향을 미치는 변수가 되도록 만들었다.
7 2000년에서 2003년까지 기사살롱에서 발표된 내용은 王永晨·熊志紅(2004)로 출판되었다. 이 시기
기사살롱에서 다루어진 주제는 아래와 같다. 습지 활용, 남수북조(수자원이 풍부한 남부 창(長)강의

NGO 관련 인사는 이 기자살롱이 공식적 형식을 갖추지는 않았지만 NGO로서 기능했고, 이러한 조직적 기초가 두장옌 보호 활동을 성공으로 이끄는 중요한 동력이 되었다는 점을 강조했다. 두장옌 보호 활동은 일과적인 사건만은 아니었으며, 아래로부터 형성된 동력이 두장옌 개발 계획이라는 계기를 통해 표현된 것이라고 할 수 있다.

그러나 한 환경 NGO 관련자는 이 활동을 언론에만 의존하고 문제를 지속적으로 다룰 수 있는 현지의 조직적 기반이 없다고 평가하며 우려를 표현하기도 했다. 그리고 이러한 활동이 공사를 일시적으로 중단시키는 것 이외에 중국의 담론 구조, 정치·문화적 환경에 어떤 변화를 가져왔는지에 의문을 제기하는 경우도 있었다. 두장옌 보호 활동은, 2004년 초 경찰이 한 대학생을 신분증을 소지하지 않았다는 이유로 노숙자로 간주하여 불법 구금하고 구타하는 과정에서 숨지게 한 "쑨즈강(孫志剛) 사건"에서 여론의 비판이 수용 관련 법규를 폐지시킨 것처럼 제도적·정책적 변화를 이끌어 내지는 못했다는 것이다. 그래서 일부는 두장옌 사건이 우연적 측면이 강하다는 점을 강조하기도 한다. 그러나 두장옌 문제가 마무리된 직후인 9월부터 누강 보호운동이 시작되면서 환경 보호 활동의 성공이 단순히 우연적 사건은 아니라는 점을 보여 주었다.

물을 물 부족 현상이 만연한 화북 지역으로 보내는 사업), 중국 수자원 문제, 녹색인증제도, 생물 다양성, 청정에너지, 환경 관련 행정 정보 공개 법률제도, 기업의 환경 관련 정보 공개, 환경보호 기업의 중국 투자, 생태 문화와 생태 보호, 중국의 천연 녹지, 양방목과 사막화, 유기농, 동물복지입법, 세계지속가능발전대회에서의 중국 NGO, 온실가스와 같은 오염물질 배출권 교역, 아시아 코끼리의 위기, 베이징 동물원, 인도 보팔 사건, 중국 환경권의 현황, 유전자조작 식품의 안전성, 황사, 종자 연구와 지적재산권, 야생동물 이용 약재의 국제무역, 야생 동식물 소비의 문제점, 사스 확산 중 동물 학대, 도시 수자원 이용, 수력발전 개발과 생태 위기 등.

2. 누강댐 반대 운동의 전개

중국 서남부 윈난성을 지나는 누강은 서쪽의 티베트에서 발원하여 남쪽의 태국, 미얀마 등을 지나가는 살윈(Salween)강의 상류 지역으로 원시적 자연 상태가 잘 보존되어 있는 하천이다. 그리고 2003년 7월 인근 지역을 평행으로 달리는 진샤(金沙)강(동쪽으로 쓰촨으로 흘러가며 외국에는 양자강으로 많이 알려진 창강의 상류임), 란창(瀾滄)강(남동쪽으로 흘러 미얀마, 태국, 라오스, 캄포디아, 베트남을 지나는 메콩강으로 이어짐)의 상류 지역과 함께 '삼강병류'(Three Parallel River)라는 이름으로 세계자연유산에 등재되었다.

그런데 이 지역이 세계자연유산으로 등재됨과 동시에 윈난성 지방정부와 국유 전력기업인 베이징화전집단(北京華電集團)이 누강 지역에 수력 발전을 위한 댐 건설을 추진했고,[8] 2003년 8월 14일 국가발전개혁위원회(國家發展和與改革委員會)에서 윈난성 누강 주정부가 제출한 "누강 중하류 수력발전계획보고"라는 제안이 통과되었다. 이는 742킬로미터에 달하는 누강 중하류 열세 곳에 발전을 위한 댐 건설을 주 내용으로 하며, 발전량이 산샤댐을 초과하고 총투자액이 13조에 이르는 대형 사업이었다. 뿐만 아니라 열세 곳 중의 한 곳인 리우쿠(六庫)는 2003년 이내에 공사를 개시하겠다는 것으로 건설 일정도 매우 촉박하게 제시되었다.

초기 누강댐 논쟁에서 중요한 역할을 했던 허다밍(何大明)은 2006년 1월 한 주간지와의 인터뷰에서, 중국에서 대형 댐 건설 사업은 계획이 정해지고도 10년이 넘도록 공사가 진행되지 않는 경우가 많은데 누강댐이 이렇게 조급하게 추진되는 것에 놀라지 않을 수 없었고, 이 점이 누강댐과 관련한 논쟁에

---

8 이 계획은 2003년 3월 14일 윈난성 정부와 베이징화전집단이 "윈난전력발전에 대한 협력 의향서"(關於促進雲南電力發電的合作意向書)에 서명하면서 본격적으로 시작되었다.

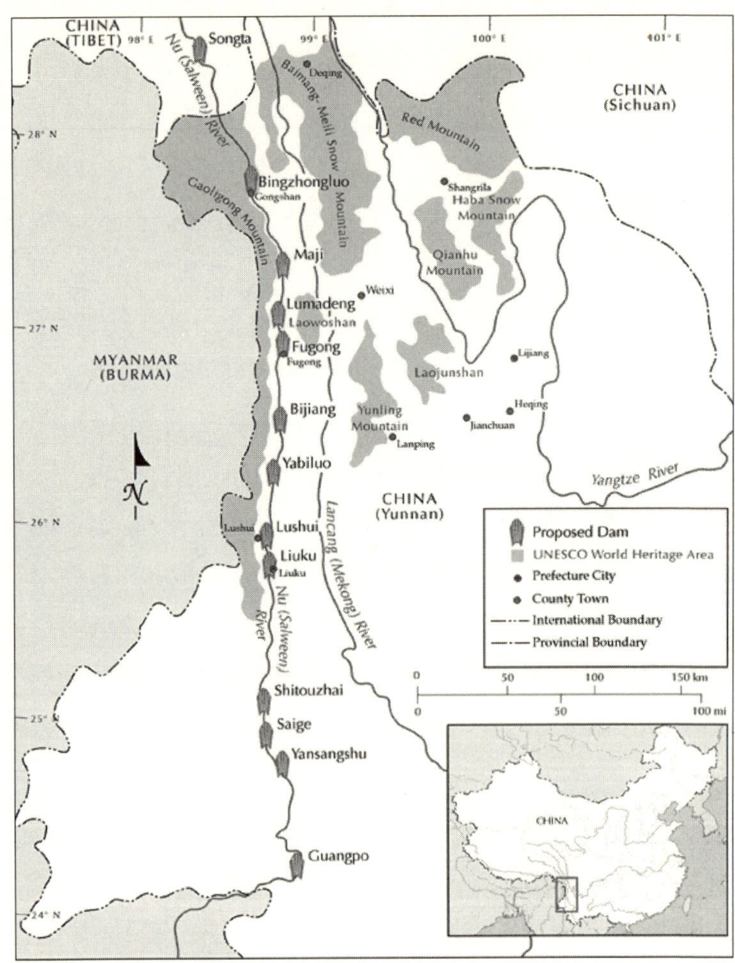

<그림 1> 삼강 병류 지역 및 누강댐 건설 예정지

주: 〈주요 하천〉 Yangzi River: 창(長)강, Lancang(Mekong) River: 란창(瀾滄,메콩)강,
Nu(Salween) River: 누(怒, 살윈)강, 〈누강 유역의 13곳 댐건설 예정지〉
Songta(송타, 松塔), Bingzhongluo(빙종뤄, 丙中洛), Maki(마지, 馬吉),
Lumadeng(루마덩, 路馬登), Fugong(푸공, 福貢), Bijinag(비쟝, 碧江),
Yabiluo(야비뤄, 亞碧羅), Lushui(루쉐이, 瀘水), Liuku(리우쿠, 六庫),
Shitouzhai(스터우자이), Saige(사이거, 賽格), Yansngshu(옌상슈, 岩桑樹),
Guangpo(광포, 光坡)
출처: www.chinarivers.com/damsandquakes.html.

144

참여한 중요한 배경이 되었다고 회고했다(『新民週刊』06/01/12, http://news.163. com/06/0112/11/2790HT2M00011K1E_2.html). 누강댐 건설 계획이 발표되자 중국 내 환경운동 단체들이 적극적으로 반대하고 나서면서 누강댐 건설을 둘러싼 갈등과 논쟁이 본격적으로 시작되었다.

1) 1단계(2003년 9월~2004년 2월) : 예상하지 못한 승리?

누강댐과 관련한 논쟁에 환경 NGO들이 개입하는 과정에는 환경총국이 중요한 역할을 했다. 환경총국은 누강댐 계획에 비판적인 태도를 가지고 있었고 9월 초에 "누강 보호 및 서남 지역 댐 개발의 생태 문제와 관련한 보고"(關於怒江保護及西南水電開發的生態問題的報告)라는 보고서를 제출하여 중국 서남 지역에서 댐 건설이 초래할 생태환경에 대한 부정적 영향에 대해 상세하게 설명했다. 동시에 토론회를 조직하여 9월 3일 전문가들이 누강댐 건설에 대해 비판적 의견을 발표할 수 있는 기회를 제공했다. 이 회의는 비공개로 진행되었으며 댐 건설 찬성론이 더 많이 발표되는 평범한 토론회였으나, 이 회의에서 발표된 댐 건설 반대론이 9월 9일 『중국환경보』(中國環境報)에 자세하게 보도되면서 누강댐 건설과 관련한 논쟁이 공개화되기 시작했다. 특히 윈난대학 환경 NGO의 소개로 이 회의에 참석한 허다밍은 아래와 같은 반대 의견을 발표했는데, 이는 이후 반대론자의 주요 논거가 되었다.

첫째, 독특한 자연 지형을 가진 이 지역은 2003년 7월 유엔의 세계자연유산에 등록되었는데, 개발 사업은 세계자연문화유산을 보호해야 하는 중국 정부의 의무와 상충된다.

둘째, 큰 자연적·문화적 가치를 가진 천연적인 협곡이 매몰될 것이다.

셋째, 누강은 동남아 민물 어류 지역과 가장 중요한 연결 부분으로 독단적으로 개발해서는 안 된다.

넷째, 단층 지대가 있기 때문에 건설 사업은 자연재해의 위험성을 증가시킨다.

다섯째, 농민의 대규모 이민이 불가피하다.

여섯째, 이 지역의 빈곤은 여러 원인이 복합적으로 작용한 결과이며, 대형 수력발전소 건설을 통해 해결되기는 어렵다.

환경총국의 토론회에 이어 10월 초에 환경총국의 국장을 포함한 사람들이 누강을 현지조사했고, 당시 조사단은 "댐 개발을 하지 않는 것은 불가능하지만, 건설 예정인 댐의 수를 줄이고 댐의 높이를 낮추는 것은 가능하다."라는 잠정적 결론을 내렸다고 한다. 환경총국의 움직임과 함께 언론에서도 누강댐 건설에 대한 논쟁이 많이 소개되기 시작했다. 특히, 이러한 보도들은 댐 건설에 비판적인 입장을 적극적으로 반영했다. 댐 건설을 추진하는 세력도 이러한 움직임에 조심스럽게 대응하기 시작했다.

양측의 주장은 쿤밍에서 10월 20일에 열린 "누강 수력발전과 생태 환경보호 전문가 좌담회"(怒江水力發電與生態環境保護專家座談會)에서 더욱 격렬하게 충돌했다. 이 회의는 윈난성의 성장과 국가 환경총국의 관원들이 배석한 상황에서 베이징의 전문가와 윈난성의 전문가가 대립하는 양상으로 진행되었다. 양측 주장의 요지는 〈표 7-1〉과 같다.[9] 이 표에서 볼 수 있듯이 댐 건설을 주장하는 측에서는 빈곤 문제의 해결 등 경제 발전을 주된 이유로 내세우고 환경에 대한 약간의 부정적인 영향은 있지만 심각한 영향을 주지 않는 방식으로 개발을 추진할 수 있다고 주장했다. 반면, 댐 건설 반대론자들은 누강댐 건설이 누강 지역의 환경에 심각한 훼손을 가져올 것이라는 비판을 중심으로, 경제 발전도 해당 지역 주민에게는 커다란 이익을 주지 않을 것이라는 주장으로 대응했다. 이 논쟁에서 댐 건설 반대 측은 중국공산당과 중국 정부가 1990년대

---

9 당시 논쟁 참가자의 증언.

〈표 7-1〉 누강댐 건설과 관련한 논쟁의 요지 (2003년 10월 20일 토론회)

쟁점	댐 건설 찬성론	댐 건설 반대론
경제 발전	(누강 지구당 서기) 목재, 석재 재취가 불가능해진 상황에서 수력자원 개발만이 누강 지역이 빈곤에서 벗어날 수 있는 유일한 길이다.10 (화전공사 CEO) 댐 건설 과정에서 40%의 노동력은 현지에서 충원할 것이다.	- 댐 건설만을 경제 발전의 유일한 길로 생각해서는 안 되며 여행 산업을 발전시킬 수 있는 길을 모색할 필요가 있다. - 중국공산당 제16차 3중전회에서 "사람과 자연의 조화로운 발전"이라는 방침을 결정했다. - 댐 건설은 기업과 지방정부에게만 이익이 되고 현지 주민에게는 경제적 이익이 없다.
생태 환경	- (어류) 누강의 대다수 어종은 단거리 회류형으로 댐 건설이 이들에게 미치는 영향은 작을 것이다. - (자연 하류 보존) 상류의 미얀마 지역이 개발될 가능성과 수자원이 낭비되는 것을 고려하면 전체 하류를 보전할 필요는 없다.	- 산샤댐 사례가 보여 주는 것처럼 하류의 흐름이 정지되면 어류에는 커다란 타격이 있을 것이다. - 중국에 자연 하류가 하나도 없다면 어떻게 중국의 생태보호를 이야기할 수 있겠는가?
세계유산 보호 (생물다양성)	- 누강댐 건설은 세계자연유산으로 포함된 해발고도 2,000미터 이상의 고지대에 못미치는 1,570미터 이하의 협곡에서 진행될 것이다. - 보존 대상은 가오리공(高利貢)산의 생물다양성이며 누강 협곡에는 특별히 보호할 생물종은 없다. - 중국의 다른 지역은 물론이고 윈난의 다른 곳에도 많은 생물종이 있으니 누강 협곡의 개발이 생물다양성을 훼손한다고 볼 수 없다.	- 2,000미터 아래에서 진행되는 댐 건설도 세계자연유산이 본 모습을 유지하는 데 영향을 준다. - 누강 협곡에도 많은 국가보호식물, 중점보호생물이 서식하고 있다. - 생물 다양성을 유지해야만 누강의 특수종을 보존할 수 있다.
환경영향 평가		- 경제평가나 경제적 효율의 문제 등이 환경평가에 영향을 미쳐서는 안 된다.

---

10 누강 주변의 주민들은 대부분 소수민족이고 화전에 의존하는 등 중국에서도 가장 원시적인 방식

후반부터 환경보호의 필요성을 강조한 것을 자신들의 주장을 정당화하는 주요 수단으로 활용했다.

특히, 논쟁이 한창 진행되고 있는 시점에서 중국공산당의 지도부가 과학발전관과 관련하여 "사람과 자연의 조화"를 주요 원칙의 하나로 삼는 새로운 발전 전략을 제출한 것이 댐 반대론자의 입장을 크게 강화했다. 2003년 8월 28일부터 9월 1일까지 장시(江西)성의 빈곤 지역을 방문한 후진타오는 "전면적이고 협력적이고 지속가능한 과학발전관"을 수립해야 한다고 주장했다. 그리고 2003년 10월에 개최된 중국공산당 제16기 3중전회에서 이를 새로운 발전 노선의 핵심 내용으로 결정했다. 이 회의에서 채택된 "사회주의 시장경제를 개선시키는 것과 관련한 결정"(關於完善社會主義市場經濟體制若干問題的決定)에서는 "다섯 가지의 종합적 고려"라는 원칙을 제시함과 동시에 "인민을 근본으로 하며, **전면적**이고 **협력적**이고 **지속가능한** 발전관을 수립하고, 경제·사회와 사람의 전면적인 발전을 촉진한다." (강조는 필자)고 주장했다.

이 토론회를 전후로 환경 NGO들은 누강댐 건설 반대 활동을 더욱 적극적으로 전개하기 시작했다. 2003년 10월 24일 '중국환경문화촉진회 제2차 회원 대표대회'에서 녹가원 대표인 왕용천의 제안으로 62명의 과학계, 문화예술계, 언론계의 인사가 참여하여 댐 건설에 반대하는 주장이 발표된 것은 중국 내 여론에 커다란 영향을 주었다. 그리고 윈난의 쿤밍(昆明)시에서는 환경 NGO인 녹색유역(綠色流域)이 '물의 소리'(水之聲)라는 누강 보호 관련 토론회를 개최했다. 누강댐 반대 운동 과정에서 베이징의 주요 환경 NGO인 녹가원, 자연의벗,

<hr>

으로 살아가고 있으며, 누강주 정부의 경우 2002년 정부 수입이 140억 원도 안 되고 농민 1인당 1년 총수입이 100달러를 조금 넘는 수준에 불과하다. 윈난성 정부의 발주를 받은 한 연구보고는 수력발전 건설이 완료될 경우 누강주 정부의 예산 수입은 1,300억 원 이상으로 증가하고 44만 개의 새로운 일자리가 만들어질 것이라고 추산했는데, 이러한 수치는 빈곤에 시달리고 있는 이 지역의 정부와 지역 주민에게 매우 매력적인 것이 아닐 수 없었다.

녹색유역 등 사이의 협력도 강화되기 시작했다. 중국에서 산샤댐의 경우가 보여 주는 것처럼 댐 건설과 관련한 논쟁이 없었던 것은 아니나 정부 내 논쟁이 중심이었으며, 누강댐의 경우처럼 환경 NGO를 중심으로 하는 민간 부분이 논쟁을 불러일으키고 논쟁에 적극적으로 개입한 사례는 과거에 없던 새로운 양상이다. 여기에는 환경 NGO의 발전과 함께 중국의 관료체제 내에서 상대적으로 영향력이 약한 환경총국이 자신의 입장을 관철시키기 위해 환경 NGO들과 여론의 지원이 매우 절실한 상황이었기 때문에 NGO의 활동을 암묵적으로 지원한 것이 많은 도움이 되었다. 환경총국이 조직한 GONGO인 '환경문화촉진회'가 주최한 회의에서 누강댐 건설에 비판적인 성명서가 작성되고 지지자를 모을 수 있었던 것도 이러한 배경에서 가능했다.

2003년 11월 들어 환경 NGO들은 국제사회에서 누강 보호 관련 활동을 적극적으로 전개했다. 녹색유역은 11월 18일 태국에서 개최된 한 심포지엄에서 누강 보호와 국제 하천의 협력이라는 주제의 강연을 했으며, 같은 달 28일 태국 방콕에서 UNDP 등이 주최하고 태국의 주요 국제기구가 참여한 누강 관련 토론회에서도 강연을 했다. 그리고 이 해 12월 태국에서 열린 하천 보호 관련 국제회의에서 자연의벗, 녹가원, 녹색유역 등의 중국 환경 NGO가 공동으로 참여하여 누강 보호의 필요성을 알리는 선전 활동을 적극적으로 전개했다. 이에 참여한 여러 나라 60여 개의 NGO들은 누강 보호를 주장하는 성명을 발표하고, 이를 유네스코에 전달했다. 유네스코는 이 성명에 대해 누강 문제를 주목하고 있다는 회신을 보냈다(胥曉鶯 2005).

누강 문제는 다음과 같은 두 가지 이유로 국제적 관심을 모았고, 이러한 국제적 관심은 중국 정부에 커다란 압력으로 작용했다. 우선, 누강 지역이 세계자연유산으로 등록되어 있다는 점이다. 중국 정부는 세계유산을 보호할 책임이 있고 세계유산을 훼손할 경우 초래할 국제적 비난을 크게 의식하고 있었다. 특히, 중국은 2004년 여름 장쑤(江蘇)성 쑤저우(蘇州)시에서 세계유산총회를 유치할 예정이었기 때문에 국제적 반응에 더욱 민감하지 않을 수 없었다.
또한 누강이 동남아로 흐르는 국제 하천(살윈강)의 일부분이라는 점이다. 국제
하천의 개발 문제는 국제적으로 매우 민감한 문제 중 하나이다. 2001년
ASEAN 국가들과 10년 내에 FTA를 체결하는 데 합의하는 등 동남아 국가와의
관계 개선에 적극적으로 나서고 있었던 중국 정부로서는 동남아 국가의 반응
을 의식하지 않을 수 없는 상황이었다. 물론, 메콩 강처럼 동남아 국가들과
공동 개발을 추진한다면 다른 국가와의 관계에는 커다란 문제가 발생하지 않
을 수 있으나, 이 경우에도 댐 건설에 대한 하류 지역의 주민이나 NGO들의
반발을 막는 것은 불가능했다.

　　2004년 들어서면서 환경 NGO들은 국내에서 선전 활동을 강화하기 시작
했다. 2004년 1월 8~9일에는 중국사회과학원, 쓰촨지질학회, 녹색유역 등과 공
동으로 "댐 건설과 사회·경제·생태 영향"(水電工事與社會, 經濟, 生態影響) 토론
회를 베이징에서 개최하여 여기서 발표된 주요 내용을 고위 정책 결정자에게
전달했다.[11] 16일 녹색유역의 인터넷 토론회에서는 베이징의 자연의벗, 녹가
원이 적극적으로 참여하여 반대 여론을 확산시켰다. 동시에 윈난성 양회(兩會,
인민대표대회와 정치협상회의)가 진행되던 2월 13일, 윈난성의 정협 위원이 누강
개발을 신중하게 진행할 것을 제안했고, 이 발언의 요지가 후에 『전국정협보』
(全國政協報)와 『윈난정협보』(雲南政協報)에 게재되었다. 정치협상회의는 입법
권이 없는 자문기구에 불과하지만 위원들의 적극성이 있다면 제안이라는 형식
으로 민중의 다양한 관심사를 표현할 수 있는 통로로 기능할 수 있다. 물론,
위의 제안이 전국과 지방 정협보에 실릴 수 있었던 것은 당시 중앙지도부가

---

11 이 토론회에서 발표된 내용은 후에 鄭易生(2005)에 수록되었다. 그리고 정책 결정에 참여할 수
있는 제도적 통로가 취약한 환경 NGO들은 각종 관계를 통하여 자신들의 의견, 이 경우에는 댐 건설
의 문제점에 대한 의견을 고위 지도자에게 전달하기 위한 노력을 적극적으로 벌였으며, 적어도 댐
건설에 상당한 반대 여론이 있다는 점을 전달하는 데에는 나름의 효과를 거두었다.

과학발전관을 강조했던 것이 중요하게 작용했던 것으로 보인다. 그리고 2월 하순 원자바오 국무원 총리는, 누강댐 건설 계획에 대해 이처럼 사회의 많은 관심을 모으고 또한 환경보호 관련자들의 다른 의견이 있는 대형 수력발전 건설 사업은 "신중히 연구하고, 과학적으로 결정해야 한다."(應慎重研究,科學決策)는 지시와 함께 사업 계획을 반려했다(胥曉鶯 2005). 환경 관련 NGO는 이 소식을 바로 전달받았으며, 4월 2일 홍콩 『명보』(明報)에 관련 기사가 게재되면서 이 지시가 공개되었다. 이 소식이 알려지면서 누강댐 반대 운동은 중국의 환경운동과 NGO에게 유례가 없는 성공 사례로 중국 내외에서 더욱 많은 주목을 받기 시작했다. 하지만 원자바오 총리의 지시가 누강댐 반대 운동에서 환경운동의 최종적이고 결정적인 승리를 의미하는 것은 아니었다.

2) 2단계 (2004년 3월 ~ 2005년 4월): 환경운동의 자기 발전

원자바오 총리의 지시는 환경문제에 대한 고려가 주요 정책 결정에 적극적으로 반영될 수 있는 계기가 되었다. 그러나 이 지시가 누강 관련 논의의 종결을 의미하는 것은 아니었다. 원자바오 총리의 지시가 일단 환경 보호론의 입장을 지지한 것이지만 그렇다고 개발론을 완전히 부정한 것은 아니기 때문이다.

이 지시는 산샤댐의 선례가 보여 주는 것처럼 대규모 댐 건설이 여러 사회적·환경적 부작용을 일으키는 문제가 있음에도 불구하고 이에 대한 충분한 고려가 없이 촉박하게 공사가 진행되는 것에 제동을 걸기 위한 것으로 볼 수 있다.[12] 또한, 세계유산총회의 개최를 목전에 두고 있는 상황과 세계자연유산 지

---

12 오랜 논쟁 끝에 1992년 건설 계획이 전국인민대표대회에서 통과되고 공사가 시작된 산샤댐은 공사가 시작된 이후 여러 문제를 발생시켰다. 우선, 100만 명이 넘는 이주민 문제는 중국 정부를 계속 괴롭혔다. 중국 정부는 공사 초기 이주에 따르는 사회·문화·경제적 충격을 완화시키기 위해 상류 지역 내 근거리 이주 정책에 중점을 두었으나, 1998년 창강 대홍수로 상류 지역의 취약한 생태

역에 대한 논란이 국내외적으로 확산되는 것에 대한 우려도 중앙정부가 신속하게 개입한 주요한 배경이 되었다.

그러나 원자바오의 지시가 4월 2일 『명보』(明報)에 보도되기 이전까지 중국 언론이 보도하지 않았다는 점은, 중앙정부가 이 결정이 개발론을 전면적으로 부정하는 것으로 비춰지는 것에 조심스러운 태도를 취하고 있었다는 점을 보여 주었다. 중앙정부의 입장은 경제 발전과 환경보호의 조화를 강조하는 것이지 환경보호라는 입장을 일방적으로 지원한다고 보기는 어렵다. 특히, 빈부 격차의 해소를 주요 정책 목표로 제시하고 있었던 새로운 지도부가 윈난성과 누강 지역이 중국에서 가장 낙후된 지역에 속하며 빈곤 문제도 심각하다는 상황을 고려한다면, 발전에 대한 이들의 열망을 일방적으로 부정하기는 더욱 어렵다. 따라서 전력 관련 부서나 윈난성 지방정부는 위의 결정이 누강댐 건설 계획의 중단을 의미하는 것이 아니라 과학적인 연구를 통해 공사를 추진하라는 것으로 해석하고, 공사 계획을 재개하기 위한 노력을 지속적으로 추진했다. 따라서 2004년 2월 원자바오 총리의 지시는 논쟁의 종결이 아니라 본격적인 논쟁의 시작을 의미했다. 실제로 2004년부터 댐 건설 찬성론과 반대론은 더욱 직접적·공개적으로 대립하고 충돌하기 시작했다.

누강 논쟁이 새로운 국면으로 접어들면서 댐 반대론자에게 가장 어려운 문제 중의 하나는 대중적으로 커다란 영향력을 발휘하는 발전론에 어떻게 대응할 것인가의 문제였다. 특히, 수력발전 사업만이 누강 지역이 빈곤에서 탈출

환경문제의 심각성이 드러나면서 다시 상류 지역 주민을 중하류로 원거리 이주시키는 정책을 중시하기 시작했다. 근거리 이주도 문제이지만 원거리 이주는 이주자들이 새로운 지역의 환경에 적응하지 못함에 따라 사회문제로 이어지는 경우가 많다. 또 다른 문제는 댐에 저수가 시작된 이후 수질오염과 토사 퇴적 등의 환경문제가 증가하기 시작한 것도 중국 정부를 괴롭히고 있다. 2006년 5월 20일 산샤댐 준공식에 주요 중앙 지도부들이 참석하지 않은 것은 산샤댐에 대한 중앙 지도부의 비판적 인식을 보여 주는 것으로 해석되기도 했다. 산샤댐 건설 관련 논쟁과 문제점에 대해서는 Heggelund(2004)를 참조. 산샤댐 이주민이 새로운 주거지에 적응하는 과정에서 직면하는 문제와 다시 고향으로 회류하는 현상에 대해서는 鄧飛·姚海鷹(2005)를 참조.

할 수 있는 유일한 길이라는 논리에 효과적으로 대응하지 못할 경우, 환경운동이나 댐 건설 반대론은 대중적인 지지 기반을 상실할 가능성이 높았다. 2003년 10월 20일 토론회에서 윈난대학의 당청린(黨承林) 교수가 "짐승의 권리(獸道)만을 중시할 뿐만 아니라 사람의 권리(人道)도 중시해야 한다."는 주장으로 환경보호론을 비판한 것은 공사가 일단 중단된 이후의 논쟁에서는 상당히 설득력 있는 논리가 되었다. 논쟁의 초기 단계에서는 댐 건설 반대론자들은 여행 산업의 발전을 경제 발전을 위한 대안으로 강조하기도 했으나, 누강과 같이 교통이 불편하고 여행 관련 설비가 구축되지 않은 상황에서 여행 산업이 현지 주민에게 얼마나 많은 이익을 가져다줄 수 있는지는 불확실했다. 또한 이 지역은 매우 험준해서, 이곳에 여행 관련 시설을 세운다는 것은 또 다른 환경 파괴를 의미한다는 점에서 대안으로 받아들여지기도 어려웠다.

따라서 환경 NGO들은 현지 주민의 이익을 외면한 채 환경보호만을 주장한다는 비판에서 벗어나기 위해서는 환경보호냐 발전이냐라는 논쟁 구도에서 탈피할 필요가 있었다. 사실, 중국에서 서구의 자연을 중심으로 하는 급진적 생태주의에 입각한 환경운동이 현실적이지 못하다는 문제의식은 적지 않은 사람들 사이에서 이미 공유되고 있었다(朱健剛 2006a). 그러나 발전론과 환경보호론의 대립에서 탈피하면서 동시에 환경운동의 존재 이유를 찾는 것은 그리 쉬운 일이 아니었다. 이와 관련하여 앞에서 지적한 것처럼 중국의 환경운동이 권익 보호와 연계되어야 한다는 발상이 제기되었지만 이와 관련해서도 뚜렷한 돌파구를 찾지 못한 상태였다.

그러나 누강댐 반대 운동에 현지 NGO들이 적극적으로 참여하는 과정에서 발전론의 허구적 측면이 드러내고 환경보호와 발전에 대한 요구를 대립시키지 않고 환경운동을 전개할 수 있는 새로운 돌파구가 만들어졌다. 윈난의 NGO들은 현지 주민들과 직접 접촉하고, 현지 정부와 기업과 직접 논쟁해야 하는 입장이었기 때문에 이 문제를 더욱 민감하게 느낄 수밖에 없었고 따라서 그것이

새로운 돌파구를 찾기 위한 더욱 적극적인 움직임을 촉진했던 것으로 보인다.[13]

이 문제에 대한 돌파구를 찾는 데 적극적인 역할을 한 사람은 녹색유역의 대표자인 위샤오강(于曉剛)이었다. 위샤오강은 2004년 4월 24일부터 댐 건설이 예정된 누강 지역의 주민 대표들과 함께, 1993년 댐 건설이 완성되고 발전을 시작한 란창(瀾滄, 하류는 메콩강으로 이어짐)강의 만완(漫灣) 지역을 시찰하며 댐 건설이 주민에게 미치는 영향을 실제로 확인할 수 있도록 했다(『中國靑年報』 2004/06/10). 누강 지역의 주민 대표들은 댐 건설로 인해 토지를 수용당한 현지 주민들이 댐 주변에서 쓰레기를 수집하는 비참한 생활을 하고 있는 것에 충격을 받았다. 만완댐의 경우 이주민에 대한 보상금이 최저 수준에서 책정되었기 때문에 어려움이 더욱 커졌다고 한다.

이러한 활동은 2004년 7월에 개최될 중국 쑤저우 시에서 개최되는 세계유산총회 직전인 6월 30일 쓰촨성 두장옌 시에서 열린 "서남댐과 생물다양성 토론회"(西南水壩與生物多樣性保護硏討會)에 참여한 사람들이 총회에 보내는 공동서한을 발표하는 것으로 이어졌다. 그 내용은 누강 개발 계획에 대한 세계유산총회의 관심을 요청하는 일반적인 내용이었다. 그러나 주목할 필요가 있는 것은 이 공동서한에 NGO 관련자 및 전문가들 이외에서 두 명의 누강주 촌민대표와 세 명의 만완댐 관련 이주민 대표가 참여했다는 점이다. 비록 수는 많지 않지만 이는 환경운동에서 NGO와 환경오염의 피해자가 공동으로 행동한 매우 드문 사례였다.[14]

---

13 당시 누강댐과 관련한 논쟁에서 건설 찬성론을 대표하던 지방정부의 책임자와 반대하던 환경 NGO의 대표자는 윈난대학 특정 과의 동기동창 관계이며 모두 현지에서 오랫동안 생활하고 활동한 사람들이었다. 따라서 이들 사이의 논쟁은 긴장도도 높았고 현지의 분위기를 직접 반영하는 논쟁이 될 수밖에 없었다.

14 누강댐 반대 운동에 적극적으로 참여한 NGO 관계자의 증언에 따르면 지역 환경 NGO와 농민의 교류는 2002년부터 시작되었다. 먼저, 란창 강과 누강 유역의 농민을 대상으로 하는 교육 프로그램이 진행되었는데, 이후 진사(金沙)강 유역에서도 유사한 문제가 있다고 하여 이 지역 농민도 이 교육 프로그램에 참여하게 되었다. 그런데 2003년 이후 누강댐 반대 등 윈난 지역에서 댐 건설 반대 및

주민 대표의 목소리는 2004년 10월 27일 베이징에서 개최된 "UN 수력발전 및 지속가능한 발전 국제 심포지엄"에서 더욱 적극적으로 표현되었다. 이 총회가 열리는 장소에서 댐이 건설되었거나 준비 중인 지역의 주민들이 기자회견을 열어 "이주자들에게 알권리, 참정권, 결정권을 달라"(還移民知情權, 參與權和決策權)는 주장을 하면서 댐 건설에 따른 이주자들의 권리 문제를 의제로 부각시켰다(『新民晚報』 04/10/28). 특히, 국제회의에서 농민들의 목소리가 표현되는 것 자체가 중국에서는 매우 드문 경우이며, 이러한 움직임은 누강 보호론의 정당성을 강화시켰다. 농민의 의견을 정책 결정에 반영해야 한다는 주장은 중국공산당이 각종 주요 회의에서 "인민 군중이 법에 의거하여 선거권, 알권리, 참여권, 감독권을 행사하는 것을 보장한다."고 강조한 것을 근거로 한다.[15]

댐 건설을 추진하는 세력은 누강주의 부주장을 앞세워 농민의 주장을 반박했다. 그가 내세운 논리는 누강주 인민대표와 정협위원의 대부분이 누강 개발계획에 찬성한 점이 현지 주민의 의견을 대표한다고 주장하고 회의에 참석한 농민의 대표성을 부정했다(『中國靑年報』 04/07/29). 이러한 주장은 형식논리만으로 보면 타당하다고 할 수 있다. 그러나 중국에서 인민대표나 정협이 민중들의 의견을 반영하는 대의기구로서의 역할에 많은 의문이 제기되고 있는 상황을 고려하면, 이러한 형식논리만으로 댐건설 반대론을 비판하는 것은 문제가

이주민 권익과 관련한 농민의 움직임이 가장 활발한 지역은 진사강 유역의 농민이었다. 이 지역 농민의 활동은 2005년 9월 21일 CCTV "기사"(記事)라는 프로그램에서 소개되었다.
15 이러한 대중의 권리는 2004년 9월 중국공산당 제16기 4중전회에서 통과된 "당의 집정 능력을 강화하는 것과 관련한 결정"(關於加强黨的執政能力建設的決定)에서 '조화사회' 건설이라는 목표를 제시한 이후 더욱 강조되기 시작했다. 이 문건에서는 당의 집정 능력을 강화하기 위해 여섯 가지 능력을 강화해야 한다고 주장했는데, 그중 하나로 '사회주의 조화사회'를 건설하는 능력을 제시했다. 여기서는 "전체 인민이 자신의 능력껏 일하고 자신의 몫을 얻으면서 조화롭게 공존(相處)하는 사회를 건설하는 것이 당의 집정을 강화하는 사회 기초"라고 강조하고 노동·지식·인재·혁신을 존중하며 사회의 혁신 능력을 강화하고, 각 방면의 이익관계를 잘 조정하고, 사회 관리체계의 혁신을 추구하고, 사업체계를 개선하여 사회 안정을 유지하며, 새로운 형세를 고려한 군중 사업을 강화한다는 등의 주요 사업 방침을 제시했다.

있었다. 그리고 베이징에서 이러한 논란이 진행되고 있는 동안 쓰촨성에서 벌어진 사건이 이 논란에 어느 정도 답을 제시했다. 이 회의가 진행되고 있던 10월 27일 쓰촨의 한위엔(漢源)현에서는 수만 명의 농민이 댐 건설에 따른 이주 비용이 지나치게 낮게 책정된 것에 대한 자신들의 청원이 효과를 보지 못하자 대규모 시위를 벌여 현지 경찰과 충돌하고 결국 폭동 진압 부대인 무장 경찰이 출동하여 사태를 진정시키는 사건이 발생했다.[16]

이주 문제의 제기와 농민 목소리의 반영은 중국 환경운동, 누강댐 반대 운동이 사회적 기초를 가지고 있음을 확인시켜 주었다. 즉, 환경운동의 정당성은 단순히 국가에 의해 주어진 것만이 아니라 아래로부터의 동력에 의해서 강화되었던 것이다. 물론, 이 사례만 가지고 중국 환경운동, 특히 환경 NGO가 이러한 사회적 기초와 결합하는 방향으로 발전하고 있다고 단언하기는 어렵다. 위의 사례는 일반적인 경향이라기보다는 예외적 경우라고 할 수 있기 때문이다. 그럼에도 불구하고 이는 중국의 환경운동이 나아가야 할 방향을 분명히 보여 주었다.

---

16 한위엔 지역의 댐 건설과 토지 수용에 대한 농민의 항의는 7월 29일자 『중국청년보』의 기사에서도 다루어졌다는 점에서 갑작스러운 일만은 아니며, 댐 건설과 관련한 주요 이해당사자인 현지인의 의견이 무시되는 구조적 문제점을 반영한 것이다. 그리고 이 시위는 중국 정부의 토지 수용 정책을 변화시키는 결과를 가져왔다. 2006년 8월 13일 국무원은 "중대형 저수지 이민 후 지원정책에 관한 의견"(關於完善大中型水庫移民後期扶持政策的意見)을 발표했는데, 이 규정은 토지 수용 보상비와 정착 지원비의 합계가 직전 3년의 평균 생산액의 열여섯 배(기존 규정에서는 최소 다섯 배에서 최대 일곱 배)로 증가시키는 것과 정착 이후에도 20년 동안 매년 1인당 600위안의 보조금을 지불하는 것(2006년 6월 30일 이전 이주한 경우에 대해서는 2006년 7월 1일부터 20년 동안 지불)을 주요 내용으로 했다(『第一財經日報』 06/08/14).

3) 3단계 (2004년 12월~2005년 10월) :
댐 건설 추진 세력의 반격과 이에 대한 대응

환경운동과 환경 NGO들은 이주 문제를 부각시키며 자기 정당성을 강화할수 있었지만 이는 누강 문제의 해결에 직접적인 영향을 미치지는 못했다. 오히려 누강 문제는 2004년 하반기부터 더욱 복잡한 국면으로 진입하고 있었다. 무엇보다도 댐 건설론자들이 다시 적극적으로 움직이기 시작했기 때문이다.

우선, 환경운동에 대한 댐 건설론자의 비판이 강화되기 시작했다. 사실 이들은 초기 논쟁 과정에서는 기득권적 위치에 있었기 때문에 논쟁에 적극적으로 개입하지 않았다. 이들은 공개적인 논쟁을 통한 의견 수렴과 정책 결정보다는 지방정부, 국유전력회사—수리부—국가발전위원회—국무원으로 이어지는 관료 조직 내부의 불투명한 통로를 통해 정책을 결정함으로써 자신들의 계획을 추진할 수 있다고 믿었다. 그러나 환경 NGO들이 누강댐 반대 운동을 시작한 이후 이들에 대한 여론의 지원이 정책 결정에 커다란 영향을 미쳤다는 점을 인식하고 2004년 이후에는 자신의 논리를 알리는 데 적극적인 자세로 전환했다.

이론적인 측면에서 볼 때 가장 대표적인 활동은 중국서남민족연구학회(中國西南民族研究學會)의 프로젝트이다. 이 학회는 2004년 9~12월 사이에 수력자원 개발과 환경보호를 주제로 하는 일련의 토론회를 개최하여 댐 건설 반대론자들을 비판하고 댐 건설이 환경보호와 양립할 수 있음을 주장하는 논리를 개발했다.[17] 이 프로젝트 과정에서 주요 논문은 인터넷이나 언론매체를 통해 발표하고, 중앙과 지방의 지도자에게 보내졌는데, 이는 누강댐 반대 운동 초기에

---

17 반대론자에 대한 지지론자의 체계적인 비판은 2004년 9월부터 12월 사이에 중국서남민족연구학회가 책임을 지고 진행한 "누강, 란창강, 진사강 수력자원 개발과 환경보호 연구"(怒江, 瀾滄江, 金沙江水能資源開發與環境保護研究)라는 프로젝트의 성과를 모은 馮建昆·何耀華(2006)를 참고. 여기에 실린 글은 대부분 누강댐 건설 반대론에 대한 비판에 초점을 맞추고 있으며, 프로젝트가 진행되던 시기 토론회, 인터넷, 언론매체 등을 통해 발표되거나 중앙정부와 지방정부 지도자에게 보냈던 것들이다.

환경 NGO들이 적극적으로 활용했던 방법을 따라가기 시작한 것으로 논쟁이 본격적으로 치열해지고 있음을 보여 주는 변화이다.

위의 연구보다 더욱 파급력이 컸던 것은 환경운동에 대한 일부 지식인의 공개적이고 직접적인 비판이었다. 2005년 4월 8일 윈난대학에서 열린 중국과학원 원사와 일부 지식인이 참여한 대중강연회가 그 첫 포문을 열었다. 4월 초 당시 중국 수력발전 공정학회(中國水力發電工程學會) 부비서장 장보팅(張博庭)의 주선으로 중국 핵 개발에도 참여한 중국과학원의 원사 허자시우(何祚庥)를 비롯한 전문가들과, 생물학 박사이자 중국 학술계 내의 표절 문제를 적극적으로 폭로했으며 독립적 지식인으로 널리 알려진 팡저우즈(方舟子) 등의 전문가들이 4월 초부터 누강 지역을 시찰한 이후 윈난대학을 방문한 기회를 이용하여 개최한 것이다.[18] 이들은 공개 강연회 이전에 댐 건설 반대론자들의 의견을 듣고 싶다고 요청했고, 윈난대학이 마침 현지를 방문했던 베이징의 환경 NGO 인사와 현지에서 누강 보호 활동을 전개하던 사람들과의 간담회를 조직했다. 비공개를 전제로 진행된 이 간담회에서 매우 치열한 공방이 진행되었다. 문제는 공개 강연회에서 시찰단에 포함되었던 팡저우즈 등이, 간담회에서 있었던 환경 NGO 활동가의 발언을 약점으로 잡아 환경 NGO가 비과학적 논리에 근거하여 댐 건설을 반대하고 있다고 노골적으로 비판한 것이었다.

팡저우즈는 표절에 대한 비판을 통해 이익집단과는 거리를 두는 독립적

---

18 이 시찰과 관련한 경비는, 수력발전 사업 관련 설계를 주요 업무로 하는 중국수력발전공정고문공사(中國水電工程顧問有限公司)가 제공했으며, 수력발전 사업의 직접적 이해 당사자이자 누강댐 건설론에 적극적으로 앞장섰던 장보팅이 주선했다는 점에서 댐 건설론자들의 입장을 강화하기 위한 것임을 알 수 있다. 그리고 허자시우와 팡저우즈는, 이미 2005년 1월 환경보호론자들이 환경 NGO 홈페이지에 인도의 쓰나미에 대한 감상을 표현하며 "사람은 자연을 경외해야 한다."고 강조한 글들에 대해, 자연에 대해서는 경외가 아니라 과학적 태도가 필요하다고 강력하게 비판하면서 환경운동가들과 논쟁을 벌였던 대표적 인사라는 점이 이들이 시찰단에 포함되는 데 중요하게 작용했을 것이다. 따라서 이들의 시찰 활동은 단순히 댐 건설론 지지 여론의 확산만이 아니라 댐 건설 반대론자, 즉 환경보호 세력에 대한 비판 강화를 목적으로 하는 프로그램이었다고 추측할 수 있다.

지식인으로서의 이미지가 강했기 때문에 환경 NGO에 대한 그의 비판은 대중적으로 적지 않은 영향력이 있었다. 그는 중국의 환경 NGO들이 전문적 지식이 부족한 상태에서 무책임한 주장을 제기하는 반과학적이고 극단적인 거짓 환경보호(僞環保) 세력이라고 비판하는 데 주력했으며, 심지어는 환경 NGO들이 정치적 배경이 있는 외국 단체의 자금 지원을 받고 있다는 비판까지 하는 등 환경 NGO에 대한 적대적 태도를 전혀 숨기지 않았다.[19]

이러한 여론전과 함께 누강댐 건설을 추진하고자 하는 움직임도 본격화되었다. 특히, 중요한 움직임은 2004년 11월 중순 국가발전개혁위원회의 주관 아래 "누강 유역 계획 환경평가 전문가 심사회"(怒江流域規劃環境評價專家審査會)가 진행된 것이다. 이 회의에서는 찬성파와 반대파가 논쟁하는 구도가 다시 출현했으나, 이 회의에서 환경영향평가 초안이 제시되었다는 점에서 중국 정부가 누강 개발 계획을 다시 본격적으로 추진하기 시작했다는 추측을 낳았다(『中國靑年報』 04/12/03). 홍콩『문회보』도 윈난성 성장, 전력회사 관계자 등의 발언을 인용하여 리우쿠 댐 건설이 곧 시작될 가능성이 높다고 보도했다(『文滙報〈香港〉』 04/12/11). 이러한 움직임에는 2004년 전반기 중국 전역에서 출현한 심각한 전력 부족 현상이 중요하게 작용한 것으로 보인다. 서남민족연구학회의 프로젝트도 2003년 누강 댐 건설 문제가 쟁점으로 부상한 이후 인터넷 및 주요 신문에서 댐 반대론이 압도적 우위를 점한 것에 대하여 대응할 필요성 이외에도, 2004년 확산된 전력 부족 문제를 프로젝트가 추진된 주요 배경으로 들었다(何耀華 2006, 14). 즉, 반대 여론에 주춤하던 대형 댐 건설 사업이 전력 부족이라는 상황을 배경으로 본격적으로 추진되기 시작한 것이다. 삼강병류 지역에 속한 진사강 유역 개발 계획이 본격적

---

19 환경 NGO에 대한 팡저우즈의 공개적인 비판은 李梓(2005), 方舟子(2005) 등을 참조. 그리고 윈난대학 강연회를 전후로 하는 댐 건설론자와 반대론자 사이의 논쟁에 대해서는 胥曉鶯(2005)을 참고.

으로 진행되기 시작한 것에서도 이러한 움직임을 확인할 수 있다.[20]

2005년 4월 하순에 수리부 산하 기구이며 누강댐 개발의 주관 단위 가운데 하나인 장강수리위원회(長江水利委員會)가 개최한 "장강논단"(長江論壇)에 참여한 관계자들이 누강댐 건설과 관련해서 1단계 네 곳의 댐 건설 예정지 중 한 곳인 리우쿠에서 공사를 먼저 추진하는 방안이 모색되고 있다고 했다. 리우쿠를 비롯한 1단계 네 곳의 선 개발 방침이 열세 곳의 댐 건설을 추진했던 원 계획의 수정을 전제로 한 것인지 일단 공사를 시작하기 위한 것인지는 불분명했다. 이는 누강 보호론자에게 커다란 불안 요소로 받아들여졌다(『經濟觀察報』 05/04/23). 6월에는 4월 초 누강 지역을 시찰한 허자시우 등이 국무원에 누강 개발을 가속화할 것을 건의했는데, 이에 대해 국무원의 관련 지도자가 공사 중단 결정은 "조정이 필요하다."라고 답을 주었고, 함께 고위층에서 누강댐 개발을 재개하기 위한 논의가 진행되고 있다는 보도가 이어졌다(『第一財經日報』 05/06/03).

이러한 상황 변화는 누강 보호 활동에 커다란 어려움을 안겨 주었다. 무엇보다 환경 NGO는 정책 결정 과정이라는 측면에서 보면 제도권 밖의 존재이므로, 만약, 내부적이고 불투명한 의사 결정 통로를 통해 누강 개발 계획이 추진된다면 이를 막을 수 있는 실질적 수단이 별로 없기 때문이었다. 특히 누강 개발 계획이 처음 발표되었을 때처럼 환경영향평가 등의 법적 절차를 제대로 거치지 않고 추진되는 것이 아니라, 형식적 절차를 지키고 누강댐 건설에 대한 합리적 논리를 갖추면서 진행된다면 그 어려움은 더욱 커질 수밖에 없었다.

환경영향평가의 경우만 보아도 환경영향평가법이 평가의 공정성을 보장하

---

20 2005년 12월 16일 윈난성 쿤밍시에서는 윈난성 성정부와 4개의 대형 전력회사가 공동 출자한 진사강 수력발전개발공사(金沙江中游水電開發有限公司)의 창립식이 열렸다. 진사강 유역의 개발도 약 10만 명의 이주민이 발생하고, 발전 용량이 산샤댐을 초과하는 대형 개발 사업이다.

기 위한 구체적인 절차를 결여하고 있기 때문에 댐 건설을 추진하는 입장을 반영하는 환경영향평가를 만들어내는 것에 커다란 어려움이 없었다. 중국에서는 공사 주체가 환경평가의 자금을 제공하는 것은 물론이고 환경평가 단위를 지정하는 것이 사실상 관례로 되어 있기 때문이다. 중국 내외에서 커다란 논란을 불렀던 산샤댐 사업의 경우도 환경영향평가는 사실상 사업 주체인 수리부 산하의 연구 기관에 의해 이루어졌기 때문에 투명성, 객관성이 심각하게 결여되어 있었다(Heggelund 2004, 172).

이러한 상황에서 돌파구를 연 것은 환경 NGO가 아니라 환경총국이었다. 환경총국도 정부 기구이지만 정책 결정에 실질적인 영향력을 미치는 경우는 매우 드물었다. 따라서 환경총국은 정책 결정에 영향을 미칠 수 있는 법규의 제정과 이러한 법규의 집행을 강화하기 위해 적극적으로 노력했으며 이 과정에서 환경 NGO와의 협력에도 적극적인 태도를 보였다. 그리고 환경 NGO의 입장에서도 환경 관련 법규의 강화는 정책 결정 과정에 환경적 고려가 반영될 수 있다는 점만이 아니라, 정책 결정 과정에 개입할 수 있는 기회를 증가시킨다는 점에서 환경총국의 움직임에 적극적인 지지를 보냈다.

환경총국과 환경 NGO의 협력관계는 환경총국이 환경영향평가법의 엄격한 집행에 나선 2005년 초에 절정에 달했다. 2004년 12월 9일 환경총국은 전국적으로 건설 중이거나 건설이 준비 중인 발전소 프로젝트의 환경영향평가 상황에 대해 조사를 진행할 계획이며, 환경영향평가를 통과하지 않고 공사가 진행 중인 발전소 프로젝트에 대해서는 법적 조치를 취하겠다고 밝혔다(『人民網』 04/02/29).[21] 환경총국은 2005년 1월 18일 환경영향평가 심사를 통과하지 않고

---

21 환경총국의 이러한 태도에는 같은 해 초에서 여름까지 출현한 전력 부족 현상을 이유로 전국적으로 발전소 건설 프로젝트가 급증한 것에 대한 중앙정부의 우려를 반영한다. 위의 발표 때 환경총국 부국장 판위에(潘岳)는 2004년 1~11월 사이에 환경총국에 약 200개의 발전소 건설과 관련한 환경영향평가 보고가 접수되었는데, 그중 9월에 50개, 10월에 43개, 11월에 46개가 접수되었으며, 이는

건설이 진행 중인 30개의 발전소 프로젝트에 대해 공사 중단 지시를 내렸다. 특히 이 중에는 발전 용량이 산샤댐에 이어 두 번째인 시뤄두(溪洛渡) 발전소와 산샤댐 건설 사업의 일부분으로 진행 중인 두 개의 발전소 건설 사업이 포함되어 있다는 점에서 커다란 파문을 일으켰다. 이 조치는 비록 앞에서 설명한 것처럼 중앙정부의 맹목적인 발전소 건설 추세에 대한 우려를 배경으로 이루어진 것이기는 하지만, 구체적으로 중단된 사업들이 대부분 다른 정부 기구, 특히 위에 언급한 공사들 중 시뤄두 발전소는 국무원, 나머지 두 개는 국무원 산샤공정 건설위원회(國務院三峽工程建設委員會)의 비준을 받아 진행되는 공사라는 점에서 쉬운 결정만은 아니었다. 환경총국은 관련 기구로부터 강력한 항의를 받았다.[22]

　　환경총국의 조치가 환경 정책의 강화를 의미하는 것과 동시에, 다른 관료 조직의 심각한 반발에 직면할 것을 우려한 환경 NGO는 환경총국의 행동을 적극적으로 지지하기 위해 신속하게 움직였다. 1월 20일 베이징의 지구촌, 자연의벗, 녹가원, 정법대학 환경 피해자 법률지원센터 등이 초안을 작성하고 하루 만에 56개 단체의 서명을 받아 1월 21일 "국가 환경총국이 엄정하게 환경법을 집행하는 중대 조치를 강력하게 지지한다"(堅決支持國家環保總局嚴格環境執法的重大擧措)라는 제목의 지지 서한을 발표했다. 이는 환경 NGO들이 비록 조직적인 틀을 갖추지는 않았지만 연대 행동을 가능하게 하는 조직적인 기초를 가지고 있음을 보여 준다. 그리고 이 성명에서는 환경총국의 행동을 지지하

정상적 발전 추세에서 벗어난 것이라고 설명했다.
[22] 이러한 환경총국의 조치는 여러 가지 측면에서 한계가 있었다. 우선 위에서 예로 든 것을 포함하여 공사가 중단된 일부 사업은 환경영향평가 보고를 제출했지만, 환경영향평가법에 정해진 기간(60일) 내에 답을 주지 못한 경우가 있기 때문이다. 이는 지나치게 많은 환경영향평가 보고서가 제출된 것이 근본적인 원인이지만, 중단을 요구받은 측에서는 불만을 표시할 수 있는 근거가 되었다(『第一財經日報』 05/02/15). 또한 환경총국이 공사를 중단시키는 것을 목표로 하지는 않았다는 점이다. 30개의 공사는 약 한 달 이내에 환경영향평가 보고가 통과된 이후 공사가 재개되었다. 다만, 관련 법규 위반에 대해서는 최고 20만 위안의 벌금을 물리는 행정처분을 받았다.

는 것 이외에 환경 정책에 대한 대중의 참여를 제도화할 필요성을 다음과 같이 강조했다.

> "국가 환경총국은 환경영향평가에 공중(公衆)이 참여하는 것을 특별히 강조했는데 이는 매우 고무적인 것이다. 사회의 진보는 정부와 민중(民衆)의 소통 및 정책 결정에 대한 민중의 실질적인 참여에 크게 좌우된다. 공중의 참여는 정부의 효율적이고 청렴한 행정 집행 능력의 실현을 돕고, 동시에 정책 결정의 과학화와 민주화의 굳건한 기초이다. 우리는 환경영향평가의 공중 참여와 공민(公民)청문회 제도가 실질적으로 실시될 수 있기를 희망한다."

환경 NGO들이 요구한 공개청문회의 근거는 2004년 8월 10일 환경총국이 제정한 "환경보호 행정허가 청문임시방법"(環境保護行政許可聽證暫行辦法)이다. 이 규정에 따르면 두 가지 종류의 건설 사업(환경에 중대한 영향을 미치며 환경영향평가 보고를 작성해야 하는 대형과 중형 건설 사업과 매연, 악취, 소음 및 기타 오염을 유발하고 해당 지역 주민의 생활 환경에 중대한 영향을 미치는 소형 건설 사업)과 열 가지 유형의 사업 계획(환경에 부정적인 영향을 미치고, 공공의 환경 권익과 직접 관련이 있는 공업, 농업, 목축업, 임업, 에너지, 수리, 교통, 도시 건설, 여행, 자연 자원 개발)에 대해서 공개 청문회를 실시해야 한다고 규정했다. 그리고 2004년 11월 7일 국가 환경총국의 부국장 판위에는 논쟁이 있는 "대형 건설 사업은 모두 청문회를 실시하고 대중이 정책 결정에 참여할 수 있게 할 것이다."라고 밝혔다. 이에 대해 국가환경총국의 관계자는 대형 건설 사업을 "국무원이 투자하고 국가발전개혁위원회가 심사하며 총 투자액이 2억 위안 이상이고 공공이익에 커다란 영향을 미치는 건설 사업"이라고 해석했다(『經濟觀察報』 04/11/20).

법률이 아닌 환경총국의 임시 규정이 얼마나 큰 법적 효과를 발휘할지는 여전히 의문이지만 공개 청문회는 시민이 정책 결정 과정에 참여할 수 있는 제도적 근거를 제공한다는 점에서 환경 NGO에서는 적지 않은 의미를 가지고 있다. 그리고 이 문제는 2005년 2월 하순부터 시작된 "위엔밍위엔(圓明園) 보호 활동"에서 주요 쟁점으로 부상했다.

2005년 2월 베이징을 여행하던 한 지방대학 교수가 위엔밍위엔의 호수에서 시멘트와 비닐을 이용한 방수공사가 진행되는 것을 목격하고 이 사실을 언론과 환경 NGO에 알렸다. 이 소식이 알려진 이후 자연의벗 등 환경 NGO와 여론은 베이징시 하이디엔(海殿)구 지방정부가 국제적으로도 널리 알려진 주요 문물에 대한 공사를 문물국, 환경총국 등 관련 당국의 협의나 시민의 참여를 통한 사회적 합의 과정을 전혀 거치지 않은 채 독단적으로 추진한다는 점을 집중적으로 비판했다. 환경총국도 신속하게 개입하여 2005년 3월 31일 환경영향평가 없이 공사가 진행되었다는 이유를 들어 공사 중단을 요구했다. 4월 1일에는 자연의벗 주최로 "위엔밍위엔 생태 및 유적보호 토론회"가 열렸으며 이 토론회는 "박객중국"(博客中國)이라는 사이트를 통하여 생중계되었다.

토론회에서 많은 발언자가 정비 공사가 환경 및 문화유산에 미치는 부정적 영향을 지적했지만, 가장 중요한 쟁점으로 다루어진 것은 이러한 사업에 시민의 의견을 수렴할 수 있는 절차를 어떻게 보장할 것인가의 문제였다. 자연의벗 회장 량총지에(梁從滅)는 모두 발언에서 위엔밍위엔 보수 사업과 같은 경우에는 "사전에 공중에게 알려야 하는가 아닌가, 공중은 알권리를 가졌는가 아닌가, 공중은 자신의 의견을 표명할 수 있는 권리가 있는가 없는가 등이 이번 토론의 주요 내용 중 하나"라고 강조했다. 그리고 참석자 발언이 끝난 후 질의 응답 시간에는 토론회에 참석하여 발언한 유일한 정부 관계자인 환경총국 환경영향평가사(環評司)의 관계자에게 환경 관련 법규를 실질적으로 집행하는 것과 관련한 질문이 집중되었으며, 진행자는 "우리는 정부가 약속을 준수하여 청문회를 실시하고, 사회 이익의 한 부분을 대표하는 환경보호 사회단체에게 참가의 기회를 주기를 희망한다."고 주문했다. 이에 대해 환경총국 관계자는 청문회에 환경보호 사회단체가 참여하는 것에는 문제가 없다고 답했다. 이 토론회는 환경 NGO가 자신의 이견을 표출하고 토론을 진행할 수 있는 공론의 공간을 제도화하기 위한 노력을 의식적으로 전개하고 있으며, 환경 NGO와 환경총국이 긴밀한 협력관계를 갖고 있음을 다시 확인시켜 주었다.

그리고 4월 13일에는 주민, NGO 관련자, 전문가, 각 정부 부문의 대표가 참여하는 공개 청문회가 열렸다. 이는 2003년 9월 1일부터 실시된 환경영향평가법에 따른 최초의 공개청문회였다. 위엔밍위엔 문제는 2005년 7월 칭화대학이, 위엔밍위엔에 대한 공사가 장기적으로 이 지역의 생태 환경에 부정적 영향을 미칠 것이라는 결론을 내린 환경영향평가 결과를 제출하고 환경총국이 공사 계획을 전면적으로 재조정할 것을 요구하면서 일단락되었다.

그러나 2005년 들어 위엔밍위엔 보호 활동의 성공과는 달리, 누강 문제와 관련하여 특별한 돌파구가 만들어지지 않았으며, 앞에서 설명한 것처럼 2005년 내내 누강댐 개발 계획의 재개 가능성에 대한 언론의 보도가 이어지고 있었다. 비록 환경총국이 환경영향평가에 대한 비준이라는 최후의 수단을 가지고 누강댐 개발 계획의 재개를 막는 상황이기는 하지만, 이 환경영향평가가 통과되면 누강댐 개발을 막을 수 있는 법적인 수단이 없다는 것을 의미하기도 한다. 특히, 환경 NGO로서는 환경영향평가의 진행 과정이 불투명하게 진행되는 것에 불안감을 가졌고 이러한 불안감은 환경 NGO의 또 다른 공동 행동을 촉진했다. 2005년 8월 25일 환경 NGO를 중심으로 하는 65개의 NGO와 169명이 개인 명의로 서명한 "법에 의거하여 누강 수력발전 환경평가 보고를 공개할 것을 청구한다"(提請依法公示怒江水電環評報告)는 성명서를 발표했다.

이 성명서에서는 "누강 수력발전 개발의 타당성과 환경영향평가와 관련한 문건과 내용이 공개되지 않아 공중이 개발업자와 지방정부가 어떻게 환경 피해를 막고 이주민을 정착시키고, 댐의 안정성과 경제성으로 보장할 것인가를 이해할 길이 없다."고 정책 결정 과정의 불투명성을 비판했다. 그리고 공중이 환경평가에 참여할 수 있는 권리를 명시한 "환경영향평가법", "환경보호 행정 허가 청문임시방법" 등의 법규와, 국가 기밀, 상업 기밀 그리고 개인 프라이버시 등의 문제가 없는 행정 관련 정보의 공개 방침을 강조한, 국무원이 발표한 "법에 의거한 행정 집행 강요를 전면적으로 추진한다"(全面推進依法行政實施綱要) 등의 법과 정책적 근거를 들어, 심사기관이 정책 결정을 내리기 이전에 누강 개발 계획과 관련한 환경영향평가를 공개할 것을 요구했다.

이 성명서에는 2005년 1월 21일 환경총국이 위법적으로 진행되는 공사의 중단을 요구한 조치의 지지 성명보다 더욱 많은 단체와 인사가 참여하여 환경 NGO 진영의 폭이 확대되고 있는 추세를 보여 주었다. 특히, 환경 NGO들 이외에 기타 권익 옹호 단체 및 개인이 참여했다는 점에서 누강 보호 활동과 환경운동이 중국에서 시민적 권리를 보호하고 신장시키기 위한 활동의 한 부분으로 기능하고 있음을 보여 주었다.[23]

또한 이러한 성명의 내용은 환경총국에 대한 환경 NGO의 미묘한 태도를 반영하는 것이기도 하다. 누강 개발 계획의 환경영향평가를 심사하는 기관은 환경총국이며 이 성명서는 실질적으로 환경총국에 대한 요구의 성격을 가지고 있다. 그런데 환경 NGO는 누강 문제는 물론이고 2003년 이후 여러 환경 관련 사안에 대해 환경총국과 긴밀한 협력관계를 유지해 왔다. 하지만 중국 정책 결정의 특징을 고려하면 누강 개발 계획의 환경영향평가가 환경총국의 결정으로만 이루어질 수 없다는 점은 분명하다. 이런 점들을 감안하여 환경 NGO는 환경총국을 직접 거명하지 않고 '심사기관'이라는 우회적 표현을 사용했다.

---

23 이러한 유형의 단체로는 변호사 사무실, 여성 권리 보호 관련 NGO(北京紅楓婦女中心, 銀川婦女發展事業促進會), 시민 권리(世界與中國硏究所) 등이 서명에 참여했다.

4) 4단계 : 환경 NGO의 한계

2005년 누강 문제와 관련하여 댐 건설 반대론자에게는 부정적인 소식이 많았지만 긍정적인 변화가 없었던 것은 아니다. 수력발전 계획과 관련해서는 10차 5개년 계획에서는 "적극적으로 수력발전 사업을 발전시킨다."라는 표현이 2005년 11월 발표된 11차 5개년 계획 초안에서는 "생태환경을 보호하는 기초 위에서 질서 있게 수력발전을 개발한다."로 바뀌었으며, 이 방침은 2006년 3월 전국인민대표대회에서 통과된 최종안에서도 유지되었다. 이는 누강댐 개발 계획이 전력 부족이나 지방 경제의 발전이라는 논리만으로 추진되기는 어렵다는 점을 의미한다.

그러나 이러한 수력발전 사업에 새한 새로운 방향 제시가 누강댐 건설 계획과 관련하여 구체적으로 어떤 영향을 미칠지는 분명하지 않았다. 실제로 누강댐 건설을 위한 움직임이 약화되는 조짐이 나타나지 않았고 더욱 적극화되고 개발 계획의 추진에 대한 구체적인 소식들이 증가했다. 2006년 1월 11일 홍콩의 『문회보』는 누강 개발 계획 환경영향평가의 심사가 마무리되었으며, 그 기본 내용은 열세 곳의 종합 개발을 목표로 하지만 환경에 영향이 적은 네 곳을 우선 개발하고 나머지에 대해서는 계속 조사를 진행한다는 것이며, 환경영향평가서는 국가 기밀로 공개할 수 없다는 사실을 익명의 관계자를 인용하여 보도했다(『文滙報〈香港〉』06/01/11). 환경영향평가의 작성 및 심사 여부는 2005년 내내 관심의 초점이 되었던 문제이다. 이 보도는 2005년 댐 건설 추진론자의 논리를 반복하고 있다. 일찍부터 환경 NGO 비판에 앞장섰고 2005년 4월 전문가 현지 시찰단을 조직했던 장보팅은 2005년 9월 하순 "누강 개발 계획의 환경영향평가가 환경총국의 심사를 통과했고, 국무원으로 제출될 예정이다. 기존 계획과 비교할 때 열세 곳의 댐이 네 곳으로 줄어들었다. 그러나 이는 규모의 축소를 의미하는 것이 아니라 네 곳을 우선 개발함을 의미한다."라고 환경영향평가의 진행 상황에 대해 비교적 구체적으로 밝혔다(肯曉鶩 2005). 그의 발언처럼 환경영향평가서가 환경총국의 심사를 통과했는지는 불확실하지만 적어도 누강 개발 계획의 추진을 뒷받침하는 환경영향평가가 이미 작성되어 있다는 사실은 확인되었다.

2006년 3월 들어서는 책임 있는 인사들이 누강 개발 계획을 언급하면서 환경 NGO의 위기의식이 더욱 높아졌다. 전국인민대표대회 전체회의에 참석한 수리부장 왕슈청(王恕誠)은 기자들에게 "모두가 의견이 비교적 일치하는 곳은 먼저 개발을 추진하고, 의견이 일치하지 않는 곳에 대해서는 더욱 깊이 있는 연구와 계획을 진행할 것"이라고 밝혔다(『文滙報〈香港〉』 06/03/06). 이는 2004년 2월 원자바오 총리의 개발 계획 재검토 지시 이후 가장 고위급 관리가 누강 개발 계획을 추진하겠다고 공개적으로 언급한 것이다. 그리고 누강댐 건설 중국화전집단공사의 부사장 청니엔가오(程念高)는 2006년 3월 4~5일 누강 지역을 방문하면서 "각 방면의 장시간 지속적인 노력을 통해 누강 수력발전 개발이 이미 심사 단계에 진입했고, 관련 사업의 초기 작업이 질서 있게 진행되고 있으며, 특히 리우쿠 수력발전소의 시공이 빠르게 추진되고 있다."고 밝혔다(『怒江報』 06/03/09).

이러한 움직임에 대해서 환경영향평가를 심사하는 권한을 가진 환경총국의 반응은 뒤늦게 나왔다. 6월 5일 국가환경총국의 부국장 주광야오(祝光耀)는 누강 수자원 개발에 대한 타당성 검토와 평가 사업은 계속 진행 중이며, 원래의 방안에 대해 비교적 큰 폭의 수정이 있을 것이라고 밝혔다(『中新網』 06/06/05). 이 발언은 댐 건설 추진 세력이 밝힌 입장과 비교할 때 대규모의 조정 가능성을 비춘 것이기는 하지만, 환경총국이 누강 개발 계획 환경영향평가에 대한 심사 작업을 진행 중에 있다는 사실을 확인해 준 것이라는 점에서 누강 보호론자들의 불안감을 더욱 증가시켰다. 환경영향평가의 진행 상황에 대해서는 어떤 구체적인 소식도 공개되지 않는 상황에서 이들은 환경총국의 방어선만을 믿고 기다릴 수 없다고 판단했다. 이에 따라 6월 18일 환경보호 관련 인사들은 환경보호의 책임이 있는 환경총국이 누강 개발 계획의 환경영향평가 보고 심사(2004년 11월)에 참가한 것은 "각급 정부는 풍경 명승지, 자연보호구 및 기타 특별히 보호가 필요한 지역 내에 환경을 오염시키는 공업 시설을 건설해서는 안 된다."고 규정한 환경보호법과, 풍경 명승구 내에서 환경에 부정적 영향을 주는 공사를 금지한 "풍경 명승지역 관리 임시조례"(風景名勝區管理暫行條例)를 위반한 것이라는 취지로 행정소송을 준비하기 시작했다(『中國經濟時報』 06/06/21). 행정소송을 제기하기 이전에 이들은 환경총국에 2004년 11월에 작성된 환경영향평가에 대한 심사 의견을 철회할 것과, 6월 말까지 누강 개발과 관련된 초기 공사를 중단시킬 것을 요구하는 서한을 환경총국에게 보냈다. 이들의 움직임에 대해 환경총국은 6월 23일 이 문제에 대한 공식 답변을 보냈다. 답변의 요지는 "어떤 댐 건설 사업도 승인한 바 없으며, 환경총국은 수력발전소 건설 계획을 모두 취소하는 것을 포함한 방안을 비교 검토한 결과, 댐 건설이 환경과 소수민족 문화에 미칠 피해에 대한 우려가 증가하고 있지만 네 곳으로 규모를 축소하여 건설하는 방안을 지지하고 있다."는 것이었다(*South China Morning Post*, 2 July 2006; 『法制早報』 06/07/04). 이 답변은 환경 NGO에게 적어도 열세 곳의 원래 댐 건설 계획과 관련한 환경영향평가 보고가 통과된 것은 아니라는 정부의 입장을 공식적으로 확인시켜 준 것이었고, 이에 따라 행정소송의 제기 방침은 철회되었다.[24]

이는 환경 NGO들이 환경총국과 긴밀한 협력관계를 유지하고자 하지만 동시에 환경총국에만 기대는 것은 아니며, 자신의 의제를 관철시키기 위해 독립

---

[24] 법규를 활용하여 정부의 반응을 이끌어 내는 행동은 환경 관련 법규들이 제정되면서 가능해졌다. 위 소송을 추진한 변호사들은 2006년 2월에도 공개청문회 실시와 관련한 구체적인 절차를 규정한 "환경영향평가공중참여임시방법"(環境影向評價公衆參與暫行辦法)을 반포한 이후, 이 법규에 근거하여 환경총국에 누강 개발 계획에 대한 공개청문회 실시를 요구하는 서한을 발송하고 환경총국으로부터 긍정적인 답신을 받은 바 있다.

적으로 행동할 수 있는 의지와 수단이 있음을 보여 준 것이다. 그러나 이러한 움직임이 누강 개발 계획을 막는 데에는 한계가 있었다. 환경총국의 규모 축소를 지지하는 입장에도 불구하고 중앙정부가 1년이 넘도록 이 문제에 대해 확실한 태도를 밝히지 않고 여러 추측을 불러일으키는 것 자체가 여전히 열세 곳의 댐 건설 계획을 추진하는 입장도 강력하게 존재할 뿐만 아니라 중앙정부도 이를 쉽게 포기할 수 없음을 보여 준다. 사실, 빠르게 재개되던 누강댐 건설 계획에 제동을 건 결정적인 요인은 환경총국이나 중국 내 환경 NGO의 반대보다는 국외의 반응이었던 것으로 보인다.

2006년 들어 누강 개발 계획이 적극적으로 추진되고 있다는 사실이 알려지자 중국 내에서 진행되는 댐 건설 계획에 대한 해외의 관심도 증가하기 시작했다. 2006년 1월 태국의 상원의원, 환경보호 인사 등이, 메콩 강의 상류인 중국의 란창(瀾滄) 강에 건설된 만완댐이 태국, 캄보디아, 라오스의 생태환경 및 하류 지역 거주민에 심각하고 부정적인 영향을 미치고 있으며, 중국이 댐 건설을 추진하는 과정에서 주변 국가와 계획을 상의하거나, 환경영향평가를 알리지 않고 대규모 댐 건설 사업을 추진하고 있다고 비판했다(『中國時報〈臺灣〉』06/01/27). 이들의 비판은 상류의 댐 건설은 하류 지역의 하천 관리에 유리하며, 환경영향평가는 국가 기밀로 공개할 수 없다는 댐 건설자들의 논리는 근거가 약한 것임을 보여 준다. 3월 9일 외교부 브리핑에서는 누강댐 건설 계획의 진행 상황에 대해 질문이 제기되었고, 외교부 대변인은 "구체적으로 몇 개의 댐을 건설할 것인가의 문제를 포함한 누강의 댐 건설 계획과 관련해서 아는 바 없다."고 답을 피했다. 3월 17일 "독일의소리 중문판"(德國之聲中文網)도 누강댐 건설이 비밀리에 진행되고 있다고 보도했다.[25] 그리고 4월 21일 '미국의소리'도 누강댐 건설 추진 상황과 이에 대한 해외의 비판적 반응을 보도했다.[26]

25 http://www.dw-world.de/dw/article/0,2144,1935735,00.html.

이러한 해외의 관심 중에서도 중국 정부에 가장 커다란 영향을 미친 것은 세계유산을 주관하는 유네스코의 개입이었다. 유네스코와 국제자연보호연맹(ICUN) 시찰단이 4월 초에 삼강병류 세계유산지역의 보존 현황과 계획 중인 댐 건설 사업이 미칠 영향을 조사하기 위해 베이징과 누강 지역을 방문했다. 이들은 7월 이탈리아 베니스에서 열린 세계유산총회에 보고서를 제출했는데, 보고서는 삼강병류 지역이 현재 계획 중인 댐 건설, 광산 개발 및 경제 발전 요구를 반영하기 위한 영역 변경 시도, 그리고 여행업의 발전 때문에 위협받고 있다고 지적했다. 현지 조사에서 특히 문제되었던 것은 지방정부의 세계유산 지역의 변경 계획이었는데, 조사단은 이를 댐 건설 및 광산 개발을 추진하기 위한 것으로 판단했다. 따라서 총회에서는 중국 정부에게 2007년 2월까지 누강을 포함한 삼강병류 지역에서 진행되는 개발 계획과 관련한 자료의 제출을 요구했다. 누강 문제는 2003년 세계유산으로 등재된 이후 연속해서 3년 동안 중점 감시와 보호 대상으로 선정되었다. 누강댐 건설 계획이 추진될 경우 세계유산 목록에서 탈락할 가능성도 배제할 수 없는 상황으로 발전하고 있었다.

이는 중국 정부의 국제적 이미지에 커다란 타격을 줄 수밖에 없었으며 이를 계기로 중국 정부도 누강 개발 계획에 대해 좀 더 명확한 입장을 표명하기 시작했다. 세계유산총회에 참석한 건설부 관리는 "중국 정부는 누강을 포함한 삼강병류 유역의 어떤 댐 건설 계획도 비준한 바가 없으며 세계유산지역의 변경 문제도 승인한 바 없다."고 밝혔다.[27] 그리고 이 건설부 관리는 귀국한 이후에 기자와의 문답을 통해 "사업 계획이 확정되었고 혹은 건설이 추진 중이라고

---

26 http://www.voanews.com/chinese/w2006-04-21-voa43.cfm.
27 2006년 1월 중국 정부가 세계유산위원회에 제출한 보고서에 따르면 세계유산지역 내에서는 댐 건설 계획이 없지만 주변 지역에서는 댐 건설 계획이 준비 중이며, 준비 중인 댐 건설 계획은 진사강 유역이 아홉 개, 란창강 유역이 열한 개(다섯 개는 이미 취소), 누강 유역이 세 곳이다. 중국 정부 관계자는 이들 후보자 모두 환경영향평가를 준비 중이며 어떤 계획도 중앙정부의 비준을 받거나 건설이 진행되고 있지 않다고 밝혔다(『中國靑年報』06/07/18).

일부 언론 매체들이 보도한 것은 모두 중앙정부의 정식 비준을 얻지 못한 것이다. 부분적으로는 현재 계획을 작성 중이나 사업을 추진하기까지는 여러 과정과 상당한 시간을 필요로 한다. 어떤 대형 수력발전 사업도 모두 수십 년의 시간을 필요로 하고 그 사이에는 여러 불확실성이 존재한다.”고 밝혔다(『中國建設報』06/08/22). 중국 정부의 입장 표명에 따라 누강댐이 곧 재개될 것이라는 불안감은 감소하기 시작했다.

일부 해외 언론은 누강 문제에 대한 유네스코의 관심과 개입으로, 세계유산으로서의 지위를 유지하는가 개발인가라는 양자선택에 직면한 윈난성이 누강댐 건설 계획을 취소했다고 보도하기도 했다(*South China Morning Post* 06/10/18). 이 보도에 대해 환경보호 관련자는 이 소식이 확실한 근거가 없다며 보류적인 태도를 보였다.[28] 그러나 누강댐 건설 계획이 완전히 중단되었는지 여부는 불확실하거나 가능성이 높지 않지만 중국 정부가 당분간은 누강댐 건설을 서둘러 추진하지 않는 방향으로 전환한 것으로 보인다. 2007년 3월 6일 전국인민대표대회 전체회의에 참석한 수리부 부장 왕슈청은 “누강 수력발전소 건설과 관련하여 현재 누강 유역의 종합개발계획은 존재하지 않으며, 이전에 언론에서 보도한 것은 전력 관련 부서의 전력사업 계획 보고이다. 현재는 환경, 생태 문제의 처리와 관련하여 여러 다른 의견이 있기 때문에 전면적인 종합보고를 준비 중이다.”라고 밝혔다.

---

28 지방정부의 태도와 관련하여 흥미로운 것은 삼강병류 국가 중점 풍경 명승 지역 관리국 국장이 삼강병류 세계자연유산 지역에 대한 체계적이고 과학적인 보호나 개발 모두 윈난성의 경제적 능력을 넘어서는 것이라고 하며 지방정부가 처한 어려움을 호소한 것이다(『新華網』 06/12/01).

3. 누강댐 반대 운동을 통해서 본 중국 NGO의 발전과 한계

누강댐이 건설될 것인가 말 것인가는 아직 최종적인 결론이 내려지지 않은 상태이다. 그러나 2003년 9월 국가발전개혁위원회라는 경제정책과 관련한 가장 권위 있는 국가기구의 비준을 거친 건설 사업이 중단되고, 그 재개에 대한 논의가 3년이 넘도록 진행되었다는 것 자체가 중국에서는 전례를 찾기 어려운 일이다. 이러한 결과가 나타난 데에는 여러 요인이 복합적으로 작용했다.

우선, 환경보호에 대한 중앙정부의 강조와 함께 가능해진 환경총국의 적극적인 역할이다. 논쟁 초기에 환경총국은 각종 토론회에 환경 NGO가 참여할 수 있는 기회를 만들었으며, 논쟁이 진행되는 동안 환경 NGO가 논의에 참여하거나 환경 NGO 주장의 정당성을 강화할 수 있도록 관련 법규와 정책을 계속 강화하고 구체화시켰다. 환경총국의 이러한 역할이 없었다면 환경 NGO가 누강 문제에 적극적으로 개입하거나 영향력을 행사하기 어려웠을 것이다.

또한 누강이 세계자연유산의 일부분으로 국제사회의 개입을 초래했다는 점이다. 사실 누강 계획을 추진했던 윈난성 정부가 이 문제를 전혀 고려하지 않은 것은 아니었다. 세계자연유산 등재를 신청할 때 해발고도 2,000미터 이상 지역을 대상으로 했고, 누강댐 건설을 그 이하에서 추진하는 것으로 계획했던 것이다. 그러나 윈난성 정부의 이러한 의도는 해발고도 2,000미터 아래에서의 댐 건설 계획도 세계유산지역에 간접적인 영향을 미칠 수 있다는 논리적 비판을 고려하지 못했고, 유네스코가 누강 개발 계획에 대해 비판적 입장을 제기하는 것을 피하지도 못했다.

이러한 두 가지 요인과 비교하면 환경 NGO의 역할은 부차적이었다고 볼 수 있다. 그럼에도 불구하고 우리는 누강 보호 활동에서 환경 NGO가 의미 있는 영향력을 행사하고 있으며 국가-사회 관계의 변화에도 여러 시사점을 주고 있음을 확인할 수 있다. 한 연구자는 필자와의 인터뷰에서, 중국 NGO의 생존은 정부의 용인에 의지하고 있다고 중국 NGO의 생명력에 의문을 표시했다. 그러나 정부의 용인이 NGO 활동의 내용과 성격까지 결정짓는다는 것을 의미하지는 않는다. 중국 NGO가 정부의 용인을 얻고 정부와 협력관계를 구축하고자 노력하는 것은 사실이지만 동시에 자신의 가치와 의제를 생산하고 확대하려는 노력도 진행하고 있다. 4장에서 중국 NGO의 행위가 '경계에서의 투쟁'이라는 특징을 공유하지만, 동시에 주어진 경계에 머무르는 것이 아니라 경계를 새로 긋기 위한 노력을 추진한다는 점에서 농민의 산발적인 저항과 중국 NGO의 집단행동 사이에 차이가 있다고 지적한 바 있는데, 이는 누강 보호 활동에서 더욱 분명하게 나타났다.

첫째, 환경 NGO도 자기 주장의 정당성을 공식 이념이나 정책에서 찾았다. 중국공산당과 중국 정부의 새로운 지도체제가 출범한 2003년 이후 '과학발전관'과 '화해사회'라는 공식 이념의 제기는 각각 환경보호와 경제 발전의 균형과 개혁개방 과정에서 주변화된 계층과 지역에 대한 배려를 강조하는 것으로, 누강 보호와 이주민의 권익보호 문제를 쟁점으로 부각시킨 환경 NGO의 입장을 강화시켜 주었다. 또한 환경영향평가법에서 공개청문회 개최 관련 규정의 제정은 환경 NGO가 정책 결정에 참여를 주장할 수 있는 법적 근거를 제공했다.

그러나 환경 NGO가 공식 이념의 틀 내에서만 정당성의 근거를 찾은 것은 아니다. 이주민 문제는 전적으로 환경 NGO가 발전시킨 쟁점이다. 누강 보호를 위해 환경 NGO와 긴밀하게 협력했던 환경총국은 이주민 문제에 대해서는 특별한 관심을 표명하지 않았다. 이주민의 권리 문제는 개인적 권리 혹은 소수자 권리의 정당성과 관련된 것으로, 국가 단위의 집단적 권리를 앞세운 중국의 지배적 권리 담론을 변화시키는 중요한 계기를 제공한다(이남주 2007을 참고). 누강댐 보호 활동을 주도한 현지 NGO 관계자는 이 문제와 관련하여 현재 공개적인 토론에서 국가가 전체의 이익을 대변하고 부분은 이러한 전체 이익에 봉사해야 한다는 논리가 설득력을 갖기 어렵다고 확신했다. 즉, 국가이익이 크다면 왜 소수 소외집단의 권익을 보호할 수 없는가 등과 같이 정면으로 국가이익을 부정하지는 않지만 소수의 이익도 중요하다는 점을 설득할 수 있는 논리가 많다는 것이다.

둘째, 환경 NGO는 관료기구 내의 차이와 균열을 적극적으로 활용했다. 특히, 환경총국과 개발 관련 부처(수리부, 지방정부)와의 갈등 관계는 환경 NGO가 누강 문제에 적극적으로 개입할 수 있는 공간을 제공했다. 그리고 환경 NGO는 환경총국과의 협력관계를, 자신의 영향력을 증가시킬 수 있는 중요한 교두보로 활용했다. 환경 NGO가 단순히 환경총국의 보조자로서만 만족하지 않았다는 점은 누강 개발 계획의 재추진이 본격화되는 시점에서 법률적 근거를 활용하여 환경총국에게 압력을 가했던 것에서도 확인할 수 있다.

셋째, 환경 NGO는 공식적 채널의 경계에 가까운 곳에서, 즉 제도적 영역과 비제도적 영역의 경계에서 활동한다. 기본적으로 환경 NGO는 제도 내 세력이라고 보기는 어렵다. 그러나 환경 NGO는 제도 외 세력으로 머무르는 것이 아니라 제도 내에서 위치를 확보하기 위해 다양한 노력을 전개했고 일정한 성과도 얻었다.

초기에는 환경 NGO와 언론매체의 협력이 중요한 역할을 했다. 물론, 이러한 협력관계도 우연이나 주어진 것이 아니며, 기자살롱의 활동에서 알 수 있듯이 환경 NGO의 장기적인 노력의 결과 언론으로부터 긍정적 반응을 끌어낼 수 있었던 것이다. 이후 누강 논쟁에 적극적으로 참여하고 댐 건설을 찬성하는 입장에서 환경 NGO에 격렬한 비판을 가했던 장보팅은 누강 논쟁이 발생한 이후 자신의 입장을 표명하는 글을 언론에 발표할 수 없었다고 불만을 토로할 정도였다.

이러한 불만과 문제의식이 쌓이면서 2005년부터 댐 건설론자들이 객관적 위치에 있는 것으로 보이는 인사들을 개입시켜 논쟁의 돌파구를 만들려고 노력하기 시작했다. 그런데 이는 중국의 담론 투쟁에서 새로운 양상을 보여 주는 것이다. 기존의 정책 결정 과정에서는 이러한 공공영역에서의 공개적 논쟁은 의미가 거의 없었으며 관료기구 내의 의사 교환이 모든 것을 결정했기 때문이다. 전문가들이 자문 등의 형식으로 정책 결정에 참여하는 경우가 꾸준히 증가했지만 이 역시 기본적으로 내부 논의의 범주를 벗어나지는 못했다. 그러나 기존 제도 밖에서 환경 NGO가 보여 준 활발한 움직임은 정책 결정과 관련한 논의를 공개적인 공공영역으로 이끌어 내는 결과를 초래했다. 즉, 누강 논쟁에서는 관료집단도 인터넷, 언론매체 등에서 적극적인 선전과 논쟁을 통해 여론에 영향을 미치기 위한 노력에 나섰고, 이에 따라 공공 토론 공간이 확대되는 결과를 낳았다.

환경 NGO들이 제도 내에서 위치를 확보하는 것은 주로 정책 결정에 대한 대중의 참여를 보장하는 관련 법규에 의존하고 있다. 특히, 공개 청문회 관련 규정은 환경 NGO들이 정책 결정에 참여할 수 있는 법적 근거를 제공해 주고 있다. 그러나 이러한 법규가 얼마나 지속적으로 진지하게 실행될 것인가는 계속 지켜볼 문제이다.

NGO들이 제도 밖에서 자신들의 활동 공간을 계속 확대하고 있는 것도 주목할 필요가 있다. 환경 NGO는 공동성명을 통하여 의사 표현을 했는데 여기에 참여하는 단체의 규모와 범위가 지속적으로 확대되었다. 이것이 공식적인 연합조직으로 발전할 가능성은 없지만 인식 공동체의 형성 과정이라고 볼 수 있다. 특히, 인터넷의 발전이 매우 커다란 역할을 하고 있다. 그리고 이러한 느슨한 인식공동체가 환경문제에만 초점을 맞추는 것이 아니라 다른 권리문제와 관련된 정보를 전달하고 공유하는 통로로도 작용한다는 점이 큰 의미가 있다. 예를 들면, 환경 NGO들의 소통의 주요 매개 가운데 하나인 그룹 메일에서는 '빙디엔'(氷點)이나 '천광청'(陳光誠) 등의 언론 자유나 인권 관련 사건 등과 관련한 정보의 공유가 이루어졌다. 이러한 변화가 중요한 의미를 갖는 것은 중국 NGO의 발전 동력이 좁은 제도 내의 공간보다는 제도 밖에서 형성될 가

능성이 높기 때문이다.[29]

　물론, 누강 보호 활동에 적극적인 중국 환경 NGO들의 모습이 밝은 미래만을 보여 주는 것은 아니기 때문에 문제점과 한계도 분명하게 인식할 필요가 있다. 가장 커다란 문제는 다수의 환경 NGO가 환경 피해자와 환경문제 해결을 위해 적극적으로 결합하지 못하고 있다는 점이다. 누강 보호 활동 과정에서 이주자 문제를 적극적으로 제기하고 나섰지만 실질적으로 녹색 유역의 경우를 제외하고는 이주자들과 공동 행동을 취했던 단체는 거의 존재하지 않는다. 물론, 다른 지역의 환경 NGO들이 윈난의 누강댐 건설 예정지의 이주민과 접촉하기에는 여러 어려움이 있는 것이 사실이다. 그러나 이들이 자신의 활동 지역에서 환경 피해자의 권익을 옹호하기 위해 적극적으로 활동하는 경우도 발견하기 힘들다. 이러한 상황에서 환경 NGO들이 적극적으로 제기하는 참정권의 문제도 진정한 시민의 권익 증가로 이어지기보다는 환경 NGO의 법적 지위 강화나 제도화 이상의 효과를 기대하기 어려울 것이다.[30]

　또 다른 문제는, 현재 중국의 정치체제 내에서는 환경 NGO의 활동이 반드

---

29 제도 내와 제도 외의 구분은 'transgressive'와 '경계에서의 투쟁'이라는 개념에서 빌려온 것이지만 본고에서는 이러한 경계라는 공간적 특성보다는 이 양자의 상호관계에 더욱 많은 관심을 갖고 있다. 이는 중국에서 경제개혁 과정을 설명할 때 체제 내와 체제 외를 구분한 것에서 착안한 것이다. 중국 경제개혁과 관련한 논의에서는 양자를 대립적인 것만으로 보지는 않았으며 계획경제에서 시장경제로의 전환은 양자의 복잡한 상호 작용을 통해서 진행된 것으로 해석하는 경우가 많다. 즉, 급진적이고 전면적인 개혁이 아니라 점진적인 개혁을 추진하면서 기존 체제(계획경제)의 개혁을 우선 추진하는 것이 아니라, 기존 체제 외(계획 외 경제, 제한적 시장경제)에서 개혁 동력이 형성되는 것을 용인하고 이러한 동력을 체제 내로 인입하는 방식으로 계획경제에서 시장경제로 이행했다고 보는 것이다. 중국 NGO에서도 이러한 방식의 상호 작용이 나타날 가능성을 배제할 수 없다.
30 실제로 환경 NGO 내에서는 환경운동과 환경 NGO 발전 방향과 관련하여 일정한 의견 차이가 여전히 존재하는 것으로 보인다. 이러한 의견의 차이는 방법적인 측면에서는 환경 교육과 같은 계몽적 수단을 선호하며, 목표에 있어서도 자연보호 등 생태적 측면을 더욱 중시하는 경향과, 방법적인 측면에서 환경오염 피해자 등과의 결합을 통한 행동과, 목표에서는 자연보호 등의 생태적 측면보다는 시민적 권익의 증진이라는 측면을 더욱 중시하는 경향으로 구분할 수 있다. 실제로 중국의 대표적인 환경 NGO 중 하나는 2006년 주요 책임자가 교체되었는데 이에는 환경운동의 방향과 관련한 의견차이가 적지 않은 영향을 미쳤다고 한다.

시 법적인 지위를 강화시켜 주는 것이 아니라는 점이다. 누강 보호 활동에서 중요한 역할을 했던 녹색유역에 대해 지방정부의 통제가 강해진 것이 대표적인 예이다. 물론, 현재 상황에서 NGO가 정치적으로 민감한 문제와 연관되지 않는다면 중국 정부가 NGO의 생존을 위협할 정도의 강압적 정책을 택할 가능성은 높지 않다. 그러나 NGO가 독립적인 영향력을 갖는 사회세력으로 등장할 경우 중국 정부는 NGO에 대해 경계하는 태도를 취할 가능성도 적지 않다. 정부의 용인과 억압 사이의 좁은 생존 공간에서 자신을 발전시켜야 하는 것은 중국 NGO에게 피할 수 없는 운명이다. 중국의 환경 NGO가 이 좁은 공간에서 계속 생존해 갈 수 있을 것인가는 여전히 문제로 남아 있다. 중국에서 NGO가 안정적인 자리를 잡기까지 아직 가야 할 길은 멀다.

제8장

결 론:
중국 시민사회 발전의 특징과 전망

1. 중국적 시민사회론

중국에서 개혁개방이 시작된 이후 국가-사회 관계의 변화는 지속적으로 중국 연구자들의 주요 분석 대상이 되어 왔다. 그러나 경제적인 측면에서는 시장경제로의 전환과 대외 개방이 성공적으로 추진되고 있지만 정치적으로는 당국가 체제를 그대로 유지하고 있는 상황에서 국가-사회 관계의 극적인 변화는 발생하지 않았다. 따라서 그동안, 특히 1990년대 이후 중국의 국가-사회 관계에 대한 연구는 국가가 사회를 통제하는 구조에 초점을 맞추는 조합주의적 접근에 의해 주도되었다(Unger and Chan 1995; Pearson 1999). 그러나 조합주의적 접근이 중국에서 국가-사회 사이의 상호 작용을 현실적으로 설명한다는 장점을 가지고 있음에도, 국가-사회 관계의 기본 구조를 변화시키지는 못하고 있지만 그 이면에서 계속 증가하고 있으며 앞으로 국가-사회 관계를 변화시킬 주요 동력이 될 수 있는 중국 사회의 역동성을 포착하지 못한다는 문제제기도 적지 않았다.

이러한 문제의식을 가지고 조합주의적 접근법에 비판적인 시각을 가진 연구자들은 시민사회적 접근을 통해 중국 사회의 변화를 분석하고자 했다(White, Howell and Shang 1996; Gallagher 2004). 중국에서 시민사회론은 1989년 천안문 사태를 전후로 권위주의적 국가체제에 도전하고 정치적 민주화를 추진했던 동력을 설명하기 위한 개념으로 처음 도입되었다. 따라서 이 시기 시민사회론은 기본적으로 리버럴 민주주의 모델을 수용하고 있었다. 그러나 이러한 시민사회론은 방법론적으로 적지 않은 문제점을 노출했다. 무엇보다도 리버럴 민주주의라는 정치이념과 정치체제를 전제로 한 시민사회론을 서구와 다른 정치체제와 정치문화를 가지고 있는 중국에 그대로 적용하기는 어려웠다. 특히, 규범적 논의의 범주를 벗어나면 이러한 시민사회론은 자신이 전제로 하는 기본적 특징들을 중국의 현실에서 발견하기 힘들었으므로, 현실 분석의 도구가 되기 어려웠다. 특히, 1990년대 초반 시민사회론은 천안문사태를 전후로 출현한 독립적 지식인 집단과 그들이 했던 시위 등의 집단행동을 주요 논거로 삼았다. 하지만 이는 1992년 중국에서 국가 주도의 경제 발전과 경체체제 전환이 비교적 성공적으로 추진되고 1980년대 목격할 수 있었던 다양한 형태의 집단적 정치활동이 빠른 속도로 위축되면서 영향력을 상실했다.

그러나 이 시기 중국 시민사회론에 대한 논의가 전혀 의미 없었던 것은 아니다. 시민사회론적 접근의 많은 연구자들이 리버럴 민주주의적 시민사회론을 중국에 그대로 적용하기 어렵다는 점을 인식하게 되었고 시민사회론에 대한 더욱 진지한 이론적 검토의 계기가 되었다. 이러한 인식에 기초하여 재구성되는 시민사회론을 본서에서는 '최소주의 시민사회론'이라고 정의했다(2장).

최소주의 시민사회론은 다음 두 가지 특징을 가지고 있다. 첫째, 서구의 시민사회 모델의 모든 특징을 발견하고 설명하려고 시도하기보다는, 시민사회의 형성에 중요한 함의를 가지는 기본적 특징, 즉 국가로부터 자주적인 사회 공간으로서의 시민사회의 존재 여부를 설명하는 데 초점을 맞춘다. 이러한 접근은 자주적인 사회 공간을 구성하는 가장 중요한 요소인 자주적 사회조직, NGO를 중국 시민사회 연구의 주요 분석 대상으로 만들었다(Brook 1996; Howell 2004). 둘째, 시민사회와 국가를 대립시키는 이분법적 접근을 택하지 않으며, 시민사회론과 민주화론과의 관계를 1990년대 초반의 시민사회론처럼 강하게 연결시키지 않는다(鄧正來·景躍進 1992; 鄧正來 1996). 즉, 현재의 국가-사회 관계는 물론이고 앞으로의 정치·사회발전과 관련하여 국가와 시민사회의 갈등적 측면만이 아니라 협력적 측면이 존재할 가능성을 부정하지 않는다. 그리고 장기적으로 보면 시민사회와 민주화가 친화적 관계에 있는 것은 사실이지만, 시민사회가 정치적 민주화를 당면 목표로 삼는 것이라고도 전제하지 않았다. 시민사회의 발전과 정치적 민주화가 어떻게 관계를 맺을 것인가는 시민사회만이 아니라 여러 다른 요인과 상호 작용을 통해서 설명될 수 있는데, 현재 중국 시민사회론은 이를 설명하는 것을 주요 과제로 삼지는 않았다.[1]

　　이러한 최소주의 접근은 초기 단계의 시민사회를 분석하는 데 있어서 규범적 성격이 지나치게 강한 접근보다 유리하다. 물론, 이러한 최소주의 시민사회론은 시민사회라는 개념이 가지고 있는 장점의 하나인 규범적 지향을 거세하는 부작용을 낳을 수 있다. 하지만 권위주의 체제, 특히 중국과 같이 사회주의적 당국가 체제를 유지하고 있는 국가에서는 자주적 사회조직이나 자주적 사회 공간이라는 존재 자체가 강한 규범적 의미를 갖고 있다는 점에서 그러한 부작용을 완화시킬 수 있을 것이다. 물론, 시민사회의 최소주의 특징이 어떤 방향으로 발전할지는 중국 시민사회 연구의 또 다른 연구 과제이다.

2. 중국 시민사회의 특징

　　본서는 분석의 초점을 자주적인 사회 공간을 형성하는 주된 동력인 NGO

---

1 중국의 정치 변화에서 나타나는 국가-사회 사이의 상호 작용에 대한 분석적 연구는 Zhao (2001)를 참고.

에 맞추었고 이를 통해 중국 시민사회의 특징을 이해하는 전략을 택했다. 물론, 시민사회와 NGO가 같은 개념은 아니다. 그러나 NGO를 통해 시민사회를 이해하는 접근법을 택한 것은, 시민사회의 다양한 요소를 갖추지 못한 초기 시민사회에서 시민사회의 발전을 촉진하는 가장 중요한 동력이 NGO라는 점을 고려한 것이며, 앞에서 설명한 시민사회에 대한 최소주의적 접근과 맥락을 같이한다. 이러한 접근을 통해 중국 시민사회에 대해 다음과 같은 특징을 발견할 수 있었다.

첫째, 시민사회의 토대라고 할 수 있는 NGO의 지속적인 증가는 중국에서도 초보적 시민사회가 형성되고 있음을 보여 준다. 즉, 중국 사회는 조합주의적 접근이 이해하는 것보다 더욱 강한 역동성을 가지고 있으며, 이러한 역동성을 가장 잘 보여 주는 현상이 국가의 법·제도적 통제에도 불구하고 민간조직, 그리고 NGO가 양적으로 계속 증가하는 것이다(3장). 특히, 1995년을 전후로 시작된 중국 NGO의 증가는 민간조직의 발전에 대해 국가의 필요를 강조한 조합주의적 설명과는 달리 사회적 필요를 반영하며, 부분적으로는 새로운 사회운동 전략의 결과로 나타나고 있다(4장).

둘째, 중국 NGO와 국가 사이의 관계에서 법·제도적 측면이나 힘의 균형이라는 측면에서 보면 NGO가 국가에 대해 종속적인 위치에 있는 것이 사실이다. 하지만 이들은 국가의 제약을 수동적으로 받아들이는 것이 아니라 자신의 목표를 실현하기 위해 국가의 공식 이념을 이용하여 활동의 정당성을 획득하고 활용하며, 관료기구 내의 분절과 갈등을 이용해서 목표의 실현 가능성을 높이며, 동시에 제도와 비제도의 경계에서 활동하는 등의 방법으로 자신들의 의제를 공론화하고 정책에 반영하는 데 적지 않은 성과를 얻고 있다. 5장에서는 중국의 NGO들이 생존 공간과 활동 공간을 계속 확대하고 있음을 보았고, 7장에서는 누강댐 반대 운동의 사례를 통해 중국의 NGO가 정부 정책에도 영향을 미치기 시작했으며, 공공 토론의 공간을 확대시키고 있음을 보았다.

　다만, 최근 중국의 농촌이나 도시에서 증가하고 있는 집단행동이 위와 같은 전략을 사용하고 있다는 점을 강조한 기존 연구들이 대부분 제도 밖에서 작동하는 사회의 역동성에 초점을 맞춘 반면, 본서는 NGO의 활동이 중국에서 제도 외 사회 역량과 제도 내 역량 사이의 다양한 상호관계를 유발하고, 나아가 제도 내와 제도 외의 경계를 새로 그리는 결과도 낳고 있다는 점을 강조했다. 이는 중국 NGO의 활동이 분산적이고 산발적으로 진행되는 저항과는 달리 사회발전이라는 목표에 입각하여 진행되고 있는 상황을 반영한 것이다.

　셋째, 현재 중국 시민사회의 유형은 리버럴 민주주의적 모델이나 신좌파 모델 어느 것에도 해당되지 않는다. 서론에서 설명한 것처럼 이들 모델은 기본적으로 비교적 성숙한 리버럴 민주주의와 자본주의 체제가 성립된 국가들을 대상으로 발전한 모델이다. 이러한 모델과 중국의 시민사회를 등치하려는 시도에 대해서는 조심스러울 필요가 있다. 다만 이러한 모델들은 중국 시민사회를 이해하는 데 비교 기준을 제공할 수 있다.

　중국의 시민사회는 두 가지 모델과 비교하면 다음과 같은 특징을 발견할 수 있다. 시장과의 관계에서 보면 중국의 NGO와 시민사회는 시장경제와 대외 개방을 통해 생존 공간이 만들어지고 있어 시장 친화적이고 리버럴 민주주의 모델에 가깝다고 볼 수 있다. 하지만 이들의 활동이 시장경제의 부작용이라고 볼 수 있는 소외계층의 권익 문제 등에 초점을 맞춘 경우가 많다는 점에서 신좌파 모델과 유사한 측면이 있다. 국가와의 관계에서 보면 국가로부터 자주적 사회 공간의 형성을 가장 중요한 목표로 한다는 점에서 리버럴 민주주의 모델과 유사성을 가지고 있으나, 국가와의 협력적 측면을 강조한다는 점에서는 차이가 있다. 이는 현대 자본주의를 물적 토대로 삼고 있는 국가에 대해 비판적인 신좌파 모델과도 차이가 있다. 전체적으로 보면 중국 시민사회는 리버럴 민주주의 모델과 더욱 친화적이라고 할 수 있지만, 시장과의 관계나 국가와의 관계 모두 다르게 발전할 수 있는 가능성이 열려 있는 단계라고 할 수 있다.

그리고 시민사회의 형성에 초점을 맞출 경우 위와 같은 두 가지 모델보다
는 폴란드, 헝가리의 시민사회 형성 과정에서 활용되었던 '사회 우선'(society
first)이나 '자기절제'(self-limitation) 전략이 현재 중국 시민사회의 특징을 더욱
효과적으로 설명해 주고 있다. 다만, 주의할 것은 이러한 전략이 반드시 폴란
드나 헝가리와 같이 정치 변화와 직접적인 상관관계가 있는 것은 아니라는 점
이다. 동구의 정치 변화는 시민사회의 전략보다는 다른 변수들, 국제 정세의
변화, 국가의 대응, 경제적 조건 등의 영향을 더욱 많이 받았기 때문이다. 중국
에서도 이러한 시민사회 발전 전략이 어떤 결과를 낳을지는 시민사회라는 변
수 이외 다른 변수의 영향을 더욱 크게 받을 것이다.

3. 중국 NGO와 시민사회의 미래

중국의 시민사회는 국가와의 대립이나 국가체제의 변화를 직접적인 목표
로 하기보다는 사회의 자주성 강화를 일차적 목표로 한다는 점에서 동구의 시
민사회 발전 과정에서 제기된 '사회 우선' 전략과 맥을 같이 하고 있다. 그러나
앞으로 중국 시민사회가 어떻게 발전될 것인가는 여전히 불분명하다. 본서에
서는 중국 시민사회의 발전과 관련하여 두 가지 경로를 제시했다.

첫째, 중국 시민사회의 발전 경로를 '종속적 발전'(dependent development)
이라는 개념으로 설명할 수 있다(5장). 에반스는 세계경제에서 종속적 위치에
있던 신흥공업국들의 경제 발전 과정을 종속적 발전이라는 개념을 사용하여
분석한 바 있다. 에반스는 이 개념을 신흥공업국의 경제 발전이 한계를 가지고
있다는 점을 강조하기 위해 사용했으나, 일부 신흥공업국은 종속적 위치에서
벗어나 세계 경제의 주요 행위자로 등장하는 역동성을 보여 주었다. 중국

NGO도 현재의 법·제도적 환경과 힘의 균형이라는 측면에서 국가에 대해 종속적 위치에 있다고 볼 수 있지만, 생존 공간과 활동 공간을 지속적으로 확대시키고 있는 역동성은, 이들이 중국 정치 변화와 사회변화에서 의미 있는 행위자로 성장할 수 있는 가능성을 보여 주고 있다.

둘째, 현재 중국 NGO와 시민사회의 발전이 가치와 영향력이라는 차원에서 주로 이루어지고 있지만 장기적으로는 (법·제도적) 환경의 변화와 구조의 발전을 촉진하는 단계로 나아가야 한다. 이와 같은 결론은 시민사회를 환경, 구조, 가치, 영향이라는 네 차원으로 나누어 각각의 발전 수준을 평가한 연구들을 비교한 것에 기초하여 얻은 것이다(6장). 이러한 네 차원의 발전 정도를 비교하면 전(前) 시민사회 단계에서는 모든 차원이 저발전 상태에 머물러 있으며, 시민사회의 초기 발전 단계는 가치·영향 부분에서의 발전이 주도하며, 시민사회의 성숙 단계에서는 법·제도적 환경의 변화와 단체 활동의 활성화 등 구조 차원의 발전이 진행된다. 문제는 이러한 가치, 영향 차원에서의 발전을 어떻게 환경의 변화와 구조의 발전으로 연결시킬 것인가에 있으며, 중국 NGO와 시민사회가 종속적 위치에서 독립적 위치로 발전하는 것도 이러한 전환의 발생 여부에 좌우될 것이다.

마지막으로, 위의 논의들은 이러한 변화가 중국의 정치적 민주화에 어떤 영향을 줄 것인가라는 물음으로 이어진다. 이 문제에 답하는 것은 초기 발전 단계에 있는 시민사회, 즉 정치적 민주화 등 국가체제의 변화보다는 자주적 사회 공간의 확장을 목표로 하는 NGO와 시민사회를 분석하고자 하는 본서의 주요 목적은 아니다. 다만, 시민사회의 연구가 이러한 규범적 물음을 완전히 외면하기 어렵다는 점을 고려하여, 시민사회 발전이 중국의 정치적 변화에 어떤 함의를 주는가에 대해서만 간단하게 언급하며 본서를 마무리하고자 한다.

초기 발전 단계에 있는 중국의 시민사회는 현재 중국 당국가 체제의 변화를 목표로 하지 않으며 국가도 이를 심각한 위협으로 받아들이지 않는 상황에서 중국 NGO와 시민사회의 현재 발전 추세는 지속될 가능성이 높다. 단기적으로는 이러한 발전이 중국의 정치적 민주화에도 커다란 영향을 주지는 못할 것이다. 그러나 시민사회의 발전이 지속된다면 어느 시점에서는 국가와 시민사회 간에 더욱 복잡한 상호 작용이 시작될 것이다. 그리고 국가와 시민사회의 힘의 균형 관계를 고려하면 시민사회가 의미 있는 정치적 변수로 등장할지, 그리고 정치적 변화 과정에서 어떤 역할을 할 것인지의 여부는 시민사회 자체의 선택보다는 시민사회에 대한 국가의 대응에 영향을 크게 받을 것이다.

이러한 상호 작용의 결과를 전망하는 데 사회운동의 결과에 대한 갬슨(William A. Gamson)의 유형 분류가 많은 시사점을 준다. 갬슨은 상대방(정부 혹은 기업 등)의 도전자(challenger)들의 대표성에 대한 인정(acceptance)과 도전자들의 실질적 이익(new advantage) 획득이라는 두 가지를 기준으로 전면적 수용(full response, 두 가지 모두를 수용하는 경우), 포섭(co-optation, 대표성만을 인정하는 경우), 예방(preemption, 실질적 이익만을 제공하는 경우), 와해(collapse, 두 가지 모두 부정하는 경우)의 네 가지 유형으로 분류했다(Giugni 2004, 31에서 재인용). 단일 이슈에 초점을 맞춘 사회운동의 경우와는 달리 대표권과 이익을 분명하게 정의하기 어려운 점이 있다는 점을 고려하면서 국가와 시민사회의 상호 작용과 이러한 상호작용의 정치적 영향을 살펴보면 아래와 같다.

위의 네 가지 유형 중 정치적 민주화에 영향을 줄 수 있는 것은 전면적 수용과 포섭이다. 그러나 전면적 수용이 실현될 가능성은 극히 낮기 때문에 고려에서 배제할 수 있다. 다만, 현재의 정치엘리트들이 정치발전, 정치적 민주화를 추진해야 한다는 결심을 하고 시민사회를 주요 파트너로 삼을 경우에는 포섭이라는 결과를 낳을 수 있다. 이는 절차적인 민주화라는 측면에서는 위로부터의 정치개혁이 추진될 가능성을 증가시킬 것이다. 국가의 후퇴 자체가 정치적 민주화를 보장하는 것이 아니라, 정치발전을 목표로 하는 국가의 역량과 자율적 관리 능력과 규범성을 갖는 사회의 역량이 결합될 때 정치적 민주화로 성공할 가능성이 높다는 점에서, 시민사회의 성장은 위로부터의 정치개혁의 성패를 결정하는 사회적 역량을 형성하는 과정이라고 할 수 있다. 중국의 시민 사회가 국가와의 대립을 목표로 하지 않는다는 중국 NGO 관련자들의 강조는 자신들의 정치적 의제를 숨기기 위한 것이 아니라, 이와 같은 정치·사회발전 경로를 염두에 둔 것이다.

물론 당장 전국적 차원에서 이러한 상황이 출현하기는 어렵지만 제한적으로 이러한 실험이 진행될 가능성을 완전히 배제할 수 없다. 본서에서 검토하고 있는 환경운동 영역과 같이, 특정 사회 영역에서 정부의 개혁 세력과 시민사회 역량의 협력이라든지, 아니면 지방 차원에서 이러한 연합을 통해 새로운 정치 적 실험이 시도될 수 있다. 따라서 중국 시민사회의 발전을 영역, 지방 등의 하위 단위에서 관찰하고 분석할 필요가 있다.

국가가 정치적 변화에 소극적인 태도를 취한다면 예방과 와해라는 결과가 나타날 가능성이 높다. 현재 중국의 국가정책은 예방에 초점을 맞춘 것으로 보인다. '조화사회'와 같이 소외 계층이나 지역의 이익을 강조한 정책 이념을 제기하고 이러한 이념을 사회정책에서도 반영시키고 있지만, 사회적 이익을 대표할 수 있는 세력과 조직을 제도 내로 받아들이지는 않고 있다. 그러나 이 러한 예방 전략은 두 가지 점에서 어려움이 있다. 단일 이슈에 초점을 맞춘 사회운동에 대한 예방과는 달리 다양한 사회이익을 모두 수용하는 것에는 자 원의 제약이 더욱 크게 작용하기 때문이다. 현재 중국 정부의 재정 능력과 경 제 발전 단계를 고려하면 국가가 예방에 필요한 자원을 동원하기는 힘들 것이 다. 둘째, 예방만으로는 NGO와 시민사회의 지속적인 성장을 막기 힘들 것이 다. 지금까지도 민간조직의 발전을 제약하기 위한 국가의 정책에도 불구하고 민간조직과 NGO는 지속적으로 증가하는 추세에 있다.

따라서 예방의 가능성은 낮아지고 시민사회가 계속 성장함에도 국가가 포 섭과 같은 방향으로 나아가지 않는다면 억압적 정책으로 전환할 가능성이 높다. 그리고 시민사회가 이러한 억압적 정책에 대항할 능력을 갖기 어려울 것이기 때문에 공개적 영역에서의 시민사회는 빠르게 위축되고 와해되는 결과로 이어질 것이다. 실제로 최근 우크라이나 등 동구 유럽에서 출현한 소위 '오렌지혁명' 등의 정치 변화는 NGO에 대한 중국 정부의 경계심을 더욱 강화시켰다. 사회로부터의 요구는 비제도적, 그리고 경우에 따라서는 반체제적 공간, 혹은 한 연구자가 비공식적 시민사회라고 표현한 좁은 공간을 통해서 밖으로는 표출될 수 없으며, 이 경우 중국의 정치 변화는 본서의 서두에 인용한 중국의 한 지식인의 표현처럼 대안정과 대혼란의 순환에서 벗어나기 힘들 것이다.

이러한 측면에서 보면, 중국의 시민사회는 정치적 의제를 제기하고 있지는 않지만 잠재적으로 중국의 정치 변화가 어떻게 진행될 것인가를 좌우하는 주요 변수로 중국 사회에서 등장하고 있다고 할 수 있다.

참고문헌

박윤철. 2003. "대만 시민사회의 성장과 비영리조직(NPOs)의 활성화." 권혁태 외. 『아시아
    의 시민사회-개념과 역사』. 서울: 아르케.
백승욱. 2001. 『중국의 노동자와 노동정책: '단위체제'의 해체』. 서울: 문학과 지성사.
이남주. 2003. "개혁개방 이후 중국 시민사회의 발전추세와 전망." 권혁태 외. 『아시아의
    시민사회 : 개념과 역사』. 아르케.
_____. 2004. "중국 NGO 활동가들의 중국 시민사회에 대한 이해." 이남주 외. 아시아의
    시민사회 : 현재와 전망』. 서울: 아르케.
_____. 2007. "중국 환경운동을 통해서 본 인권담론의 발전과 특징."『동향과전망』총
    70호.
조효제. 2003. "한국 시민사회의 개념과 실제." 권혁태 외. 『아시아의 시민사회-개념과 역
    사』. 서울 : 아르케.
_____. 2004. "서론: 아시아 시민사회 비교연구의 쟁점과 평가." 이남주 외. 『아시아의
    시민사회-현재와 전망』. 서울: 아르케.

中共中央文獻硏究室 編. 1996. 『十四大以來: 重要文獻選編 (上)』. 北京: 人民出版社.
_____. 1997. 『十四大以來: 重要文獻選編 (中)』. 北京: 人民出版社.
_____. 2001. 『十五大以來: 重要文獻選編 (上)』. 北京: 人民出版社.
_____. 2000. 『十五大以來: 重要文獻選編 (中)』. 北京: 人民出版社.

陳健民・丘海雄. 2001. "廣州的社會團體生存與依附."『East Asia Research Paper』No.
    10(Aug). Academia Sinica: Taipei.
鄧國勝. 2003. "1995年以來中國NGO的變化與發展趨勢." 范麗珠 主編. 『全球化下的
    社會變遷與非政府組織(NGO)』. 上海: 上海人民出版社.
鄧飛・姚海鷹. 2005. "三峽移民回流."『鳳凰週刊』第16期.
鄧正來. 1996. "國家與社會: 中國市民社會硏究的硏究."『中國社會科學季刊(香港)』5
    月(總第15期).
鄧正來・景躍進. 1992. "建構中國的市民社會."『中國社會科學季刊(香港)』11月(總第
    1期).
丁元竹. 2005. 『非政府公共部門與公共服務』. 北京 : 中國經濟出版社.
何耀華. 2006. "'三江'水能資源開發與環境保護硏究報告." 馮建昆・何耀華 主編. 『"三
    江"水能開發與環境保護』. 北京: 社會科學文獻出版社.
何增科. 2005. "中國公民社會制度環境要素分析." 俞可平 等. 2005. 『中國公民社會制

度環境』(UNDP와 중국 상무무가 지원한 中國公民社會制度環境프로젝트의 연구보고서).

黃治明. 2000. 『國際民間組織：合作實務和管理』. 北京：對外經濟貿易大學出版社.

金錦萍. 2005. "〈社會團體管理條例〉修改的若干法律問題思考." 俞可平等. 2005. 『中國公民社會制度環境』(UNDP와 중국 상무무가 지원한 中國公民社會制度環境프로젝트의 연구보고서).

李洪林. 1999. 『中國思想運動史(1949~89)』. 香港：天地圖書.

李梓. 2005. "綠色對壘:中國民間環保眞僞之爭." 『時代人物週刊』 6월 13일자. http://finance.sina.com.cn/g/20050613/14141680800.shtml.

民政部法規辦公室. 2003. 『中國民間組織管理法律法規全書(1984~2002)』. 北京：中國民主法制出版社.

王名 主編. 2000. 『中國NGO硏究-以個案爲中心 2000』. UNCRD Research Report Series No. 38.

______ 主編. 2001. 『中國NGO硏究-以個案爲中心 2001』. UNCRD Research Report Series No. 43.

______ 主編. 2003. 『中國非政府公共部門(淸華發展研究報告2003)』. 北京：淸華大學出版社

王名·劉國翰·何建寧. 2001. 『中國社團改革：從政府選擇到社會選擇』. 北京：社會科學文獻出版社.

王紹光. 2003. "促進中國民間非營利部門的發展." 胡鞍鋼·王紹光·周建明 主編. 『第二次轉型國家制度建設』. 北京：靑華大學出版社.

王穎·折曉葉·孫炳耀. 1993. 『社會中間層：改革與中國的社團組織』. 北京：中國發展出版社.

王永晨·熊志紅. 2005. 『綠色記者沙龍』. 北京：中國環境科學出版社.

胥曉鶯 2005. "NGO'怒江保卫戰'逆轉?." 『商務週刊』. 2005년 10월 21일자. http://business.sohu.com/20051021/n240576775.shtml

楊國楨·黃順力. 2001. "廈門的社會團體:新生與限制." 『East Asia Research Paper』 No.10(Aug 2001). Academia Sinica: Taipei.

楊 陽. 2003. "中國的非政府組織與中國外交." 肯佳靈·唐賢興 主編. 『大國外交(下)』. 北京：時事出版社.

于浩成. 1989. "中國需要新權威主義嗎." 劉軍·李林 編. 『新權威主義』. 北京：北京經濟學院出版社.

俞可平. 2002. 『中國公民社會的興起與治理的變遷』. 北京：社會科學文獻出版社.

______. 2005. "中國公民社會制度環境(總報告)." 俞可平 等. 『中國公民社會制度環境』(UNDP와 중국 상무무가 지원한 中國公民社會制度環境프로젝트의 연구보고서).

______ 等. 2005. 『中國公民社會制度環境』(UNDP와 중국 상무무가 지원한 中國公民社會制度環境프로젝트의 연구보고서).

張炳九. 1989. "經濟體制改革和政治體制改革的進程與協助." 劉軍·李林 編. 『新權威

主義』. 北京: 北京經濟學院出版社.

趙俊臣·羅榮准. 2006. "貧困村民爲什么迫切需要自己的NGO." 中國〈海南〉改革發展研究院. 『民間組織發展與建設和諧社會』. 北京: 中國經濟出版社.

鄭易生 主編. 2005. 『科學發展觀與江河開發』. 北京: 華夏出版社.

中國〈海南〉改革發展研究院 編. 2005. 『中國農民組織建設』. 北京: 中國經濟出版社.

中國〈海南〉改革發展研究院課題組. 2005a. "中國農民組織建設的現狀." 中國〈海南〉改革發展研究院 編. 『中國農民組織建設』. 北京: 中國經濟出版社.

______. 2005b. "當代中國農民維權組織的發育與成長: 基於衡陽農民協會的實證研究." 中國〈海南〉改革發展研究院 編. 『中國農民組織建設』. 北京: 中國經濟出版社.

中國科學院可持續發展研究組. 2002. 『中國可持續發展戰略報告』. 北京: 科學出版社.

中華環保聯合會. 2006. 『中國環保民間組織發展狀況報告』(4월 22일).

周紅雲. 2005. "關於中國公民社會制度環境的調研報告." 俞可平 外. 『中國公民社會制度環境』(UNDP와 중국 상무무가 지원한 中國公民社會制度環境프로젝트의 연구보고서).

周翼虎·楊曉民. 1999. 『中國單位制度』. 北京: 中國經濟出版社.

朱健剛. 2006a. "通往環境公正: 論公民社會參與與中國的環境運動"(2006년 6월 13일 성공회대학교 아시아NGO정보센터 주최 "동아시아 인권 연속강연" 발표문).

______. 2006b. 『行動的力量:民間志愿組織個案研究』. 北京: 商務印書館.

Alagappa, Muthia. 2004. "Civil Society and Political Change." Muthia Alagappa ed. *Civil Society and Political Change in Asia: Expending and Contracting Democratic Space.* Stanford. CA: Stanford University Press.

Anheier, Helmut K. 2004. *Civil Society: Measurement, Evaluation, Policy.* Sterling, VT: Earthscan.

Brook, Timothy. 1996. "Auto-Organization Within Chinese Society?: A Historical View." *East Asian Policy Papers* 15(University of Toronto-York University Joint Centre for Asian Pacific Studies).

Brook, Timothy and Michael B. Frolic. 1997. "The Ambiguous Challenge of Civil Society." Timothy Brook and B. Michael Frolic eds. *Civil Society in China.* Armonk, New York: M. E. Sharpe.

Chamberlain, Heath B. 1993. "On the Search for Civil Society in China." *Modern China* Vol. 19, No. 2.

Chan, Che-Po and Gavin Drewry. 2001. "The 1998 State Council Organizational Streamlining: Personnel Reduction and Change of government Function." *Journal of Contemporary China* 10(29).

China Development Brief. 2001. *250 Chinese NGOs: A Special Report from China Development Brief.*

Cohen, Jean L. and Andrew Arato. 1992. *Civil Society and Political Theory*. Cambridge, MA: The MIT Press.

Dickson, Bruce. 2003. *Red Capitalists: The Party, Private Entrepreneurs, and Prospects for Political Change*. Cambridge, UK: Cambridge University Press.

Ding, Yijiang. 2001. *Chinese Democracy after Tiananmen*. New York, NY: Columbia University Press.

Evans, Peter. 1979. *Dependent Development: The Alliance of Multinational, State, and Local Capital in Brazil*. Princeton, NJ: Princeton University Press.

French, Howard W. 2006. "In Chinese Boomtown, Middle Class Pushes Back." *New York Times* Dec. 18.

Frolic, B. Michael. 1996. "The Emergence of Civil Society in China." *East Asian Policy Papers* 14(University of Toronto-York University Joint Centre for Asian Pacific Studies.

Gallagher, Mary E. 2004. "The Limit of Civil Society in a Late Leninist State." Muthia Alagappa ed. *Civil Society and Political Change in Asia: Expending and Contracting Democratic Space*. Stanford, CA: Stanford University Press.

Giugni, Marco. 2004. *Social Protest and Policy change: Ecology, Antinuclear, and Peace Movements in Comparative Perspective*. New York, NY: Rowman & Littlefield Publishers.

Goldman, Merle. 2005. *From Comrade to Citizen: The Struggle for Political Rights in China*. Cambridge, MA: Harvard University Press.

Gries, Peter Hays and Stanley Rosen. 2004. *State and Society in 21st-Century China: Crisis, Contention, and Legitimation*. New York, NY: RoutledgeCurzon.

Jia, Hao and Zhimin Lee. 1994, *Changing Central-Local Relation: Reform and State Capacity*. Boulder, CO: Westview Press.

He, Baogang. 1997. *The Democratic Implications of Civil Society in China*. New York, NY: ST. Martin's Press.

Heggelund, Gⲟrild. 2004. *Environment and Resettlement Politics in China-The Three Gorges Project*. Burlington, VT: Ashgate.

Ho, Peter. 2001. "Greening without Conflict." *Development and Change* 32(5).

Howell, Jude. 2004. "New Direction in Civil Society: Organizing around Marginalized Interest." Howell, Jude ed. *Governance in China*, Lanham, ML: Rowman & Littelfield Publishers.

Jing, Jun 2003. "Environment Protest in Rural China." J. Perry and Mark Selden eds. *Chinese Society* (2nd Edition): *Change, conflict and Resistance*. New York, NY: RoutledgeCruzon.

Lieberthal, Kenneth and Michel Oksenberg. 1988. *Policy Making in China: Leaders, Structures, and Processes*. Princeton, NJ: Princeton University Press.

Ma, Qiusha. 2006. *Non-Governmental Organization in Contemporary China*. New York, NY: Routledge.

Maddison, Angus. 1998. *Chinese Economic Performance in the Long Run*. OECD.

McAdam, Doug, Sidney Tarrow and Charles Tilly. 2001. *Dynamics of Contention*. Cambridge, UK: Cambridge University Press.

National Intelligence Council. 2004a. *Mapping the Global Future* (Report of the National Intelligence Council's 2020 Project), NIC. http://www.foia.cia.gov/2020/2020.pdf.

Naughton, Barry. 1995. *Growing out of the Plan: Chinese Economic Reform 1978-1993*. Oxford, UK: Cambridge University Press.

O'Brien, Kevin J. 2004. "Neither Transgressive nor Contained: Boundary-Spanning Contention in China." Peter Hays Gries and Stanley Rosen eds. *State and Society in 21st-Century: Crisis, Contention, and Legitimation*. New York, NY: RoutledgeCurzon.

O'Brien, Kevin J. and Lianjiang Li. 2006. *Rightful Resistance in Rural China*. New York, NY: Cambridge University Press.

Oi, Jean C. 1989. *State and Peasant in Contemporary China: The Political Economy of Village Government*. Berkeley, CA: University of California Press.

______. 1992. "Fiscal reform and Economic Foundations of Local State Corporatism." *World Politics* 45(1).

Otsuka, Kenji. 2002. "China Social Restructuring and the Emergence of NGOs." Shinichi Shigetomy ed. *The State and NGOs: Perspective from Asia*. Singapore: Institute of Southeast Asian Studies.

Pearson, Margaret M. 1999. *China's New Business Elite*. Berkeley, CA: University of California Press.

Pei, Minxin. 1998. "Chinese Civil Society: An Empirical Analysis." *Modern China* 24(3).

Perry Elizabeth J. and Mark Selden. 2003. "Introduction." Elizabeth J. Perry and Mark Selden eds. *Chinese Society, 2nd Edition: Change, conflict and Resistance*. New York, NY: Routledge.

Pye, Lucian. 1981. "*The Dynamics of Chinese Politics*." Cambridge, MA: Oelgeschlager, Gunn and Hain.

Rankin, Mary Backus. 1986. *Elite Activism and Political Transformation in China Zhejiang Province 1685~1911*. Stanford, CA: Stanford University Press.

______. 1993. "Some Observation on a Chinese Public Sphere." *Modern China* 19(2).

Rowe, William T. 1990. "The Public Sphere in Modern China." *Modern China* 16(3).

______. 1993. "The Problem of "Civil Society on Late Imperial China." *Modern China* 19(2).

Ruan, Ming. 1994. *Deng Xiaoping: Chronicle of an Empire*, San Francisco, CA: Westview Press.

Saich, Tony. 2000. "Negotiating the State: The development of social Organizations in China." *The China Quarterly* 161(march).

______. 2004. *Governance and Politics in China* (2nd Edition Revised and Updated). New York, NY: Palgrave Macmillan.

Salamon, Lester M. and Helmut K. Anheier. 1997. "Toward a Common Definition." Lester M. Salamon and Helmut K. Anheier eds. *Defining the Nonprofit Sector : A Cross-national Analysis*. New York, NY: St. Martin's Press.

Schmitter, Philippe C. 1974. "Still the Century of Corporatism?" Fredrick B. Pike and Thomas Stritch eds. *The New Corporatism: Social-Political Structures in the Iberian World. Nortre Dame*. IN: University of Nortre Dame Press.

Scott, James C. 1985. *Weapons of the Weak: Everyday Forms of Peasant Resistance*. New Heaven, CT: Yale University Press.

Smolar, Aleksander. 2002. "Civil Society After Communism." Larry Dianmone and Marc F. Platter eds. *Democracy after Communism*, Baltimore, ML: The Johns Hopkins University Press.

Sulliban, L. 1990. "The Emergence of Civil Society in China, Spring 1989." Tony Saich ed. The Chinese People's Movement: Perspectives on Spring 1989. Armonk, NY: M.E. Sharpe.

Stanlley, Phillip and Dongning Yang. 2006. "An Emerging Environmental Movement in China?" *China Quarterly* 186(June).

Strand, David. 1989. *Rickshaw Beijing: City People and Politics in the 1920s*. Berkeley. CA: University of California Press.

Unger, Jonathan and Anita Chan. 1995. "China, Corporatism, and the East Asian Model." *Australian Journal of Chinese Affairs* No.33(January).

Walder, Andrew. 1986. *Communist Neo-Traditionalism: Work and Authority in Chinese Industry*. Berkeley, CA: University of California Press

Wexler, Robyn, Ying Xu and Nick Young. 2006. *NGO Advocacy in China: A Special Report from China Development Brief*. Beijing: China Development Brief

White, Gordon. 1993a. *Riding the Tiger : The Politics of Economic Reform in Post-Mao China*. Stanford, CA: Stanford University Press.

______. 1993b. "Prospects for Civil Society in China: a Case Study of Xiaoshan City." *Australian Journal of Chinese Affairs*, No.29(January).

White Gordon, Jude Howell and Shang Xiaoyuan. 1996 *In Search of Civil society: Institutional Change in contemporary China*. Oxford, UK: Oxford University Press.

World Bank. 1997. *China 2020: Development Challenge in new Century*, Washington.

Yang, Guobin. 2005. "Environmental NGOs and Institutional Dynamics in China." *China Quarterly* 181(March).

______. 2006. "The Internet and Emerging Civil Society." Suisheng Zhao ed. *Debating . Political Reform in China*. Armonk. NY: M.E.Shrpe.
Zhao, Dingxin. 2001. *The Power of Tiananmen: State-Society Relations and the 1989 Beijing Student Movement*. Chicago, IL: The University of Chicago Press.